Qualité - Sécurité - Environnement

Qualité - Sécurité - Environnement

Construire un système de management intégré

Bernard Froman
Jean-Marc Gey
Fabrice Bonnifet

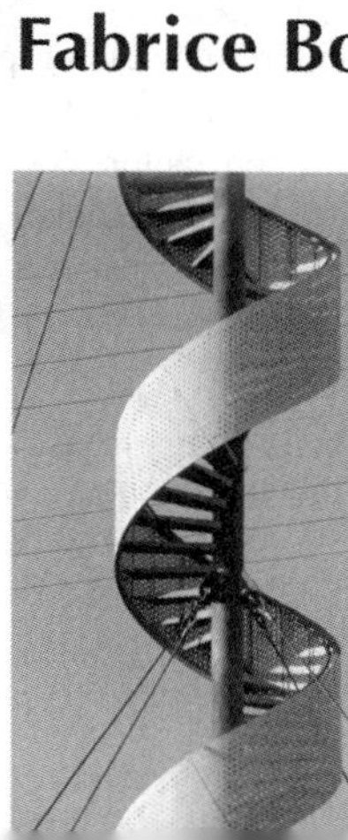

AFNOR

Chez le même éditeur

Ouvrages

B. Froman, *Du manuel qualité au manuel de management, L'outil stratégique*, 2001.

Jean-Marc Gey et Daniel Courdeau, *Pratiquer le management de la santé et de la sécurité au travail, Maîtriser et mettre en œuvre l'OHSAS 18001*, 2002.

E. M. Goldratt, J. Cox, *Le but. Un processus de progrès permanent*, 2002.

E. M. Goldratt, *Réussir n'est pas une question de chance*, 2002.

L. Levêque et S. Mathieu, *Management intégré dans l'agroalimentaire*, 2002.

S. Mathieu, *Comprendre les normes ISO 9000*, 2002.

J. Ségot et C. Gasquet, *Assurer le passage à la norme ISO 9001 version 2000*, 2001.

P. Vandeville, *L'audit Qualité – Sécurité – Environnement*, 2001.

Recueils

Accès aux machines et installations industrielles, 2002.

Équipements de protection individuelle, 2002

Ergonomie des postes et lieux de travail (2 tomes), 2002.

Management de la santé et de la sécurité au travail, 2000.

Sécurité-Incendie (3 tomes), 2002.

Produits d'abonnement

Certification ISO 9000, Classeur à feuillets mobiles, 2001.

Management de la qualité, Classeur avec mises à jour, 2000.

ISBN 2-12-465067-X

Couverture : Michel Le Louarn, Studio Mag Net

AFNOR – 11, avenue Francis de Pressensé – 93571 St Denis La Plaine Cedex – Tél. 01 41 62 80 00 – Fax : +33 (0)1 49 17 90 00

Sommaire

Partie II
Comment définir, construire et mettre en œuvre un système de management intégré

Remerciements

Nous voudrions en premier lieu adresser nos vifs remerciements à Pierre Daurès, Président du Mouvement Français pour la Qualité et Directeur général délégué du Groupe Bouygues, qui nous a encouragé à mener à bonne fin notre ouvrage *Qualité-Sécurité-Environnement – Construire un système de management intégré* et nous en a proposé la préface.

Nous voudrions aussi remercier Jean-Luc Laffargue, Président Directeur Général du Groupe Qualitique, ardent promoteur du management intégré, qui nous à toujours apporté de précieux conseils et encouragements dans ce domaine.

Nous tenons encore à remercier vivement Stéphane Mathieu, Délégué Régional AFNOR Sud-ouest, et expert en management intégré, Michel Cam, Directeur Sécurité-Qualité-Environnement d'Air Liquide – Grande Industrie Europe, Daniel Courdeau, du Département Prévention des Risques Professionnels de la CRAM Aquitaine, qui ont contribué efficacement au contenu et à la relecture de certains chapitres.

Enfin nous tenons aussi à remercier les personnes et les entreprises qui ont bien voulu faire partager leur expérience en acceptant de nous décrire leur démarche de management intégré :

– Monsieur Michel Cam, Directeur SQE d'Air Liquide – Grande Industrie Europe ;

– Monsieur Bertrand Durin, Directeur QSE de Bouygues Travaux Publics ;

- Monsieur Régis Fischer, Délégué Prévention de ADA – Aciérie de l'Atlantique ;
- Monsieur Guy Garrigues, Directeur de l'établissement Ricard de Lormont ;
- Monsieur Frédéric Herran, Responsable Sécurité-Environnement de Labso Chimie Fine ;
- Monsieur Gérard Lebail, Responsable Qualité-Sécurité-Environnement de Solectron France ;
- Monsieur Philippe Levert, Directeur Qualité-Environnement de la société Lexmark International ;
- Monsieur Denis Tiollier, Directeur du Département Produits Moyenne Tension de Schneider Electric ;
- Monsieur Jean-François Zobrist, Directeur de FAVI S.A.

Préface

Le succès des normes de management ISO 9001 pour la qualité, 14001 pour l'environnement et OHSAS 18001 pour la santé et sécurité du travail est sans précédent dans l'histoire de la normalisation mondiale.

Plusieurs raisons expliquent cet engouement :

Tout d'abord les entreprises doivent aujourd'hui se montrer efficaces et compétitives dans des domaines où elles étaient peu « challengées » jusqu'à présent. Des défis écologiques, techniques, culturels, économiques et sociopolitiques combinés les forcent à réagir rapidement dans de multiples disciplines simultanément.

Ensuite, les exigences des parties prenantes ont considérablement évolué. La concurrence approfondie et généralisée à tous les aspects de la fourniture du produit est aujourd'hui une réalité dans quasiment tous les secteurs d'activités.

L'exigence des ISO vise à passer de la confiance en un fournisseur fondée sur la formalisation écrite, à l'engagement et la probation de savoir satisfaire durablement le client et toutes les parties intéressées. Pour cela, les entreprises doivent assurer l'efficacité de leurs processus tout en innovant en permanence.

Ce changement d'approche n'est pas neutre. Il induit une profonde remise en cause du schéma classique des organisations à dominante verticale, au profit d'une approche par processus qui impose une plus grande transversalité et donne le pouvoir aux compétences.

Cette recherche indéfinie du mieux, du plus vite et du moins cher nécessite également de rationaliser la maîtrise des risques.

Toutes les entreprises sont, par nature, exposées à des risques : de non-conformités produit, de dommages environnementaux, d'accidents du travail… Aujourd'hui, la cohérence des normes de la famille ISO permet de construire un système de management qui agrège les réponses organisationnelles, comportementales et technologiques nécessaires à une maîtrise croissante des risques des entreprises.

Le présent ouvrage explique l'intérêt du rapprochement des trois disciplines qualité, sécurité, environnement. Il indique également les méthodes, les outils mais aussi les limites de l'intégration. J'exprime le vœu que ce livre nous aide, par les idées qu'il défend, à vaincre progressivement les résistances au changement qui trop souvent nous paralysent.

Les enjeux de performance et de compétitivité auxquels sont confrontées toutes les entreprises exigent de s'appuyer sur les meilleures pratiques en matière de management. L'intégration Qualité, Sécurité, Environnement fait assurément partie de celles-ci. Je vous invite donc à découvrir le fruit de l'expérience des trois experts français qui au travers des chapitres de ce livre, ont su exprimer avec brio cette nouvelle avancée dans l'art du management.

Bonne lecture.

Pierre DAURES
Président du Mouvement Français pour la Qualité
Directeur général délégué du Groupe BOUYGUES
Ex-directeur général d'EDF

Avant-propos

Lors de la publication de l'ouvrage *Qualité et Environnement* « *Vers un système de management intégré* » en 1998, la série des normes ISO 9000 : 1994 (ISO 8402 et ISO 9000-1, 9001, 9002, 9003) étaient en cours de révision. La première série des normes de management environnemental ISO 14000 avait été publiée en 1996 et la norme ISO 14001 devenait un référentiel reconnu pour la certification des systèmes de management environnemental.

Par contre en matière de sécurité, il n'y avait pas de consensus assez large notamment en France, pour traiter le management de la sécurité dans le même contexte de normalisation et de certification que la qualité et l'environnement. Cependant, sur le terrain, un nombre croissant d'entreprises se sont engagées, avec l'aide de référentiels anglo-saxons pour la santé et la sécurité, dans une démarche de management intégrant la qualité, l'environnement et la sécurité.

Depuis la publication de la version 2000 des normes ISO 9000 qui, par leur structure nouvelle et leurs exigences de satisfaction de toutes les parties intéressées, l'intégration du management de la qualité avec d'autres systèmes de management est facilitée. Par ailleurs, l'essor pris par la spécification OHSAS 18001 en matière de management de la santé et de la sécurité au travail, l'apparition de la première norme sociale SA 8000 et la montée en puissance du concept de développement durable ont ouvert des perspectives prometteuses aux systèmes de management intégré.

C'est pourquoi, en changeant de titre, ce qui aurait dû être une deuxième édition est devenu, après refonte complète, un tout nouvel ouvrage qui aidera tous ceux qui ont la responsabilité de construire une approche intégrée qualité, sécurité, environnement dans leur entreprise.

Introduction

En introduction de cet ouvrage, nous nous permettons de rappeler que lors des premières années 1990, alors qu'au sein du Comité ISO/TC 176 se préparaient les normes de management IS0 9000 : 1994, de nombreux experts internationaux estimaient que l'avenir conduirait à l'extension du management de la qualité vers le management environnemental et, pourquoi pas, aussi vers celui de la sécurité… Les normes ISO 14000 n'existaient pas encore… L'expression « management intégré » n'était pas encore prononcée… Et cependant, lorsque nous avons lancé quelques écrits sur ce sujet, en attirant l'attention sur les liens conceptuels entre qualité, environnement et sécurité, nous avons été chaleureusement encouragés par plusieurs personnalités visionnaires de cette forme de management, dont Jean-Luc Laffargue, Président Directeur Général du Groupe Qualitique.

Depuis lors, les normes ou référentiels de management se sont développés et rapprochés conceptuellement : ISO 14000 : 1996, OHSAS 18001 : 1999, ISO 9000 : 2000, SA 8000… De plus en plus d'entreprises ont estimé avoir intérêt à s'engager dans une démarche de progrès associée à la certification de leur système de management, en intégrant autant que possible les aspects qualité, sécurité et environnent.

Un management en évolution

Ces dix dernières années, le management par la qualité a graduellement pénétré l'ensemble des pays et leurs organismes professionnels. Le principal facteur de ce développement a été l'engouement pour l'assurance de la qualité au travers les normes ISO 9000. Avec la publication de la version 2000 des normes ISO 9000, l'accent a été mis sur l'écoute et la satisfaction du client, sur l'efficacité du système de management, ainsi que sur l'amélioration continue des performances de l'organisme.

Dans un contexte toujours plus affirmé de recherche de la « qualité du management », les entreprises ont pris de plus en plus conscience de la nécessité de satisfaire toutes leurs « parties intéressées », c'est-à-dire non seulement leurs clients, mais aussi leur personnel, leurs propriétaires ou actionnaires, leurs fournisseurs ou partenaires et la société environnante. Cette nouvelle donne dans les relations entre les parties prenantes rejoignant ainsi le concept de développement durable, visant la pérennité. La priorité pour les entreprises est alors de bien mobiliser et de dynamiser l'ensemble de ses acteurs en appliquant des systèmes de management de plus en plus évolués. Pour les aider dans cette approche, les entreprises utilisent de plus en plus de normes ou de référentiels publiés dans des disciplines diverses : la qualité, l'environnement, la santé et la sécurité au travail, l'évaluation des risques, l'éthique...

Satisfaire toutes les parties intéressées de l'entreprise

La multiplication des échanges, l'ouverture du monde et les attentes de toutes les parties prenantes des entreprises conduisent au besoin de se référer à des systèmes de management de plus en plus divers, mais qui peuvent être intégrés ou harmonisés dans le cadre de démarches globales de management à partir de concepts communs et qui concourent à satisfaire l'ensemble des acteurs de la chaîne de création de valeur :

- Dans le domaine de la qualité, la norme ISO 9001 : 2000, utilisée pour la certification, vise essentiellement la satisfaction des clients dans le cadre d'une politique d'amélioration continue ; l'ISO 9004 – hors certification – vise aussi la satisfaction des autres parties prenantes.
- Dans le domaine de l'environnement la norme ISO 14001 : 1996, utilisée pour la certification, répond principalement au respect de la réglementation et aux attentes du personnel de l'entreprise et du public en matière de prévention de la pollution dans le cadre d'une politique d'amélioration continue.

- Dans le domaine de la santé et de la sécurité au travail la norme anglaise BS 8800 : 1996, ou la spécification OHSAS 18001 : 1999 conçue pour la certification, visent le respect de la réglementation et la prévention des risques en matière de santé et de sécurité au travail ; elle répond aux attentes du personnel et aussi du public.
- Enfin il ne faut pas omettre d'autres domaines devant contribuer à la « qualité du management »,
- Celui de l'éthique, sous la poussée d'une partie du public, qui se traduit par des travaux conduits selon les principes de l'Organisation internationale du travail (OIT) avec une norme sociale SA 8000.
- Celui du management des ressources humaines, ou celui du management des aspects financiers...

Évoluer vers un système global de management à partir des liens conceptuels entre qualité, environnement et sécurité

Avant de construire un système de management intégrant la qualité, la santé et la sécurité au travail, la protection de l'environnement, les considérations d'éthique et de développement durable..., il est indispensable de prendre en compte l'expérience acquise dans ces domaines, dans les différents milieux industriels et économiques, et ce, compte tenu de l'évolution parallèle des réglementations nationales et internationales, liées elles-mêmes aux accidents constatés (Seveso...).

C'est pourquoi nous traiterons en détail ces aspects dans « Les principes généraux ». Nous constaterons alors que les enjeux économiques des systèmes de management ont de nombreux points communs et que les normes et référentiels de management ont évolué en accroissant les liens conceptuels entre qualité, environnement et sécurité et en recommandant des démarches communes de management, telles que :

- Identification systématique des besoins et des risques ;
- Planification et prévention des dysfonctionnements ;
- Approche processus ;
- Revue pour une amélioration continue du système.

À partir de ces principes nous espérons, dans une deuxième partie de l'ouvrage, convaincre le lecteur, avec des exemples et témoignages à l'appui, qu'il a à sa disposition tous les éléments pour construire un système de management intégré ou global, à condition de partir d'une volonté politique qui fasse appel à toutes les valeurs et bonnes pratiques humaines.

Partie I

Les principes généraux

1

Les évolutions en matière de qualité, de sécurité et d'environnement

Le terme qualité (latin : *qualitas*) est depuis longtemps d'usage courant. D'après le Petit Robert, la qualité désigne « une manière d'être, plus ou moins caractéristique » ou « ce qui rend une chose, une personne bonne, meilleure ». Colbert, en 1664[1], en faisait déjà l'éloge pour l'exportation des produits français !

Il en est de même pour le terme sécurité (latin : *securitas*) : « État d'esprit confiant et tranquille de celui qui se croit à l'abri du danger ».

En revanche, le terme environnement n'a pris son sens écologique que ces dernières années (1964, de l'américain *environment*) avec l'adjectif correspondant environnemental (1972).

---

1. « Si nos fabriques imposent à force de soin la qualité supérieure de nos produits, les étrangers trouveront avantage à se fournir en France et leur argent affluera dans le Royaume. », Colbert, le 3 août 1664.

Nous tenterons d'expliquer comment ces termes ont pris une importance croissante, au regard de l'évolution industrielle et économique et comment les concepts correspondants ont suivi cette évolution.

1.1 La qualité : du contrôle au système de management

Dans le langage courant, le terme « qualité » n'a pas le même sens pour tout le monde. Pour certains, il s'agit d'un degré d'excellence ; pour d'autres de la conformité aux exigences. Dans la norme ISO 9000 (2000), § 3.11, le terme qualité est défini comme « aptitude d'un ensemble de caractéristiques intrinsèques à satisfaire des exigences ». Il faut préciser que cette définition s'applique non seulement à un produit ou à un service, mais aussi à une activité, un processus, un organisme ou une personne.

Mais au-delà de la définition formelle, il est sans doute plus simple, pour les non initiés, d'expliquer la qualité comme le résultat d'un rapport entre un sacrifice consenti (le plus souvent financier) et une satisfaction perçue. Si la satisfaction l'emporte sur le sacrifice, alors le consommateur jugera, quelle que soit la valeur du produit ou du service, le niveau de qualité satisfaisant. L'ISO 9000 explicite également les concepts du management et de l'assurance de la qualité, sur lesquels se fondent les normes de la série ISO 9000. Elle résulte d'une évolution récente des concepts du management de la qualité.

1.1.1 L'évolution des concepts du management de la qualité

Jusqu'à la fin des années 70, il était surtout question de « contrôle qualité » et d'« inspection »; on se contentait de contrôler les produits un par un ou par échantillonnage en s'assurant après coup que les contrôles étaient bien faits.

- **Le contrôle et les statistiques**

En 1907, Ford a appliqué à grande échelle les principes de Taylor, qui ont permis de fabriquer au moindre coût en divisant le travail en tâches élémentaires et en les confiant à des ouvriers payés au rendement. Taylor a spécifié les procédés, les résultats à atteindre et les qualifications, en privant l'opérateur des contrôles qu'il a délégué à l'encadrement.

À partir de 1920, ces contrôles sont effectués sur les chaînes par les contrôleurs et par la suite, par des spécialistes du contrôle statistique. Aussi, le travail est préparé en amont par des spécialistes, le contrôle est effectué en aval par d'autres spécialistes.

En 1920, *Western Electric* installe un nouveau type de central téléphonique. Dans un premier temps, il est impossible de le faire fonctionner, bien que le nombre de contrôleurs soit aussi important que le nombre d'ouvriers. Il est alors fait appel à un mathématicien, le Docteur Shewart, qui met au point les cartes de contrôle : il ne suffit pas de contrôler les produits finis ; il importe de maîtriser le processus de fabrication en mesurant ses variations. On passe ainsi du contrôle du produit fini à la « maîtrise statistique du processus ».

- **L'inspection**

Pour certaines fabrications complexes, une « surveillance de la qualité » peut être exercée par ou pour le client et destinée à vérifier que les exigences de contrôle qualité ont bien été respectées ; elle est souvent appelée « inspection ». Un inspecteur du client, ou pour le client, se rend chez le fabricant pour suivre l'exécution des contrôles. Il certifie qu'ils sont satisfaisants en opposant son visa sur les enregistrements. On verra plus loin, comment la notion d'inspection s'applique à l'environnement et à la sécurité.

- **La maîtrise et le management de la qualité**

Trois évènements peuvent illustrer les évolutions signalées.

1. En 1945, le Docteur Feigenbaum, qui travaillait pour *General Electric*, a mis au point une méthode de gestion économique de la qualité, qui consiste à additionner les coûts d'obtention de la qualité (contrôle, prévention), et les coûts de non-qualité, c'est-à-dire le coût des défaillances, suivant le concept « d'usine cachée ». Celle-ci a eu pour effet de renforcer l'idée qu'il est plus économique de faire de la qualité que de la non-qualité. C'est une affaire de « prévention », pas de contrôle. On verra comment la prévention s'applique aussi à la sécurité et à la protection de l'environnement.

2. Le Docteur Deming, disciple de Shewart, est appelé au Japon pour aider les Japonais à effectuer le recensement de la population. À cette occasion, il démontre aux ingénieurs et statisticiens japonais, que les outils et méthodes de contrôle statistique peuvent avoir des applications aussi bien administratives qu'industrielles. Les Japonais, chefs d'entreprises en tête (par exemple, le PDG de Toyota), très réceptifs aux enseignements, découvrent l'importance stratégique de la qualité pour l'avenir de leur industrie qui avait été ruinée par la guerre et la défaite. Ils comprennent aussi que la qualité n'est pas une affaire de spécialistes, mais d'abord une affaire de direction générale, et ensuite de participation active de l'ensemble du personnel.

C'est le début des notions :

- de *quality control*, traduit en français pendant de trop nombreuses années par « contrôle de la qualité » orientant les entreprises sur le contrôle du produit, plutôt que sur la maîtrise des activités liées à la qualité du produit – mais finalement traduit correctement par « maîtrise de la qualité » ;
- et de *quality management*, alors traduit en français par « gestion de la qualité » et maintenant par « management de la qualité » (révision 1994 des normes ISO 9000).

3. En 1961, Feigenbaum publie *Total Quality Control*, traduit en français par « maîtrise de la qualité totale », au lieu de « maîtrise totale de la qualité », ce qui a eu pour conséquence d'entraîner de nombreux malentendus non encore résignés.

Suit alors une période de développement de la maîtrise de la qualité et de son intégration dans le management de l'entreprise sous l'impulsion du professeur Juran avec, en 1968, l'approche japonaise de la « maîtrise de la qualité étendue à toute l'entreprise » (*Company Wide Quality Control* : *CWQC*).

- **L'assurance de la qualité**

C'est vers 1950 que les États-Unis, confrontés au problème de la sécurité et de la disponibilité des équipements aérospatiaux, nucléaires et militaires, lancent un nouveau concept dans le secteur de l'armement (*Military Standards*).

L'idée est simple : au lieu de réunir un corps de nombreux contrôleurs ou d'inspecteurs pour vérifier la conformité de chaque pièce, il est préférable de s'assurer que l'entreprise qui fournit les pièces – au moyen de son système de management de la qualité – ait acquis la capacité d'assurer par elle-même la maîtrise de son processus de production et le contrôle de conformité aux exigences spécifiées.

Dans cet esprit le client – qui voit dans la satisfaction obtenue avec la première pièce produite une incitation à la confiance dans l'organisation de l'entreprise – peut espérer que cette satisfaction s'étende à l'ensemble de la production.

L'assurance de la qualité pénètre en France dans les années 1960, à l'occasion du premier satellite français FR 1 réalisé par le CNES et mis sur orbite par la NASA. Elle prend de l'importance notamment dans la construction des centrales nucléaires et les fabrications pour l'armement. Il faudra attendre le succès des normes ISO 9000 publiées en 1987, pour qu'elle s'inscrive dans une politique de management et que son application s'étende progressivement à tous les secteurs industriels et économiques et qu'elle soit de plus en plus reconnue en tant qu'outil de bonne gestion et de progrès.

1.1.2 Les normes de la famille ISO 9000 et la certification

C'est en 1980 que l'Organisation Internationale de Normalisation (ISO) a créé le comité ISO/TC 176 pour élaborer des normes d'assurance de la qualité applicables à tous les domaines de l'industrie et des services. Il s'agissait de mettre à la disposition des différents donneurs d'ordre, un référentiel unique, international, permettant d'auditer leurs différents fournisseurs (audits dits de seconde partie), dans leur propre pays ou à l'étranger. Mais il n'était alors pas question de l'appliquer à la certification par tierce partie des systèmes de management. Parallèlement, un référentiel associé devait être mis à la disposition des entreprises pour les guider en matière de management interne de la qualité.

- **1986 : La première série des normes ISO 9000**

La première série des normes ISO « Gestion et assurance de la qualité » a été publiée en 1986 :
- **ISO 9000**, « Normes pour la gestion et l'assurance de la qualité – Lignes directrices pour la sélection et l'utilisation » ;
- **ISO 9001, 9002 et 9003**, « Systèmes qualité – Modèles pour l'assurance de la qualité, normes applicables en situation contractuelle » ;
- **ISO 9004**, « Gestion de la qualité et éléments de système qualité – Lignes directrices, norme destinée à la gestion interne ».

La norme ISO 8402, « Qualité-Vocabulaire », complète la série.

- **La certification des systèmes de management de la qualité**

Les normes de la série ISO 9000 ont eu un succès croissant dans les principaux pays industrialisés et, bien que non prévues pour la certification des systèmes de management de la qualité des entreprises par des organismes indépendants (certification par tierce partie), elles ont néanmoins fait naître de tels organismes dans ces pays, comme par exemple l'AFAQ, créée en France en 1988. Les audits d'un fournisseur par leurs différents donneurs d'ordre pouvaient être remplacés progressivement par un audit unique de certification.

Parallèlement à ce succès, la normalisation européenne s'est développée en matière de qualité et d'assurance de la conformité :
- Reprise progressive de la série des normes ISO 9000 en normes européennes EN 29000, devenues ensuite EN ISO 9000 et applicables dans les pays de la Communauté (en France NF EN ISO 9000) ;

– Création des normes de la série EN 45000 pour la certification et l'accréditation (EN 45012, pour l'accréditation d'un organisme de certification des entreprises).

- **La série révisée des normes ISO 9000 (1994)**

Lors de la révision en 1994 de la série des normes ISO 9000, l'accent a été mis notamment :

– sur l'extension de la notion de fabrication à celle de processus ;

– sur la définition des besoins et la satisfaction du client ;

– sur la prévention des non-conformités et sur les actions correctives et préventives ;

– sur l'utilisation de l'assurance de la qualité, non seulement comme outil de confiance externe dans la relation client-fournisseur, mais comme outil de progrès interne à l'entreprise.

- **La version 2000 des normes ISO 9000**

La refonte de la série des normes ISO 9000 (1994) a eu pour objectif de rendre les nouvelles normes :

– compatibles avec la version de 1994 et avec les autres normes ISO de management, notamment l'ISO 14001 (1996) ;

– applicables à tout organisme ;

– applicables à toutes catégories génériques de produits (matériels, logiciels, services…) ;

– liées étroitement à « l'approche processus » ;

– orientées vers la satisfaction client ;

– simples et faciles à utiliser.

La nouvelle famille des normes ISO 9000 comprend les normes suivantes :

– **ISO 9000**, « Systèmes de management de la qualité – Principes essentiels et vocabulaire » (fusion de l'ISO 8402 et de l'ISO 9000-1) ;

– **ISO 9001** « Systèmes de management – Exigences » (seule norme d'exigences pour l'assurance de la qualité du produit et l'accroissement de la satisfaction du client) ;

– **ISO 9004** « Systèmes de management de la qualité – Lignes directrices pour l'amélioration des performances » (une seule norme de recommandations ouvrant la voie au management total de la qualité « TQM » et aux prix qualité).

Il s'y ajoute :

- l'ISO 19011 « Lignes directrices pour l'audit qualité et environnement » (une seule norme outil sur l'audit élaborée en accord entre les Comités techniques ISO/TC 176 (qualité) et ISO/TC 207 (environnement).
- des « rapports techniques », pour répondre aux besoins des entreprises, dont certains peuvent éventuellement être transformés en Norme internationale.

1.1.3 Du management de la qualité au management total de la qualité

Revenons maintenant plus en profondeur sur les principes du management de la qualité.

- **Le management de la qualité**

Le management de la qualité est un ensemble d'« activités coordonnées permettant d'orienter et de contrôler un organisme en matière de qualité » (ISO 9000 : 2000, § 3.2.8).

Schématiquement, on peut dire que le management de la qualité est « la partie du management global d'un organisme axée sur la qualité ». Il comprend (*cf.* ISO 9000, Figure A.5) :

- La **planification de la qualité** : « partie du management de la qualité axée sur la définition des objectifs qualité et la spécification des processus opérationnels et des ressources afférentes, nécessaires pour atteindre les objectifs qualité ».
- La **maîtrise de la qualité** : « partie du management de la qualité axée sur la satisfaction des exigences pour la qualité ».
- L'**assurance de la qualité** : « partie du management de la qualité visant à donner confiance en ce que les exigences pour la qualité seront satisfaites ».
- L'**amélioration de la qualité** : « partie du management de la qualité axée sur l'accroissement de la capacité à satisfaire aux exigences pour la qualité ».

La figure 1.1 représente les composantes du management de la qualité qui contribuent à la satisfaction du client et de la direction suivant les concepts contenus dans les normes ISO 9000.

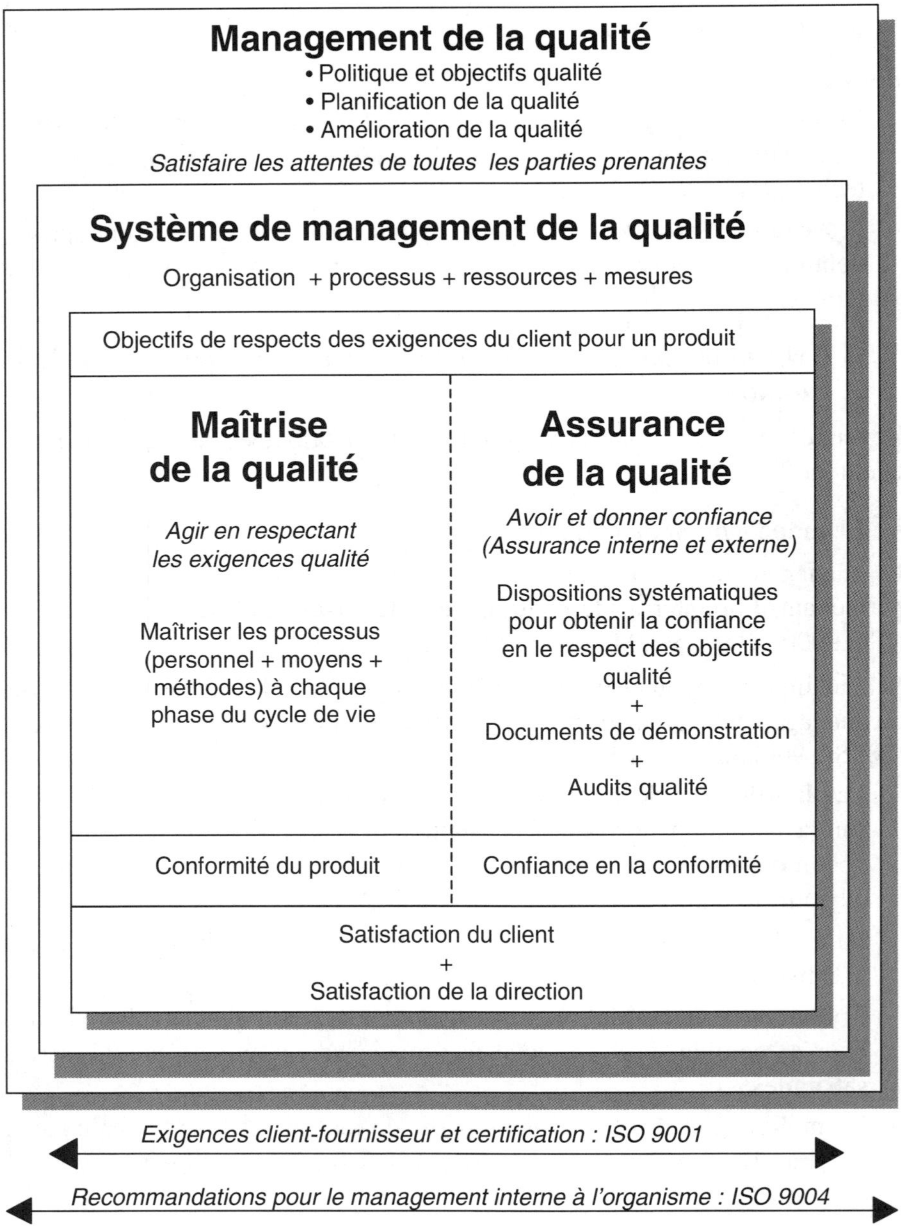

Figure 1.1 Les composantes du management de la qualité suivant les concepts des normes ISO 9000.

- **La notion de processus**

Le processus, concept essentiel à la base des normes ISO 9000 (2000), est un « ensemble d'activités corrélées ou interactives qui transforme des éléments d'entrée en éléments de sortie », et le produit « le résultat d'un processus ».

C'est une succession de tâches réalisées à l'aide de ressources (personnel, installations, équipements, informations, ...), mais avec des contraintes (exigences internes et externes, sécurité, environnement, ...). Le résultat est le produit intentionnel (attendu par le client du processus), mais aussi le produit non intentionnel, par exemple un déchet, des rejets... (*cf.* Figure 1.2).

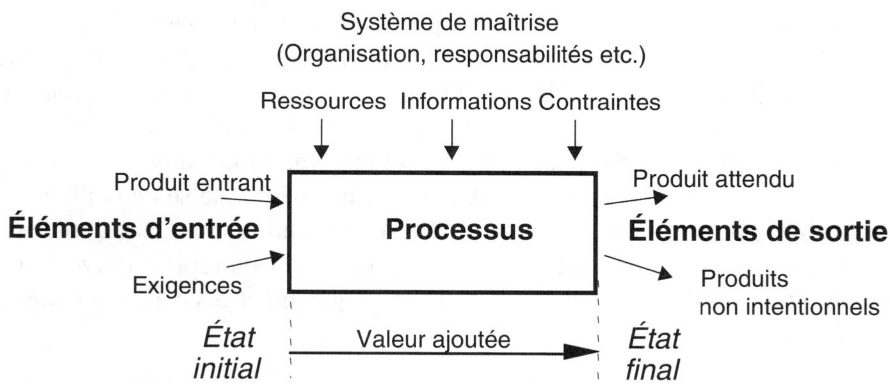

Figure 1.2 Le concept de processus.

Il est profitable d'appliquer la notion de processus au management de l'environnement et aussi à celui de la sécurité (*cf.* Chapitre 4, § 4.1).

- **Le système de management**

Le management de la qualité est mis en œuvre au sein d'un organisme par la construction d'un système de management de la qualité, « système permettant d'établir une politique et des objectifs et d'atteindre ces objectifs » (*cf.* ISO 9000, § 3.2).

Un tel système de management est applicable à toute politique de l'entreprise, par exemple celle de la sécurité et de la protection de l'environnement.

C'est l'esprit de ce système de management que l'on retrouve déjà , avec des variantes, dans les systèmes de management environnemental des normes ISO 14000, et des référentiels de management de la santé et de la sécurité au travail tels que BS 8800 et OHSAS 18001, appliqués de plus en plus dans les entreprises.

- **Le management total de la qualité**

Parallèlement au déploiement international de l'assurance de la qualité avec le succès de la série des normes ISO 9000, les Américains et les Européens se sont efforcés, au cours des années 80, de mettre en œuvre les principes du CWQC, dénommé aussi TQC (*Total Quality Control*) par le Docteur Feigenbaum (*cf.* § 1.1.1). Ce concept de recherche de l'excellence a évolué en prenant des formes et appellations diverses, telles que : qualité totale, ou management par la qualité totale, ou encore « management total de la qualité ». Cette dernière expression – traduction de l'anglais *total quality management* ou *TQM* – a fait l'objet d'un consensus international exprimé par la norme NF EN ISO 8402, en étendant le concept de management de la qualité dans le sens de la participation et de la motivation de tous les membres d'un organisme dans l'intérêt de l'organisme lui-même, de ses membres, de ses clients et de la société considérée dans son ensemble. Suivant ce concept, le terme « total » signifie que toutes les fonctions de l'entreprise doivent être impliquées du haut de la hiérarchie à la base, et que toutes les parties prenantes doivent être satisfaites.

Bien que leurs voies de développement aient été distinctes, l'assurance de la qualité et le management total de la qualité sont deux démarches de management ayant le même but : satisfaire le client sous la pression de la concurrence internationale en restant compétitif et, s'il y a lieu :

- **donner confiance** en obtenant une certification ISO 9001 ;
- **avoir une image d'excellence** en étant lauréat d'un prix qualité.

- **Le management global de la qualité**

- Lorsqu'une démarche de management visant l'excellence en matière de qualité s'étend à l'implication de tout le personnel sur la prévention, la maîtrise de tous les risques et les performances de l'organisme, elle devient une forme évoluée de management souvent appelée « management global de la qualité », ou « management intégré ».
- La figure 1.3 montre l'évolution possible du management de la qualité vers un management global de la qualité, de la santé, de la sécurité et de l'environnement en fonction de la maturité du système de management.

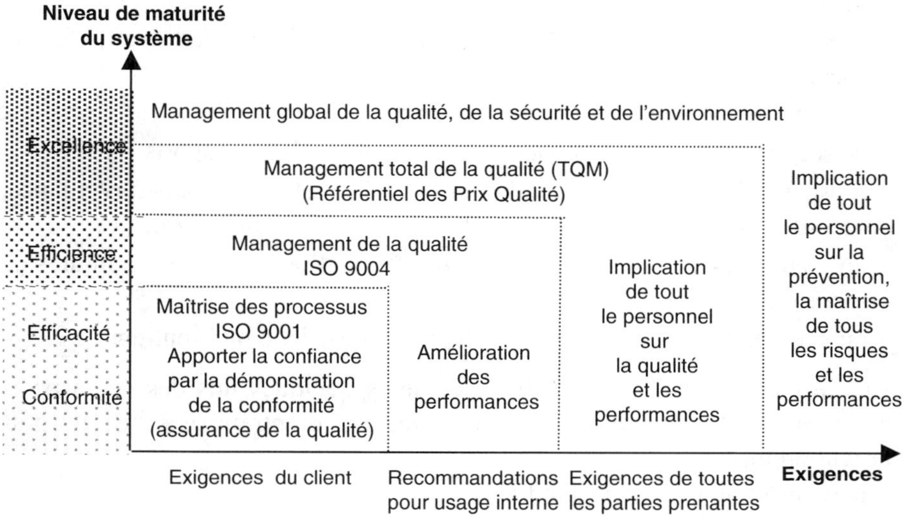

Figure 1.3 L'évolution possible du management de la qualité vers un management global intégrant la qualité, l'environnement et la sécurité.

1.2 La sécurité : de la maîtrise des risques au management de la sécurité

1.2.1 Les principaux concepts de la sécurité

Au sens de la norme ISO 8402 (1994), § 2.8 – c'est-à-dire dans le contexte du management de la qualité pour la qualité du produit et la satisfaction du client – la sécurité est « l'état dans lequel le risque de dommages corporels ou matériels est limité à un niveau acceptable ».

Ni l'ISO 9000 (2000), ni les autres normes ISO de systèmes de management ne comprennent de définitions relatives à la sécurité. Il est vrai que les situations possibles relatives à la notion de sécurité sont de natures bien diverses et correspondent à un besoin de confiance, de tranquillité d'esprit, dans des domaines très variables !

S'agit-il des besoins :
- de sécurité physiologique des individus (santé, sécurité au travail, sécurité sociale, assurances sur la vie…) ?
- de sécurité nationale ou territoriale (armées, douanes…) ?
- de sécurité individuelle ou domestique (maison, loisirs, sports…) ?
- de sécurité des locaux, installations et informations (video-surveillance, sécurité informatique, protection du secret, sécurité nucléaire…) ?
- de sécurité des produits de consommation ou d'usage (jouets, ceintures de sécurité…) ?
- ou encore, plus globalement, de sécurité industrielle ou d'entreprise ?

Dans le cadre restreint de l'entreprise, seuls quelques uns des ces aspects entrent en jeu. On peut alors parler de « sécurité d'entreprise » incluant plus particulièrement :
- la sécurité relative au produit ;
- la sécurité des installations et des systèmes ;
- la santé et la sécurité au travail (en anglais *Operational Health and Safety* ou *OHS*).
- C'est à cette dernière forme de sécurité que s'attachent des référentiels de systèmes de management tels que la norme britannique BS 8800 (1996) et l'OHSAS 18001 (1999).

- **La sécurité relative au produit**

Il s'agit en fait d'une composante de la qualité qui n'est traitée que dans le contexte du management de la qualité. Elle n'est pas sans lien avec la qualité des produits traitée dans le management de la qualité et dans la certification des produits (marque CE, etc.).

- **La sécurité des installations et systèmes**

On peut dire que la sécurité des installations et des systèmes est « l'état des installations dans lequel le risque de dommage est limité à un niveau acceptable ».

Elle est importante :
- pour le personnel, qui peut subir des préjudices dans les cas d'accidents industriels (sécurité au travail) ;
- pour l'environnement, qui peut aussi subir des préjudices (pollution, par exemple) ;

- pour l'entreprise elle-même, qui doit faire face à des pertes matérielles du fait des accidents.
- Ce type de sécurité repose sur la « sûreté » des installations et systèmes, c'est-à-dire sur un ensemble de dispositions concrètes, prises au niveau de la conception, de la réalisation et de l'exploitation (comprenant l'organisation, les processus et les moyens), visant à limiter les risques en cas de dysfonctionnement.

C'est le domaine de la « sûreté de fonctionnement ». C'est au sens de l'ISO 8402, § 2.5, ou de l'IEC 50 (191), « l'ensemble des propriétés qui décrivent la disponibilité et des facteurs qui la conditionnent : fiabilité, maintenabilité et logistique de maintenance ». En France, l'Institut de Sûreté de Fonctionnement (ISDF)[2] intègre dans sa définition la « sécurité », car la sûreté de fonctionnement résulte de la synthèse (ou du compromis) entre la disponibilité et la sécurité. Le « management de la sûreté de fonctionnement » est étroitement lié à celui de la qualité et à celui de la sécurité.

Remarques

Le terme « sécurité », – distincts de « sûreté » en fontion du domaine tecqhnique –, n'est apparu que récemment. C'est le terme « sûreté » qui est utilisé avec le sens actuel de « sécurité » dans les déclarations de 1789, 1795 et même encore 1948, alors que le terme « sécurité » était en usage.

En anglais, « sécurité » est traduit par « *safety* » pour ce qui concerne notamment la sécurité du produit, celle des installations et la sécurité au travail, mais par security pour ce qui concerne la protection des biens, des locaux, du secret... Le terme « sûreté » est aussi traduit par « safety ».

La sécurité au travail

Il s'agit d'un domaine de la « sécurité d'entreprise » qui recouvre la « santé et la sécurité au travail » (voir plus haut) et comprend notamment les accidents du travail et les maladies professionnelles. En France, ce sujet a fait l'objet d'une organisation spécifique, d'études et d'actions importantes notamment de la part de la Caisse Nationale d'Assurance Maladie des Travailleurs Salariés (CNAMTS), de l'INRS[3] et du Ministère du Travail.

---

2. Institut de Sûreté de Fonctionnement (ISDF), 116 av. Aristide Briand, 92227 Bagneux Cedex.
3. Institut National de la Recherche et de la Sécurité (INRS), 30, rue Olivier Noyer, 75680 Paris Cedex 14.

C'est à la sécurité au travail que nous consacrerons la suite du présent chapitre, parce que c'est l'aspect le plus communément en relation avec les préoccupations du tissu économique national – notamment des PME – et parce que c'est un thème majeur de la législation sociale (elle constitue une part importante du code du travail).

On remarquera que la sécurité au travail a fait l'objet de recherches et d'efforts particuliers, bien avant la qualité et l'environnement. A l'instar de ces deux domaines, on peut voir un lien direct de causalité en entre la sécurité au travail et les processus de l'entreprise (notamment avec le processus de production)

1.2.2 L'historique de la sécurité au travail

La sécurité au travail a été jalonnée de nombreuses lois et résolutions. Parmi les plus marquantes, on peut citer :

La loi du 9 avril 1898 sur la réparation des dommages. Prenant le relais du code civil, la loi rend l'employeur civilement responsable des accidents survenus dans son entreprise. Il y a présomption de responsabilité de l'employeur, fondée sur le risque professionnel. Pour la « réparation » des accidents du travail, celui-ci s'assure auprès de compagnies privées soumises à contrôle administratif.

Les lois des 26 et 30 novembre 1912 – Promulgation du code du travail. Le contrôle de cette réglementation est confié à l'Inspection du Travail.

La loi du 11 octobre 1946. Création de la Médecine du Travail.

La loi du 30 octobre 1946. Cette loi confie aux caisses de Sécurité sociale une mission de prévention et de gestion du risque « accidents du travail » On est donc passé de l'obligation de « réparation » à celle de « prévention ».

Le décret du 1er août 1947. Création des comités d'hygiène et de sécurité.

La loi du 31 juillet 1968. Cette loi organise une gestion distincte, et équilibrée financièrement, du risque accidents du travail et maladies professionnelles au sein de la Sécurité Sociale.

La loi du 6 décembre 1976. La notion de sécurité intégrée apparaît. La sécurité des travailleurs doit être assurée par l'intégration des critères de prévention du risque professionnel, en amont du processus de travail, c'est-à- dire dès la conception des locaux, des matériaux, des machines et des modes opératoires. De cette obligation a découlé une intense activité de recherche et de normalisation sur les concepts et techniques de sécurité. Cette loi introduit aussi l'obligation pour l'employeur de dispenser une « formation pratique et appropriée » à la sécurité.

La résolution du 7 mai 1985 du Conseil européen. Cette résolution introduit la « nouvelle approche » en matière d'harmonisation technique et de normalisation. Des directives européennes prises en application de l'article 100 A du traité de Rome édictent des « exigences essentielles » de sécurité et fixent les responsabilités du fabricant. Les normes européennes se développent ; elles assurent une présomption de conformité à ces exigences essentielles. D'autres directives prises sur le fondement de l'article 118 A ne renvoient pas explicitement à des normes, mais, en visant des « prescriptions minimales » d'utilisation, fixent les responsabilités de l'utilisateur.

La loi du 31 décembre 1991. Transposant en droit français sept directives, dont notamment la directive 89/391 du 12 juin 1989 sur les mesures visant à promouvoir l'amélioration de la santé et de la sécurité au travail, cette loi fait obligation à l'employeur d'élaborer et de mettre en œuvre une démarche globale. Celle-ci doit être fondée sur l'application de neuf principes généraux :

- Éviter les risques.
- Évaluer les risques qui ne peuvent pas être évités.
- Combattre les risques à la source.
- Adapter le travail de l'homme.
- Tenir compte de l'état de l'évolution de la technique.
- Remplacer ce qui est dangereux par ce qui n'est pas dangereux ou moins dangereux.
- Planifier la prévention en y intégrant dans un ensemble cohérent, la technique, l'organisation du travail, les conditions de travail, les relations sociales et l'influence des facteurs ambiants.
- Prendre des mesures collectives en leur donnant la priorité sur les mesures de protection individuelle.
- Donner des instructions appropriées aux travailleurs.

Le décret du 5 janvier 1996. Le Comité d'Hygiène, de Sécurité, et des Conditions de Travail (CHSCT) doit être consulté sur les documents établis à l'intention des autorités publiques chargées de la protection de l'environnement, notamment sur la demande d'autorisation d'installation classée, pour la protection de l'environnement ainsi que sur le plan d'opération interne (POI).

La directive européenne du 9 décembre 1996 dite SEVESO II. Cette directive qui concerne la maîtrise des dangers liés aux accidents majeurs impliquant des substances dangereuses, dite par commodité SEVESO II, entrée en vigueur le 3 février 1997, abrogera à la date du 3 février 1999 la directive SEVESO I de 1982. Alors que la directive SEVESO I n'imposait aux exploitants que des mesures très générales de prévention, celle ci impose aux exploitants de ces établissements à risques la mise en place d'un « système de gestion de la sécurité ». L'exploitant devra (article 7) élaborer un « document définissant sa politique de prévention et son organisation » selon les principes de l'annexe III, dont voici les têtes de paragraphes :

- Politique de prévention...
- Système de gestion de la sécurité : structure organisationnelle, responsabilités, pratiques, procédures...
- Points à aborder : organisation et personnel, identification et évaluation des risques d'accidents majeurs, contrôle d'exploitation, gestion des modifications, planification des situations d'urgence, surveillance des performances, contrôle et analyse.

Le décret 2001-1016 du 5 novembre 2001 : ce décret porte création d'un document relatif à l'évaluation des risques pour la santé et la sécurité des travailleurs prévue par l'article L 230-2 du code du travail.

Dans son article R 230-1,ce décret stipule que : « L'employeur transcrit et met à jour dans un document unique les résultats de l'évaluation des risques pour la santé et la sécurité au travail à laquelle il doit procéder... ».

Cette évaluation comporte un inventaire des risques identifiés dans chaque unité de travail de l'entreprise ou de l'établissement, et tenu à la disposition des parties intéressées.

1.2.3 Une évolution vers le management

Dès 1916, Henri Fayol, dans son ouvrage « Administration industrielle et générale », inscrivait la fonction sécurité dans les fonctions fondamentales de toute entreprise industrielle, au même niveau que la fonction technique, commerciale, ou financière, par exemple. Il qualifiait même cette fonction de « tâche permanente et essentielle de gestion ».

- **La politique nationale de prévention des risques**

La politique nationale de prévention de la Caisse Nationale d'Assurance Maladie des Travailleurs Salariés vise particulièrement à « **intégrer la prévention des risques** professionnels dans la **gestion de l'entreprise** » :

– « En faisant ressortir l'incidence des risques professionnels » dans la gestion de l'entreprise :
  - au niveau social et humain (répercussion de l'accident sur le climat social de l'entreprise et son image de marque) ;
  - au niveau de la qualité et des coûts de gestion. Elle considère que la maîtrise des risques professionnels ne peut être dissociée de leur démarche qualité et incite l'INRS[4] à mettre au point l'argumentaire et les outils de management à destination des entreprises, afin de les convaincre de gérer la sécurité.
    Elle considère qu'un effort significatif sera acquis lorsque les entreprises ne se poseront plus ponctuellement la question de savoir comment maîtriser les risques, puisqu'elles auront intégré cette démarche dans leur quotidien.

– « En améliorant la rentabilité des investissements dans la prévention des risques professionnels ».

- **La normalisation des systèmes de management de la sécurité**

Dans les domaines de la qualité et de l'environnement, les organismes se sont habitués progressivement à mettre en pratique des systèmes de management appuyés sur des normes cohérentes, contribuant aussi au progrès en matière de prévention et permettant la certification de ces systèmes. En revanche, il n'en a pas été de même en matière de sécurité.

Le management de la sécurité a fait l'objet d'un débat passionné en France et sur le plan international : « Faut-il ou non envisager une normalisation internationale du management de la santé et de la sécurité au travail ? » Non, si l'on se réfère aux conclusions du symposium organisé par l'ISO les 5 et 6 septembre 1996 à Genève, auquel participaient 340 experts de 45 pays. Les arguments développés ont été les suivants :

– Le management de la santé et de la sécurité relève du dialogue tripartite (employeurs, employés et gouvernement).

– L'Organisation internationale du travail (OIT) semble *a priori*, l'organisme compétent pour traiter ces problèmes.

---

4. Institut National de Recherche et de Sécurité (INRS), 30, rue Olivier Noyer, 75014 Paris.

- Toute orientation vers un système de certification est une hypothèse rejetée par les participants.
- La France dispose déjà d'une réglementation du travail très fournie.

Les instance de l'ISO ont alors refusé d'engager des travaux dans ce domaine, malgré la multiplication des référentiels nationaux et l'intérêt soulevé par plusieurs membres de l'ISO (Royaume-Uni, Australie, Norvège, Etats-Unis, Espagne...). Les Français se sont encore prononcé contre en avril 2000 aux côtés de 21 autres pays alors que 29 se sont prononcé pour (mais une majorité des 2/3 était requise).

Cependant un certain nombre d'industriels français n'ont pas attendu la normalisation en matière de management de la sécurité au travail pour créer leur propre référentiel (Rhône-Poulenc) ou mettre en pratique des référentiels étrangers (industries pétrolières et pétrochimiques, etc.). Les besoins du marché – notamment ceux des PME/PMI – sont tels que la norme BS 8800 (1996) et ensuite le référentiel OHSAS 18001(1999) ont été de plus en plus utilisés par plusieurs organismes français pour la certification des systèmes de management de la sécurité et les systèmes de management intégré (*cf.* Chapitre 5).

1.3 L'environnement : de la prise de conscience au management de l'environnement

L'homme s'est toujours préoccupé de son environnement physique : il a toujours cherché à l'aménager, à le rendre plus humain, c'est-à-dire plus accessible, plus facile à exploiter, et aussi plus beau. De tous temps, le problème de la gestion de cet environnement s'est posé. Déjà Charles VI, roi de France de 1380 à 1422, a dû légiférer pour empêcher les parisiens de jeter leurs ordures dans la Seine. Il est très vraisemblable qu'il y a toujours eu des relations de cause à effet entre l'état de l'environnement et l'état de santé des populations, les épidémies par exemple.

Cependant, beaucoup de choses ont changé : la prise de conscience et la capacité d'analyse des phénomènes et de leurs implications, l'ampleur des impacts due à la dimension et à la puissance des activités modernes, et enfin le caractère irréversible ou de très longue durée de certaines nuisances.

1.3.1 La naissance d'une législation

Il est prévu que dans dix ans, les forêts du globe auront diminué de plus de 40 % par rapport à 1990. Selon l'OMS, les maladies directement imputables à l'environnement sont responsables de 75 % des 49 millions de décès recensés chaque année sur terre. Vers 1850, la concentration en CO_2 était de 280 cm^3

par m^3 d'air ; elle est de 350 cm^3 aujourd'hui… La liste des drames environnementaux avérés et ceux en cours de réalisation serait longue à établir. Leur genèse est inexorablement liée aux deux révolutions, industrielle et démographique de ces cent dernières années : la population mondiale est passée de 1 à 6 milliards d'habitants. Leurs conséquences sur l'équilibre des éco-systèmes sont considérables et nourrissent actuellement des points de vue alarmistes.

En 1866, un disciple de Darwin, Ernst Haeckel, invente l'écologie : cette science des rapports des êtres vivants avec leur milieu semblera longtemps inaccessible au grand public.

Il faudra des événements importants, les grandes catastrophes écologiques, pour qu'une prise de conscience se forme et gagne l'opinion publique, pour que naisse un mouvement politique, que des lois soient votées, et que finalement apparaisse au milieu des années 90 la notion de « système de management environnemental ».

Les premières grandes décisions au niveau planétaire en matière de protection de l'environnement sont intervenues à la fin de la seconde guerre mondiale. Mais ce n'est que depuis une dizaine d'années que les choses se sont un peu accélérées sous l'effet des premiers signes clairement visibles des dégradations en cours : réchauffement des océans, trou dans la couche d'ozone, recul de la banquise…

Ainsi, la conférence des Nations unies sur l'environnement à Rio de 1992 (120 pays signataires du traité), a t'elle marquée une étape historique dans la prise de conscience collective en officialisant le concept de développement durable. Depuis cette date, les engagements des nations se succèdent avec plus ou moins d'efficacité. Parmi les plus significatives nous retiendrons :

- le sommet de la Terre en 1993 organisé par les ONG, qui marque le début de la lutte contre les gaz à effet de serre et la protection de la couche d'ozone… ;
- la plate-forme d'action dite « Action 21 » définissant un vaste programme de travail pour les 20 prochaines années qui obligera les pays développés à dépenser jusqu'à 3 % de leur PIB ;
- les conférences de Berlin en 1995 et Kyoto en 1997 qui sous l'égide de l'ONU, renforcent les décisions prises à Rio en imposant notamment un calendrier de réduction d'émissions de gaz à effet de serre, malheureusement non signé par les USA premier pollueur de la planète avec 25 % des émissions de CO^2 ;
- la « Charte de la Terre » élaboré en 1997 et qui régie la conduite dans le temps des nations et des peuples vis-à-vis de l'environnement.

On trouvera au tableau 1.1 un rappel des grandes dates de cette évolution, qui fait apparaître l'une des caractéristiques de la législation sur l'environnement : elle trouve son origine pour une grande part au niveau international. L'Europe, en particulier, joue un rôle important depuis sa première intervention, en 1982, à la suite de la catastrophe de Seveso. Elle intervient soit sous forme de directives (environ 80 à ce jour), qui doivent être traduites en lois nationales pour être applicables, soit de règlements (quelques uns seulement), qui sont directement applicables.

En outre, il y a des accords internationaux (Montréal, sur les chlorofluorocarbures, ou CFC) ou des déclarations, comme celle de Rio en 1992 sur le « développement durable » (*cf.* § 13.2), qui doivent orienter les efforts de tous (*cf.* Tableau 1.1).

Tableau 1.1 Les grandes dates de l'histoire de l'environnement.
(Celles qui concernent la législation sont indiquées en caractères gras)

Avant 1968 : les premiers signes	
1917 (France)	**Première loi sur les établissements classés insalubres et dangereux**
1950 (Japon)	Sels de mercure dans la baie de Minamata
1961 (France)	**Loi sur l'air**
1964 (France)	**Loi sur l'eau** : création de 6 agences de bassins et de la première taxe écologique (sur l'eau)
1966 (France)	Feyzin
1967 (France)	Le Torrey Canyon
Après 1968 : la prise de conscience, l'internationalisation	
Années 70	Les pluies acides, première pollution transfrontalière Des manifestations spontanées : le Larzac (1972), Creys- Malville (1977), Plogoff (1980)
1972	« Halte à la croissance » rapport des experts du MIT[5] pour le Club de Rome
1972 (Stockholm)	Première conférence mondiale sur l'environnement humain. Le concept de « développement durable » est déjà évoqué par Mme. Bruntland
1975 (France)	**Loi sur les déchets**
1976 (Italie)	Seveso : fuite de chlore et de dioxine dans l'atmosphère
1976 (France)	**Loi sur les études d'impact** Nouvelle loi sur les installations classées
1977 (France)	**Loi sur les études de dangers**
1978 (France)	Amoco Cadiz
1979 (États-Unis)	Three Miles Island, première grave alerte nucléaire civile

5. MIT : Massachusetts Institut of Technology.

Tableau 1.1 Les grandes dates de l'histoire de l'environnement (suite et fin).
(Celles qui concernent la législation sont indiquées en caractères gras)

Années 80 : L'Europe légifère	
1981 (France)	Le mouvement écologiste en la personne de Brice Lalonde recueille 1.126.000 voix aux élections présidentielles
Années 80	Les scientifiques mesurent les pluies acides, les effets des phosphates et nitrates, la couche d'ozone, et l'effet de serre
1982 (Europe)	**Première directive, dite SEVESO, sur la prévention des accidents majeurs**
1985 (Inde)	Bhopal
1986 (Suisse)	Incendie des entrepôts Sandoz à Bâle, pollution du Rhin
1986 (URSS)	Tchernobyl
1987 (Montréal)	Protocole de Montréal sur les CFC (estimés être la cause du trou dans la couche d'ozone)
1989 (États-Unis)	Exxon Valdez en Alaska.
1988 (Europe)	Directive sur la teneur en polluants des gaz d'échappement des véhicules et sur la désulfuration des gaz pour les grandes installations de combustion
1989 (Europe)	Obligation d'équiper les véhicules de pots catalytiques
Années 90 : Naissance du management environnemental	
1990 (Allemagne)	Les écologistes perdent tous leurs sièges de députés. France : recul des écologistes comme force politique.
1992	La conférence de Rio entérine le concept de « développement durable », mais les pays pauvres accusent les pays industrialisés d'être la cause des maux qu'ils dénoncent
1992 (Europe)	**Règlement sur les éco-labels**
1992 (France)	**Loi sur les déchets d'emballages**, avec une taxe Création d'ECO EMBALLAGES et création de l'association Entreprises pour l'Environnement[6] (prise en mains par les industriels de leurs responsabilités environnementales) **Nouvelle loi sur l'eau** : schéma directeur d'aménagement et de gestion des eaux
1993 (France)	Norme NF X 30 300 sur l'analyse du cycle de vie (éco-bilan) Arrêté « intégré » fixant les limites des taux de rejet Annulé par le Conseil d'État, il a inspiré la Directive IPPC du Conseil de l'Union européenne relative à la « prévention et à la réduction intégrée de la pollution » Notion de « meilleure technologie disponible à un coût acceptable »
1993 (Europe)	**Règlement sur le *système de management environnemental et d'audit***
1996	Norme ISO 14001 sur le management environnemental Directive SEVESO II sur la prévention des accidents majeurs

6. Association Française des Entreprises pour l'Environnement, 93, rue des Trois Fontanot, BP 523 92005 Nanterre Cedex.

- **La normalisation des systèmes de management de l'environnement**

Parallèlement aux décisions salutaires prises par les Nations Unies, l'ISO (Organisation internationale de normalisation) a créé au début des années 90, le Comité Technique ISO/TC 207 qui est à l'origine des normes de la série ISO 14000. Au niveau des entreprises et autres organismes, l'émergence du référentiel contractuel ISO 14001 constitue une avancée importante, car il permet le déploiement et la démonstration d'actions concrètes en faveur de l'environnement. De plus, la définition d'un système de management conforme à l'esprit des normes ISO, facilite la mise en œuvre des réponses de plus en plus complexes que les organismes ont à élaborer, pour satisfaire les attentes des parties intéressées.

- **La réglementation et les systèmes de management de l'environnement**

Comme pour l'OHSAS 18001, les exigences légales représentent une donnée d'entrée de première importance dans la définition d'un système de management de l'environnement. Bien entendu, l'objet de la certification par tierce partie n'est pas de se substituer aux contrôles des administrations et des autres organismes (bureaux de contrôles), mais au contraire de favoriser l'organisation et le suivi des contrôles et des inspections tant internes qu'externes.

En ce qui concerne les textes applicables en matière d'environnement, le recouvrement avec la sécurité est très important. Aujourd'hui, l'essentielle de la réglementation intervient soit sous la forme de directives de la CEE, dont les célèbres directives Seveso, qui doivent être traduites en lois nationales pour être applicables, soit sous la forme de règlements directement applicables. Dans tous les cas, l'organisme intéressé ou pas par la mise en œuvre d'un système de management de l'environnement devra se familiariser avec les éléments de son activité décrits dans le code de l'environnement.

Enfin, sur le plan politique, on peut constater que l'environnement est désormais devenu un thème générique commun à tous les partis. Car les partis dits écologiques ont perdu plus le monopole de la parole « verte » auprès des électeurs. Cette appropriation générale de ce thème très fédérateur paraît être de bon augure pour les années à venir.

La législation sur l'environnement est extrêmement complexe. Comme le montre le tableau 1.1, elle n'a pas été élaborée à partir de principes, mais à partir des événements. La figure 1.4 schématise les stades d'évolution en matière de protection de l'environnement et l'on montrera dans ce qui suit comment on est passé de la réglementation aux concepts de prévention et de management.

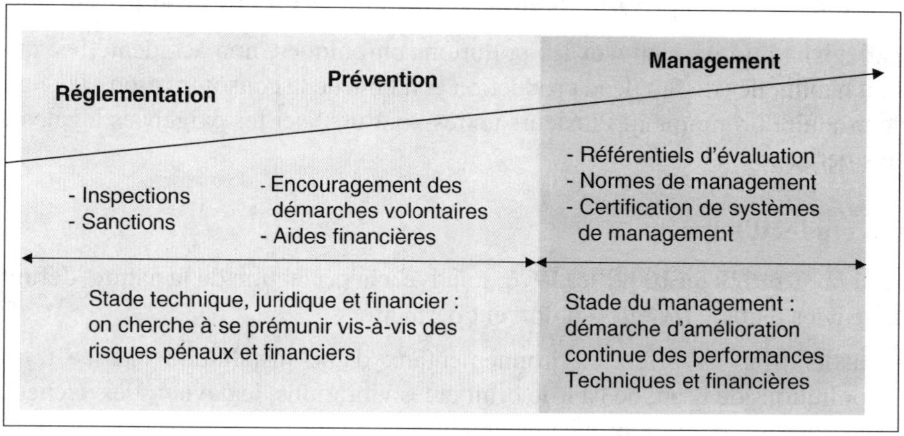

Figure 1.4 Les stades d'évolution en matière de protection de l'environnement.

- **La prévention des accidents majeurs : produire sans risques**

L'une des premières préoccupations du législateur a été de prévenir et limiter les accidents majeurs. Ainsi, la première grande directive européenne, n° 82/501/CEE du 24 juin 1982, dite SEVESO I, est faite pour prévenir les risques majeurs.

L'étude des dangers est exigée dans le cadre d'une autorisation d'exploiter. Elle est définie par le décret du 21 septembre 1977, modifié par le décret du 9 juin 1983 et la circulaire du 28 décembre 1983 relative à la directive européenne Seveso. Elle doit contenir tous les scénarios d'accidents potentiels de l'installation, ainsi que les mesures préventives et les mesures d'intervention en cas d'accident.

La loi n° 87-565 du 22 juillet 1987 reprend la directive Seveso en précisant les notions de Plans d'Opération Interne (POI), pour les installations classées, et de Plans Particuliers d'Intervention (PPI) pour des installations présentant des risques particuliers.

Donc, l'une des premières préoccupations du législateur est de prévenir les catastrophes et de prévoir ce qu'il faut faire si elles surviennent malgré tout.

La directive européenne 96/82/CE du 9.12.96, dite SEVESO II, introduit la notion de système de gestion de la sécurité concernant la prévention des accidents majeurs.

- **La prise en compte des pollutions chroniques du fait de la production**

La législation intervient sur les pollutions chroniques, non accidentelles, qui sont habituelles du fait de la production et même de la consommation : il s'agit de produire proprement. Plusieurs textes vont préciser les exigences légales à ce sujet :

Les études d'impacts

La loi n° 76-629 du 10 juillet 1976, relative à la protection de la nature, définit les études d'impact. Celles-ci doivent permettre :

- d'identifier les effets environnementaux d'une installation classée : les pollutions de l'eau, de l'air, le bruit et les vibrations, le devenir des déchets, le transport et les approvisionnements ;
- de faire rechercher des solutions alternatives viables sur les plans technique et économique ;
- d'informer les autorités et le public.

Les études de déchets

La circulaire du 28 décembre 1990 impose l'étude des déchets pour les installations classées, dont les buts sont également de faire étudier des solutions alternatives à la production de déchets : les formules de recyclage ou revalorisation, le traitement interne ou externe.

L'approche globale : la meilleure technologie disponible...

L'environnement est par définition le monde de la complexité. Un traitement antipollution peut avoir lui-même un impact environnemental : par exemple, la pollution des eaux ou du sol peut augmenter en raison d'un traitement des fumées.

Par ailleurs, la législation est faite à partir de la protection des milieux menacés (l'air, l'eau, le sol, le sous-sol, la faune et la flore), ou des problèmes ressentis (les déchets, les bruits, les odeurs, l'impact sur le paysage, le transport...). Il est difficile de s'y retrouver.

C'est pourquoi le Ministère français de l'environnement avait émis un arrêté, dit « intégré », daté du 1er mars 1993. Cet arrêté a été annulé par le Conseil d'État, le 24 octobre 1996. Celui-ci a considéré que l'article 7 de la loi du 19 juillet 1976 sur les installations classées ne conférait pas au ministre de l'environnement le pouvoir d'imposer de façon indifférenciée des prescriptions techniques pour la quasi totalité des installations classées soumises au régime de l'autorisation.

Or, cet arrêté a servi de modèle au conseil de l'Union Européenne, à telle enseigne que celui-ci a émis une directive 96/61/CE du 24.09.96 (dite IPPC), voulant rompre, elle aussi, avec une juxtaposition de textes consacrés à un seul aspect de l'environnement. Dans ce but, la directive :

- étend le régime juridique de l'autorisation à un ensemble plus vaste d'activités, répertoriées dans l'annexe de la directive ;
- introduit parmi les conditions d'autorisation celle du respect de valeurs limites d'émission, des paramètres et des mesures techniques équivalentes, « fondés sur les meilleures techniques disponibles » (MTD).

- **La prise en compte des pollutions chroniques par les produits et les emballages**

La législation intervient sur les pollutions chroniques, non accidentelles, qui sont habituelles du fait des produits et des emballages : elle s'intéresse à la propreté du produit lui-même et pas seulement du processus de production.

Les produits chimiques et substances dangereuses

La législation (loi du 12 juillet 1977) oblige à déclarer les produits chimiques ou substances dangereuses avant leur production et commercialisation. Il existe des réglementations particulières pour certaines catégories de produits comme les pesticides, les chlorofluorocarbures (CFC), les peintures et solvants...

Les emballages

Selon le décret n° 94-609 du 13 juillet 1994, toute personne qui produit ou détient des déchets d'emballages industriels ou commerciaux est tenue de les valoriser ou de les faire revaloriser par réemploi, récupération, ou par d'autres actions permettant d'obtenir des matières réutilisables ou de l'énergie.

Selon le décret n° 92-377 du 1er avril 1992, le producteur de déchets d'emballages est celui qui emballe ou fait emballer ses produits en vue de leur mise sur le marché : il est tenu de contribuer ou de pourvoir à la récupération ou à la valorisation de ses déchets. Il peut faire apparaître sur ses emballages un logo attestant de son action écologique.

Les labels écologiques

Le label écologique utilisé pour les emballages peut se retouver aussi sur les produits. Pour cela, il est fait appel à des démarches volontaires de type labellisation :

- la marque NF-Environnement, créée le 12 juin 1991, certifie que les produits présentent un impact moindre sur l'environnement et une aptitude à l'usage convenable, par rapport à d'autres produits analogues ;
- le label écologique communautaire est instauré par le règlement n° 880/92 du 23 mars 1992.

- **L'analyse du cycle de vie**

L'analyse du cycle de vie, ou « éco-bilan », permet d'identifier tous les impacts des produits et procédés sur l'environnement, depuis l'extraction des matières premières jusqu'à l'élimination des déchets. Il existe la série des normes ISO 14004, à ce sujet (*cf.* Tableau 5.1). Une telle analyse facilite l'obtention d'un éco-label.

1.3.2 Les modes d'action et les principes du législateur

- **Les modes d'action**

L'autorisation et l'inspection

L'attitude la plus coercitive est celle de l'autorisation, qui s'applique à certaines installations à risques dites classées, et à certains types de produits tels que les substances chimiques. Mais c'est l'entrepreneur lui-même qui doit mener à bien, comme on l'a vu, les études (de danger, d'impact, de déchets) et les recherches de solutions alternatives.

Les inspecteurs des DRIRE sont chargés, entre autres missions, d'inspecter les installations classées, mais ils ne sont que 600 pour 50000 sites. C'est donc surtout au niveau des dossiers d'autorisation que s'exerce le contrôle.

Les sanctions

Les sanctions peuvent être administratives, civiles, ou pénales, mais il faut qu'un plaignant se manifeste et intente un procès. Ceux-ci ne sont pas fréquents, mais constituent cependant une menace.

Les taxes et redevances

Les taxes et redevances ne sont pas des sanctions. L'objectif étant que, en cherchant à les réduire, les entreprises s'améliorent. Il en existe sur l'eau, sur les pollutions atmosphériques, sur les déchets, sur les huiles usagées.

Les aides financières

En France, les Agences de l'eau, l'ADEME[7], les collectivités territoriales, accordent des subventions, prêts ou avances pour la réalisation de travaux, ou des réductions de redevances.

La Communauté européenne met en oeuvre des programmes de recherche et développement impliquant plusieurs pays.

L'encouragement des démarches volontaires

Le législateur encourage l'entrepreneur à des démarches volontaires : labels et éco-bilans.

Ainsi va-t-on de mesures contraignantes, difficiles à faire respecter, à des mesures responsabilisantes. Leur but est que l'entreprise elle-même gère son environnement. Dans cette optique, le système de management environnemental et d'audit, qui permet à une entreprise de montrer qu'elle intègre l'environnement dans son fonctionnement à tous les niveaux, doit être la clé de voûte.

- **Les principes sous-jacents**

La législation relative à l'environnement, quoique complexe, repose en réalité sur quelques principes définis par la loi n° 95-101 du 2 février 1995, relative au renforcement de la protection de l'environnement :

- **Le principe de précaution**, selon lequel l'absence de certitudes, compte tenu des connaissances scientifiques et techniques du moment, ne doit pas retarder l'adoption de mesures effectives et proportionnées visant à prévenir un risque de dommages graves et irréversibles à l'environnement, à un coût économiquement acceptable.
- **Le principe d'action préventive et de correction**, par priorité à la source, des atteintes à l'environnement, en utilisant les meilleures techniques disponibles à un coût économiquement acceptable.
- **Le principe pollueur-payeur**, selon lequel les frais résultant des mesures de prévention, de réduction des pollutions et de lutte contre celles-ci, doivent être supportés par le pollueur.

---

7. ADEME Agence de l'Environnement et de la Maîtrise de l'Europe, 27, rue Louis Vicat – 75015 Paris.

– **Le principe de participation**, selon lequel chaque citoyen doit avoir accès aux informations relatives à l'environnement, y compris celles relatives aux substances et activités dangereuses.

1.4 L'incidence de la maîtrise des risques globaux sur l'évolution des concepts et des prescriptions

L'histoire a fait de la qualité, de la sécurité et de l'environnement des disciplines séparées. Aujourd'hui, force est de constater que si des spécificités demeurent et demeureront, nombre de méthodes d'analyses de risques, de techniques d'animation, d'outils de résolution de problèmes, de textes de lois, s'appliquent sans restriction aux trois disciplines.

Mais le dénominateur commun le plus important ne concerne pas seulement les concepts et les méthodes mais le moteur de toute entreprise : le système de management. Si ce dernier ne prend pas en compte les exigences des trois référentiels comme un tout cohérent – ou pire sépare les trois fonctions – c'est oublier que la fondation d'un système de management est avant tout sociale.

Or, nous savons que la réussite d'une politique qualité, sécurité, environnement passe par la capacité du management à modifier les comportements et les attitudes des personnes pour mieux les adapter aux enjeux et aux risques de plus en plus interdépendants. Malheureusement, nous savons également que cette évidence n'est pas partagée par tout le monde. Certaines entreprises continuent à manager séparément les trois disciplines uniquement pour des raisons de répartition de pouvoir et de résistance au changement.

L'évolution des mentalités, l'approche transversale des activités et l'accroissement des facteurs de risques sont certainement les éléments qui permettront d'accélérer la voie de l'intégration.

1.4.1 Les facteurs d'accroissement des risques

- **Le progrès technologique**

Il est à l'origine des évolutions. Il nous précipite dans un monde toujours plus changeant, plus imprévisible. Il a pour corollaire la complexité croissante des produits et des processus et la puissance des énergies utilisées.

Il en résulte un accroissement des enjeux, à la fois pour le consommateur (qualité), pour la société (environnement), pour le salarié (sécurité) et pour l'entreprise (la pérennité).

- **Internet**

La prodigieuse progression du commerce électronique et d'Internet (en attendant l'Internet mobile) en général a une conséquence majeure, celle de favoriser la comparaison instantanée des prix et des prestations. Le risque pour les entreprises est la rapidité de la propagation de l'information qui peut dorénavant en quelques jours rendre obsolète leurs produits et services. Internet renforce les effets de l'ultra concurrence ; malheur à ceux qui le comprendront trop tard.

- **La mondialisation**

Depuis la chute du mur de Berlin, l'ouverture des marchés mondiaux s'est constamment accélérée. Il est probable que l'Euro favorise encore un peu plus le phénomène. Pour les entreprises, la conséquence est double mais antagoniste. Premièrement, cela crée un monde d'opportunité synonyme de développement. Deuxièmement, cela signifie une concurrence accrue et inattendue. Face à ce dernier défi qui est aussi un risque, les entreprises n'ont pas d'autre choix que d'innover pour satisfaire des besoins latents et de rechercher l'amélioration continue de leurs performances pour faire toujours mieux, plus vite et moins cher que le meilleur des meilleurs de leurs concurrents.

- **Le déséquilibre nord sud**

La fracture qui ne cesse de s'accroître entre les pays riches du nord et les pays pauvres du sud, représente certainement un risque politique qu'aucune entreprise ne peut ignorer. Embrasser le concept de développement durable pour contribuer à un commerce plus équitable, constitue une vraie réponse de la part des entreprises qui veulent agir concrètement contre le fléau de la misère.

- **Du compliqué au complexe**

De compliqué, les systèmes de production sont devenus complexes. Complexes parce que l'interaction des :

- Sciences ;
- Equipements ;
- Matières ;
- Compétences ;

qui aujourd'hui sont nécessaires à la conception-réalisation d'un produit, multiplie les risques d'erreurs et d'accidents.

1.4.2 L'évolution des concepts, des normes et de la législation

La réponse des organismes de normalisation, des institutions de toute nature, des organismes non gouvernementaux, des états…, face à l'accroissement des risques en tout genre est souvent toujours la même : le renforcement des interdits. Cela se traduit par une augmentation des contraintes légales et contractuelles qui rajoutent encore à la complexité des systèmes de production. Pour autant, ces contraintes génèrent également des avancées intéressantes qui favorisent :

- l'émergence de nouvelles solutions de production moins polluantes et moins dangereuses,
- la communication entre les entreprises (c'est le rôle des normes),
- la comparaison des pratiques,
- dans le domaine du management, la conséquence la plus favorable de l'évolution des concepts issus des normes désormais universelles des séries ISO 9000 et 14000 ainsi que de la spécification OHSAS 18001, est la notion d'amélioration continue et mesurée des systèmes de management. Mais pour que les entreprises puissent en profiter pleinement, il est fondamental qu'elles ne considèrent pas les référentiels comme des carcans, mais plutôt comme des guides facilitant la route vers l'excellence. C'est tout l'enjeu de ce livre que de vous le démontrer.

2

Les enjeux des systèmes de management

Qu'il s'agisse de qualité, de santé et de sécurité, de protection de l'environnement, ou encore d'autres domaines économiques et sociaux, le responsable d'un organisme – entreprise, administration, etc. – a intérêt à prendre en compte toutes les attentes de ses clients et des autres parties prenantes de cet organisme. Il peut avoir le sentiment premier qu'il est en présence de contraintes extérieures coûteuses imposées par le client, la réglementation... et que son intérêt est d'essayer d'y échapper le plus possible.

Mais le raisonnement développé dans cet ouvrage consiste à dire qu'il s'avère désormais impossible d'éviter, des contraintes ; dès lors, il importe d'y faire face, de le gérer, ou mieux encore, de les « manager » dans un esprit de « développement durable », tant au regard de l'organisme qu'au regard celui de son environnement économique et social. Cela signifie :

– que l'on doit de prendre en compte ces contraintes le plus tôt possible et de manière systématique, dès la conception des produits, des processus industriels, des installations, dans toute l'organisation, au niveau de l'animation des équipes… ;

– que l'on doit s'organiser pour que le coût de ces contraintes devienne un investissement porteur de gains ultérieurs.

Vis-à-vis des conditions ainsi posées, les normes ou référentiels de la qualité, de la sécurité et de l'environnement – qui sont devenus de véritables outils de management – constituent des guides qui lorsqu'ils appliqués dans un esprit de progrès et intégrés dans le système de management engendrent :

– des économies : réduire les coûts de non-qualité (rebuts, retours des clients...), les taxes, éviter les contraventions ou amendes et autres redevances payées au titre des accidents ou des pollutions... ;
– des avantages stratégiques : devancer ou se démarquer des concurrents, ou du moins éviter d'être dépassé, améliorer son image auprès du consommateur privé ou de l'acheteur public.

Nous découvrirons plus en détail comment ce type de raisonnement peut être développé dans les domaines de la qualité, de la sécurité et de l'environnement, en rappelant que les normes ou référentiels de management comportent aussi des exigences contraignantes, ainsi que des recommandations visant à accroître les performances de l'organisme, que le responsable a intérêt à appliquer.

2.1 Les enjeux du management de la qualité

Quels sont les enjeux de la qualité ? Pourquoi tous ces efforts sont-ils aujourd'hui assumés par la plupart des entreprises, soutenus en France et ailleurs par les pouvoirs publics ? Simple effet de mode ou tendance plus profonde ?

La préoccupation de toute entreprise est de fournir des produits ou prestations qui satisfassent les clients au moindre coût, dans un environnement de concurrence. Or, celle-ci doit sans cesse tenir compte du fait que l'activité économique moderne présente les deux caractéristiques majeures suivantes :

– la libéralisation et la mondialisation des échanges, qui exposent les entreprises à la concurrence internationale ;
– la complexification des processus de conception, de réalisation, de distribution des produits et services.

Voyons maintenant quel est leur impact sur la qualité.

2.1.1 La qualité du produit et du processus

Il convient d'avoir bien présents à l'esprit deux domaines complémentaires d'application du terme qualité :

- D'un côté, il y a la « qualité du produit et des services », offerte à la clientèle pour un certain prix. La manière dont le couple qualité-prix se positionne sur le marché, correspond à la qualité de l'offre.
- De l'autre côté, il y a la « qualité du processus », qui englobe toutes les opérations nécessaires pour assurer la qualité du produit et des services, et ceci dès la conception jusqu'à la livraison et l'installation, en passant par les achats et la fabrication...

Cette dualité est fondamentale, d'abord vis-à-vis des aspects économiques et commerciaux du management de la qualité : c'est en améliorant la qualité des processus que l'on améliore la qualité de l'offre tout en maîtrisant, voire en diminuant les coûts, parce qu'il revient moins cher de « faire bien du premier coup ».

Ensuite, pour organiser la convergence des efforts entre le management de la qualité, celui de la sécurité et celui de l'environnement, car c'est essentiellement au niveau de la qualité des processus que cette convergence pourra être obtenue.

- **Faire bien du premier coup**

Faire bien du premier coup, suppose de respecter de manière systématique, non seulement les exigences du client, mais aussi toutes les exigences liées à l'activité, en particulier les exigences légales ou réglementaires, notamment celles relatives à la sécurité et à l'environnement. Naturellement le respect requis doit intervenir dès la conception des produits et des procédés de production, des installations, machines, etc. ; sinon apparaissent des non-conformités ou des défaillances, génératrices de surcoûts et de retards préjudiciables.

- **Maîtriser les coûts relatifs à la qualité[1]**

La complexification des processus évoquée plus haut, et le nombre croissant d'opérations ont une conséquence sur les coûts de non-qualité. En effet, si l'on

1. Pour plus de détails sur les coûts relatifs à la qualité, on pourra consulter *Du manuel qualité au manuel de management*. L'outil stratégique – *cf.* Bibliographie.

fabrique un produit en une série de trois opérations, et que sur chaque opération on a un niveau de conformité de 90 %, (10 % de non-qualité), le résultat global est de $0{,}9 \times 0{,}9 \times 0{,}9 = 0{,}72$. On constate alors que les taux de non-qualité s'accroissent rapidement puisque sur 100 opérations en chaîne, même avec 99 % de conformité sur chacune, la non-qualité devient catastrophique, car la conformité obtenue n'est que de 36 % au total ! Il s'ensuit que la chasse aux coûts de la non-qualité s'affirme comme un enjeu vital.

Inversement, certains coûts relatifs à la qualité peuvent être bénéfiques :

Les coûts de détection

Dans quelle mesure faut-il investir en matériel et en personnel de contrôle et d'essai, ou en qualifications diverses pour avoir un retour bénéfique en conformité des produits et en réduction des coûts de non-qualité ?

Les coûts de prévention

Dans quelle mesure faut-il plutôt investir en organisation de la qualité (assurance de la qualité, évaluation des fournisseurs, maintenance préventive, etc.) pour voir baisser les coûts de non-qualité ?

En somme, dans quelle mesure faut-il viser le « zéro défauts », et à quel prix ? Tel peut être l'enjeu, qui dépend de la nature du produit fourni, mais aussi de la politique choisie.

2.1.2 La prise en compte des enjeux

Décrits dans les termes qui précèdent, les enjeux de la qualité sont plus ou moins incontournables pour une entreprise : aucune ne peut se soustraire à la compétition ou à la complexification des produits et processus. Est-ce à dire que le chef d'entreprise n'a aucune marge de manœuvre, et qu'une politique qualité ne fera que prendre acte de ces enjeux incontournables ? Non, car il y a plusieurs politiques qualité possibles, et plusieurs modèles sont d'ailleurs offerts : assurance de la qualité et certification, management de la qualité ou management total de la qualité. Et, lorsqu'on parle de certification, il faut préciser : certification du système qualité, certification des produits ou certification combinée système plus produit ?

En somme, il convient de choisir une politique qualité en fonction du type et du niveau des enjeux que l'on veut prendre en compte.

- **Les enjeux de l'assurance de la qualité**

L'assurance de la qualité (*cf.* § 1.1.1) s'est imposée depuis longtemps dans certains secteurs à hauts risques, comme le nucléaire, l'aéronautique l'espace... L'enjeu, c'est d'être sûr à l'avance qu'un produit ou service satisfera aux exigences spécifiées, notamment celles du client, par la prévention des non-conformités à tous les stades. À la fois outil de management du fournisseur et fondement de la confiance du client, l'assurance de la qualité implique des preuves formalisées (par exemple manuel qualité, plan qualité, procédures écrites ...). Ces preuves sont vérifiées lors d'évaluations qui peuvent mettre en lumière la nécessité d'actions correctives. Le succès international des normes ISO 9000 s'est traduit par une pénétration de l'assurance de la qualité dans des domaines de plus en plus variés de l'activité économique, avec les enjeux que cela implique pour les entreprises.

Dans le cas des relations client-fournisseur, l'acheteur peut être conduit à effectuer des audits (dits par seconde partie) pour vérifier sur place l'efficacité du système de management de la qualité du fournisseur. L'enjeu de l'assurance de la qualité, c'est alors l'établissement de « relations de confiance » pouvant tendre ensuite vers un véritable partenariat.

- **Les enjeux de la certification pour la qualité**

Avec la certification (*cf.* § 11.4), un pas de plus est franchi, puisqu'elle suppose l'intervention d'une tierce partie, l'organisme de certification, qui délivre une attestation écrite de conformité d'un produit, d'un processus ou d'un service à des exigences spécifiées, à partir d'un référentiel reconnu sur le plan international ou national :

- Pour les systèmes de management de la qualité, la norme internationale ISO 9001 : 2000 (remplaçant la série des ISO 9001, 2 ou 3 : 1994).
- Pour les produits ou services, notamment la norme européenne EN 45011, pour le processus de certification, qui s'appuie sur des essais de conformité à une norme spécifique, laquelle peut être nationale.

La certification des systèmes de management de la qualité

Ce type de certification permet à l'entreprise de donner confiance – *a priori* – à un client, même à l'étranger, puisque les normes sont internationales et que l'organisme de certification peut lui même être « accrédité », c'est-à-dire reconnu – lui aussi – sur le plan international (norme EN 45012). Certains appels d'offres demandent que l'entreprise soit certifiée pour pouvoir soumissionner.

L'obtention d'une certification est alors un tremplin pour les succès futurs. Du point de vue du fournisseur, la certification est une source d'économie, puisqu'elle réduit le nombre des audits des donneurs d'ordre. Malheureusement, toutes les entreprises n'ont pas encore une bonne approche de la certification. Pour beaucoup, la certification est seulement un examen qu'il faut avoir.

Par ailleurs, la concurrence entre les organismes délivrant des certificats a tendance à niveler par le bas le niveau requis par les normes. Tout cela est dommageable et contribue à donner raison aux détracteurs de la certification qui en contestent la justification. Au contraire, la certification doit être le fruit d'une collaboration franche et sincère entre l'entreprise et son certificateur, c'est la condition pour un partenariat « gagnant/gagnant ». Pour cela, l'entreprise doit définitivement comprendre que le management de la qualité ne vit pas en parallèle du management de l'entreprise mais est le management de l'entreprise !

La certification des produits

Ce type de certification permet d'attester que tel ou tel produit respecte les exigences d'un cahier des charges précis, formulé sous forme de norme technique (AFNOR par exemple). La certification d'un produit permet de lui apposer un label, qui constitue une sorte de garantie pour l'acheteur ; pour l'industriel, il est un atout commercial.

La certification de produit et de système

Une entreprise peut se poser la question : faut il rechercher la certification de son système de management de la qualité ou celle de son produit ? Et pourquoi ne pas viser les deux ? Question semblable pour l'acheteur : faut il sélectionner d'abord un fournisseur certifié (on sous-entend que son système de management est certifié ...) ? Ou plutôt un produit certifié ? Tout dépend de la nature du produit : en catalogue, ou complexe à réaliser... Produit et système certifiés sont la réponse idéale. C'est pourquoi de plus en plus d'entreprises sont attirées par la double démarche : nouvel enjeu de la qualité !

• Les enjeux du management total de la qualité

Offrir des garanties au client et au consommateur, c'est très bien. Encore faut-il que cela ne se fasse pas au détriment de l'entreprise. Ainsi que nous l'avons vu plus haut, la qualité peut être source d'économies, si elle consiste à faire « bien du premier coup » à toutes les étapes du processus de conception et de réalisation. Dès lors, il faut que « faire bien du premier coup » soit synonyme d'efficacité, et pour durer l'entreprise doit avoir des processus efficients. Par ailleurs, dans un monde ou « l'ultra-concurrence » progresse chaque jour, il faut de surcroît sur son marché ou son territoire (notamment pour les services) chercher sans cesse à être meilleur que le meilleur de ses concurrents.

Pour y parvenir, la seule utilisation, même très intelligente, des normes de management n'est pas suffisante. La solution vient de la qualité du management et plus seulement du management de la qualité. Les entreprises qui ont la chance de posséder des dirigeants qui acceptent les nouvelles idées, qui encouragent l'introduction de nouvelles méthodes de travail et qui surtout placent la reconnaissance comme principale levier au changement deviennent prêtent à utiliser les Modèles d'Excellence du type de celui de l'EFQM (*European Foundation for Quality Management*). *In fine*, la seule réponse à un marché avide d'innovations, passe par une culture entretenue de la comparaison avec les meilleurs, c'est tout l'enjeu d'une politique d'excellence fondée sur le management total de la qualité (ou TQM – *cf.* § 1.1.3). L'enjeu devient la réussite d'une telle politique, avec tous les bénéfices en tant qu'image de marque et succès économique et commercial.

- **Conclusion sur l'enjeu de la politique qualité**

On voit que le chef d'entreprise a le choix entre :

- L'« assurance de la qualité », pour telle ou telle catégorie de clients.
- La « certification », si possible sincère, pour donner confiance à une clientèle plus large, actuelle ou potentielle, et pouvoir répondre aux appels d'offres.
- Une démarche de « management total de la qualité », pouvant englober la certification et viser l'obtention d'un prix qualité français ou international, mais s'articulant surtout sur la recherche de l'excellence par un progrès dans la mobilisation des ressources humaines, ce qui est la quintessence du management en matière de qualité.

2.2 Les enjeux du management de la sécurité

Pour un organisme industriel, les enjeux de la sécurité, au sens générique du terme sécurité seule, pourraient être multiples ; nous en avons un aperçu au paragraphe 1.2. Nous nous limiterons donc principalement aux enjeux de la santé et de la sécurité au travail. Ceux du consommateur, c'est-à-dire ceux de la sécurité du produit ont été abordés dans le cadre des enjeux de la qualité (*cf.* § 2.1).

2.2.1 Les enjeux humains des accidents du travail

Les premiers enjeux de la sécurité d'entreprise sont d'ordre humain et liés aux accidents du travail.

- **Les statistiques globales des accidents du travail**

Quelques chiffres illustrent bien l'importance des accidents du travail :

- D'après un bilan de l'Organisation Mondiale pour la Santé (OMS), on recense chaque année dans le monde 120 millions d'accidents du travail dont 200 000 mortels.
- En France, pour 15 millions de salariés du régime général sécurité sociale, on dénombre 900 000 accidents du travail et du trajet avec arrêt (dont 1800 mortels) par an, ce qui représente – en nombre d'accidents – environ 6 % des individus tous les ans. Il faut y rajouter 5 000 maladies professionnelles reconnues annuellement dues à différents facteurs : bruit, poussières, produits toxiques ou allergisant, chaleur excessive, positions de travail inadaptées, gestes répétitifs, ports de charges lourdes, stress, travail prolongé sur écran, etc.

- **Les facteurs de variabilité**

Ces chiffres recèlent des variations importantes selon différents paramètres : taille de l'entreprise, secteur d'activité notamment.

Ainsi, d'après les statistiques de la Caisse Nationale d'Assurance Maladie (CNAMTS)[2], les entreprises de plus de 500 personnes représentent 7 % des accidents mortels, alors qu'elles rassemblent plus de 17 % de l'effectif. L'indice de fréquence (nombre d'accidents avec arrêt pour 1000 personnes), était en 1991 de 132 dans le secteur du bâtiment et travaux publics, et de 28 dans la chimie, soit un rapport de plus de 1 à 4.

Les nécessités économiques ont entraîné une évolution dans les pratiques de gestion du personnel. Ces dernières années, on a assisté à un accroissement important d'un besoin de flexibilité de la production. De nouvelles techniques de gestion se sont développées (par exemple le « Juste-à-Temps »). La présence au poste de travail de personnes compétentes s'en est trouvée réduite d'où un risque d'accident accru (appel à des sous-traitants ou à des intérimaires, contrats à durée déterminé...).

2. CNAMTS, Caisse Nationale d'Assurance Maladie des Travailleurs Salariés.

2.2.2 Les enjeux éthiques et civiques

« Tout individu a droit à la vie, à la liberté et à la sûreté de sa personne » (article 3 de la Déclaration des droits de l'homme adoptée à Paris le 10 décembre 1948).Veiller à la sécurité d'autrui est un devoir qui s'impose à tous et bien sûr en premier lieu au chef d'entreprise vis à vis de ses salariés.

L'expérience montre combien l'accident grave est traumatisant, pas seulement pour le blessé, mais pour l'entreprise toute entière. Agir en sécurité, c'est se prémunir contre le risque de ce traumatisme.

2.2.3 Les enjeux sociaux

Il existe des « indicateurs sociaux » – comparables à des indicateurs qualité – qui permettent d'évaluer le climat social d'une entreprise. Lorsque les conditions de travail sont pénibles et que les risques d'accidents sont ressentis mais non traités, les indicateurs sociaux sont défavorables.

La sécurité, bien conçue et réalisée, est un facteur d'amélioration du climat social de l'entreprise et de confiance de la part du personne, contribuant ainsi à une meilleure efficacité de l'entreprise.

2.2.4 Les enjeux pénaux

Les médias se font de plus en plus fréquemment témoins de mises en examen et de condamnations d'employeurs lors d'accidents au cours du travail.

Les peines financières et d'emprisonnement prévues par le nouveau code pénal (mars 1994) ne sont pas négligeables :

- mise en danger : 15000 € et un an d'emprisonnement ;
- incapacité totale : 45000 € et trois ans d'emprisonnement ;
- homicide involontaire : 75000 € et cinq ans d'emprisonnement.

De plus, le législateur implique de plus en plus le maître d'ouvrage en terme de responsabilité civile et pénale (par exemple pour la conception des locaux). Nul n'est à l'abri d'un fait générateur catastrophique imprévu, mais, dans ce cas, le juge tiendra compte de la volonté démontrée de sécurité de l'entrepreneur.

2.2.5 Les enjeux réglementaires

D'après le rapport Picq, il existe actuellement, en France, tous codes confondus, environ 18 000 lois et 400 000 décrets d'application. Comment le chef d'entreprise peut il prétendre toutes les connaître ? Il y a là un réel problème, bien ressenti sur le terrain, qui explique le besoin de plus en plus exprimé d'outils méthodologiques en management de la sécurité.

2.2.6 Les enjeux économiques et commerciaux

- **Le budget de la sécurité du travail**

Le budget annuel français « accidents du travail – maladies professionnelles » de la Sécurité Sociale est d'environ sept milliards d'euros. Comme en matière de qualité, il recouvre à la fois des coûts de prévention et des coûts de réparation.

- **Le coût des accidents**

On distingue les coûts directs et les coûts indirects :

Les coûts directs :

Le coût moyen d'un accident du travail avec arrêt (source : CNAMTS – statistiques 1999) est de l'ordre de 2100 euros. Selon la gravité, cela peut aller de 1400 euros (incapacité permanente partielle (IPP) inférieure à 10 %) à 80000 euros (IPP supérieure à 10 %).

Les coûts indirects :

À ces coûts directs , il faut ajouter les coûts indirects :

- coûts matériels (réparation des équipements endommagés) ;
- coûts salariaux dus au temps perdu et au remplacement de personnel ;
- pertes de production ;
- retards de livraison ;
- pertes de commandes ;
- dégradation de l'image de marque ;
- majoration du taux de cotisation « accidents du travail – maladies professionnelles »

  Bien que les coûts indirects soient difficiles à évaluer, beaucoup d'auteurs s'accordent à les estimer deux à quatre fois supérieurs aux coûts directs.

- **Les cotisations « accidents du travail – maladies professionnelles »**

Les employeurs versent annuellement une cotisation accidents du travail – maladies professionnelles variable selon la taille de l'entreprise, son activité, ses résultats en matière de sécurité. Ainsi, dans le BTP, pour une entreprise générale de bâtiment, le barème de cotisation 2002 (source : J.O du 28/12/2001, arrêté du 21/12/2001) sera de 8,8 %, soit 8,80 € pour 100 € de coût salarial, alors qu'il ne sera que de 1,90 % pour une petite fabrique d'explosifs !

- **La mise en conformité des machines**

Le décret No 93/40 du 11 janvier 1993, transposant en droit français la directive européenne 89/655 du 30 novembre 1989, fait obligation aux chefs d'entreprise de mettre leur parc machines en conformité avec des règles de sécurité selon un plan préétabli. Cette mise en conformité représente des enjeux financiers et stratégiques très importants posant souvent le problème du choix de modifier l'existant ou d'investir dans du matériel plus performant.

- **Les enjeux commerciaux**

La sécurité est un vecteur d'image de marque de l'entreprise : la sécurité de ses produits, bien sûr, mais également la sécurité du personnel. Avec le développement du tourisme industriel, la nécessité apparaît clairement.

Par ailleurs, la responsabilité grandissante donnée par le législateur au maître d'ouvrage incite celui ci à s'intéresser de plus près aux conditions de travail de ses fournisseurs, conditions qui deviennent peu à peu un critère de sélection pour passer une commande ou un marché.

- **Les enjeux de la normalisation internationale ou européenne**

En matière de normalisation dans le domaine de la sécurité du travail, il faut distinguer :

- la normalisation en matière de management ;
- la normalisation technique.

En matière de normalisation du management de la sécurité, nous avons vu au paragraphe 1.2.3 qu'il n'y a pas encore de consensus pour une normalisation internationale du management de la santé et de la sécurité, mais que plusieurs normes et référentiels étrangers existent et que le référentiel OHSAS 18001 (1999) est de plus en plus utilisé par des organismes français.

En revanche, en matière de normalisation technique de la sécurité, on assiste depuis quelques années à la mise en place d'un important système normatif. L'hygiène et la sécurité sont les thèmes retenus pour appliquer aux machines des principes de base communs pour assurer la libre circulation des biens en Europe. Les directives européennes dans le cadre de la Nouvelle Approche, prises en application de l'article 100A de l'Acte Unique[3] éditent des « exigences essentielles de sécurité » et fixent les responsabilités du fabricant. Elles ont prévu des modalités de contrôle de conformité par auto-déclaration du fabricant ou intervention d'un organisme dont l'activité normative est reconnue. La norme donne présomption de conformité.

La normalisation n'est pas seulement un acte technique. Elle est d'une part économique, car, d'une part, elle est susceptible de promouvoir les acquis technologiques les plus récents, et d'autre part sociale, car elle doit prendre en compte les intérêts vitaux des travailleurs que constituent leur conditions de sécurité.

2.3 Les enjeux du management de l'environnement

L'engagement des entreprises à réduire en continu les impacts négatifs de leurs activités sur l'environnement est encore malheureusement limité, pour une large majorité d'entre elles. En fait, les seules actions réellement menées conduisent, dans le meilleur des cas, aux mises en conformité obligatoires au regard de la réglementation. Cependant, force est de constater depuis l'émergence du référentiel ISO 14001 en 1996 que de plus en plus d'entreprises complètent leur système de management de la qualité par un volet environnement. En effet, le nombre d'entreprises ou sites certifiés ISO 14001 progresse de plus de 60 % d'une année à l'autre depuis 1999, selon les enquêtes publiées par l'ISO à Genève. En fait, l'ISO 14001 bénéficie de la notoriété de l'ISO 9001, ce qui accélère grandement son taux de pénétration dans les entreprises. Il est d'ailleurs probable que l'OHSAS 18001 connaisse pour les mêmes raisons un succès plus rapide encore que l'ISO 9000 à ses débuts. En matière d'environnement les entreprises ont à relever un triple défi : financier, « image », réglementaire.

2.3.1 Le défi financier

Le premier est le défi financier car les coûts de réparation des dommages environnementaux sont de plus en plus importants au fur et à mesure de l'évolution des lois de protection de la nature et surtout de la mobilisation d'associations de toutes sortes auprès des tribunaux, en cas de pollution avérée. Dans le même temps les investissements associés à la prévention nécessitent une approche rationnelle et méthodique pour éviter des dépenses inutiles parce que mal ciblées.

---

3. Article n° 100A de l'Acte unique européen modifiant le Traité de Rome.

2.3.2 Le défi lié à l'image

Le second défi est celui qui est associé à l'image des entreprises. La rapidité et le taux de couverture des médias sont devenus tels que la réputation d'une entreprise peut, en quelques heures, être fortement altérée par la révélation d'un accident environnemental. Chacun sait qu'il faut beaucoup plus de temps pour construire une image qu'il n'en faut pour la détruire. Aussi, les conséquences boursières d'une altération ponctuelle ou durable de l'image peuvent-elles être catastrophiques pour les entreprises cotées en bourse. Pour les autres, les conséquences ne sont pas nulles non plus, surtout si ces entreprises appartiennent à un réseau de fournisseurs de grands comptes. En effet, ces derniers incluent de plus en plus fréquemment des critères environnementaux dans leurs spécifications d'achats.

Par ailleurs, la nouvelle loi[4] « NRE » (n° 2001-420 du 15 mai 2001 art. 116 = article L. 225-102-1du code de commerce) stipule que les entreprises cotées en bourse devront fournir (a/c du 01/01/2002) des informations dans leur rapport annuel sur les conséquences de leurs activités en matière sociale et environnementale.

Enfin, l'émergence du concept de développement durable incite pour les entreprises à soigner leur image via des actions concrètes en matière de performance environnementale, sociale et financière, avec pour objectif de préserver les générations futures.

Ces actions expliquées et formalisées dans des rapports précis sont évaluées par des agences de cotation indépendantes ce qui a pour effet d'une part, de rendre plus lisible l'engagement « citoyen » des entreprises et d'autre part, d'améliorer l'appréciation globale de leur performance réelle aux yeux des décideurs financiers.

2.3.3 Le défi réglementaire

Cela peut paraître surprenant, mais il ne va pas toujours de soi de respecter la loi, car pour la respecter il faut d'abord la connaître et la décrypter activité par activité. Le nombre, l'évolution permanente et la complexité des textes réglementaires, la jurisprudence, le calendrier des décrets d'application, les stratifications des juridictions nationales et européennes… constituent un vrai casse-tête pour les entreprises non dotées d'un solide service juridique.

4. Cette nouvelle obligation sera précisée par décret.

D'autre part, certaines entreprises partagent avec leur client la responsabilité juridique de certaines parties des éléments du contrat les associant, aussi est-il quelques fois difficile de fixer les limites des responsabilités impliquées. Dans tous les cas, la mise en conformité puis le respect de la réglementation représentent des conditions préliminaires, à la mise en œuvre d'un système de management de l'environnement crédible.

Aujourd'hui, les entreprises ne peuvent plus ignorer ou sous-estimer les conséquences de la non prise en compte des éléments des trois défis indiqués précédemment. Cependant, en être conscient ne suffit pas à régler le problème, pour cela il est indispensable d'avoir une approche systémique et utiliser des méthodes permettant de définir un management environnemental efficient.

2.4 Les enjeux communs

Après avoir mis en relief les enjeux spécifiques aux managements de la qualité, de la sécurité et de l'environnement, il devient plus aisé de faire la synthèse des recouvrements de ces enjeux et pour constater qu'ils s'inscrivent dans les enjeux communs des organismes, lesquels recherchent, dans une démarche de progrès et d'efficience, non seulement la satisfaction de leurs client, mais aussi celle de toutes leurs parties intéressées.

2.4.1 Les enjeux communs au niveau du produit

- **L'intérêt stratégique de la qualité des produits**

La qualité est l'« aptitude... à satisfaire des exigences », et l'exigence un « besoin ou attente formulés, habituellement implicites, ou imposé » (ISO 9000 : 2000). Or les consommateurs ont – outre les exigence de sécurité du produit – des exigences nouvelles concernant la valeur écologique des produits qu'ils achètent (on pourrait dire : la « qualité écologique » des produits !). On imagine mal actuellement un constructeur d'automobiles qui ne se préoccuperait pas de la pollution par les gaz d'échappement (enjeu de l'amélioration de la combustion et des catalyseurs), ou encore du recyclage à la casse. Cet aspect s'inscrivant dans une politique de « développement durable » (*cf.* § 13.1) fait partie très souvent des arguments de vente.

- **La politique des certificats et labels**

Un enjeu commun entre qualité, sécurité et environnement pour le produit, c'est de pouvoir proclamer ses performances.

Pour ce qui concerne **la qualité**, l'enjeu pour un producteur est de pouvoir présenter lui-même une « déclaration de conformité » aux exigences du client (suivant la norme NF EN 45014) ou mieux, un « certificat de conformité » de son produit à une norme, établi par un organisme externe reconnu (dûment accrédité)[5].

Pour ce qui concerne **la santé et la sécurité au travail**, l'enjeu pour un producteur est de satisfaire aux exigences essentielles de sécurité définies par les directives européennes relevant de l'Article 95 du traité d'Amsterdam. Ces directives de type Nouvelle approche (*cf.* § 1.2.2) définissent les procédures d'attestation de conformité auxquels les produits doivent satisfaire pour circuler librement sur le marché communautaire.

Pour ce qui concerne **la protection de l'environnement**, l'enjeu pour un producteur ou distributeur est aussi de pouvoir proclamer de lui-même les performances écologiques de son produit, ou mieux encore d'obtenir un label officiel, par exemple :

- sur le plan national :
  - le logo « Préserve la couche d'ozone » (ministère de l'Environnement) ;
  - la marque « Retour » attribuée par l'ADEME[6] aux fournisseurs qui assurent la reprise des produits usés ;
  - la marque « NF-Environnement », gérée par l'AFNOR, applicable à certains produits : peintures, vernis et produits annexes, sacs à déchets, etc.
- sur le plan européen : l'Éco-label (règlement CEE n° 880/92).

2.4.2 Les enjeux communs au niveau du système de management

Les organismes ou entreprises ont aujourd'hui une approche de plus en plus globale concernant l'incidence des aspects qualité, sécurité et environnement sur l'amélioration de leurs performances. Les enjeux communs peuvent être mis en évidence de plusieurs manières.

- **Les enjeux communs qualité et sécurité**

Qualité et sécurité sont difficilement dissociables dans la mesure où :

- un défaut de qualité d'un matériel peut provoquer un accident et mettre en jeu la santé ou la vie du personnel et du public ;

5. Pour plus de détails sur la déclaration de conformité, la certification de produit et l'accréditation, on pourra consulter l'ouvrage ci-dessus en [1](§ 14.4.1 et Figure 16.5).
6. Agence de l'Environnement et de la Maîtrise de l'Energie, 27 rue Louis vicat 75015 Paris.

– inversement, un accident avec arrêt peut conduire à un défaut sur le produit et/ou une désorganisation lourde de conséquences économiques et sociales.

- **Les enjeux communs sécurité et environnement**

Un grand nombre de risques relatifs à la sécurité peuvent devenir des risques relatifs à l'environnement, lorsqu'ils prennent une certaine dimension :

– Certaines substances chimiques, qui sont dangereuses pour l'opérateur, le sont aussi pour l'environnement, dès lors qu'elles sont rejetées dans l'eau ou l'air.
– Un incendie, s'il n'est pas maîtrisé dans l'enceinte d'un établissement, peut devenir dangereux à l'extérieur, et il faut aussi compter avec les rejets des eaux d'extinction.

L'identification et la maîtrise des risques environnementaux liés aux processus ou procédés de production (fuites, explosion, rejets et pollution…) contribuent à l'identification et à la maîtrise des risques pour les salariés et le public.

- **Les enjeux d'un management intégré ou harmonisé « QSE »**

L'enjeu pour un nombre croissant d'entreprises est de réussir à intégrer l'ensemble de leurs préoccupations dans le cadre d'une politique de progrès et de recherche des performances :

– en évitant les redondances et incohérences,
– en conduisant une approche généralisée de la prévention et de la maîtrise des risques,
– en réduisant les coûts de mise en œuvre et d'entretien des systèmes de management (condition pour l'efficience),
– au bénéfice de toutes leurs parties intéressées.

2.5 Les enjeux d'un management global

Le tableau 2.1 montre de manière synthétique l'influence de l'intégration de la qualité, de l'environnement et de la sécurité dans un système de management global, intégré ou seulement harmonisé, sur la satisfaction de toutes les parties intéressées d'un organisme ; il présente l'essentiel des enjeux d'un management global.

Tableau 2.1 L'influence de l'intégration de la qualité, de l'environnement et de la sécurité sur la satisfaction des parties intéressées d'un organisme.

	Management global d'un organisme			
	Management de la qualité		Environnement	Sécurité
	Aspects économiques	Assurance de la qualité		
Exigences du client	– Créativité – Prix le plus faible possible – Rapidité de réaction	– Conformité à la qualité attendue – Confiance dans l'organisation du système de production. – Écoute des besoins implicites	– Respect de l'environnement à l'utilisation de quoi et après	– Sécurité du produit
Exigences du personnel	– Bonnes conditions de travail : salaire, carrière, ambiance... – Stabilité de l'emploi et pérennité de l'organisme		– Protection de l'environnement sur le lieu de travail (bruit, odeurs...)	– Santé et sécurité au travail. – Prise en compte du principe de précaution
Exigences des actionnaires	– Bénéfice maximal par action. – Implication du personnel et management participatif – Réactivité de l'organisation face à un environnement évolutif	– Engagement des dirigeants – Maintien de l'existence de bons fournisseurs – Meilleur rapport qualité-prix pour les achats – Bonne image de marque	– Engagement des dirigeants – Bonne image de marque – Pas d'entraves financières et pénales	– Engagement des dirigeants – Sécurité industrielle (préservation des actifs) – Sûreté de fonctionnement (fiabilité, maintenabilité, disponibilité...)

Tableau 2.1 L'influence de l'intégration de la qualité, de l'environnement et de la sécurité sur la satisfaction des parties intéressées d'un organisme (suite et fin).

	Management global d'un organisme			
	Management de la qualité		Environnement	Sécurité
	Aspects économiques	Assurance de la qualité		
Exigences de la société (public, adminis-trations, médias)	– Bonne image de marque – Citoyenneté de l'organisme (solidarité, lutte contre le chômage)		– Protection de l'environnement à la production et pendant le cycle de vie du produit – Développement durable	– Sécurité des tiers et de leurs biens – Respect des réglementations en vigueur
Exigences de fournisseurs	– Partenariat sur le long terme avec les clients.			– Santé et sécurité au travail de leurs personnels chez leur client
Systèmes de preuves	– Marché – Enquêtes – Pas de réclamations des réclamations des clients, fidélité	– ISO 9001 – Normes de produits (NF, CE...)	– ISO 14001 – Éco-audit	– BS 8800 – OHSAS 18001 – Réglementations

3

Les différences et les analogies entre les démarches qualité, sécurité et environnement

Pour tirer le meilleur parti possible d'un rapprochement entre les démarches qualité, sécurité et environnement, il faut avoir bien clairement à l'esprit aussi bien les différences entre les trois domaines que leurs analogies ou similitudes. Faute de quoi, on risque de tomber dans des amalgames, de diluer la rigueur propre à chaque discipline dans des généralités.

3.1 Les différences

Les différences entre les trois domaines sont souvent citées pour justifier des normalisations différentes des systèmes de management. En les passant en revue, nous allons voir que les différences ne sont pas toujours aussi tranchées qu'il y paraît de prime abord, et qu'il y a des différences plus significatives que d'autres.

3.1.1 Les différences relatives aux parties intéressées

Les normes ISO 9000-1 (1994) recommandait déjà que « le fournisseur satisfasse les attentes et besoins de toutes ses parties prenantes ».

La révision 2000 de la famille des normes ISO 9000 met maintenant l'accent sur la satisfaction des « parties intéressées » d'un organisme. Partie intéressée : « personne ou groupe de personnes ayant un intérêt dans le fonctionnement ou le succès d'un organisme – Exemple : clients, propriétaires, personnes d'un organisme, fournisseurs, banques, syndicats, partenaires ou société » (ISO 9000 : 2000, § 3.3.7).

Alors que l'ISO 9001 (2000) exige « la surveillance de la satisfaction des clients » (§ 0.2), l'ISO 9004 (2000) recommande « la surveillance de la satisfaction des parties intéressées » (§ 0.2), qui comprennent notamment le personnel et la société, ce qui rejoint les objectifs exprimés dans le cadre du management de la sécurité et de l'environnement. Ces deux normes mettent aussi l'accent sur la « compatibilité avec d'autres systèmes de management » (§ 0.4).

Si l'organisme s'intéresse à la qualité de ses produits et services, c'est pour « satisfaire ses clients ». Il peut se contenter de satisfaire aux exigences de l'ISO 9001 (2000), pour la certification correspondante, par exemple. S'il étend sa politique à l'application des recommandations de l'ISO 9004 (2000), il se prépare à satisfaire aux exigences du personnel (santé et sécurité) et à celle de la société (environnement).

S'il s'intéresse à la santé et à la sécurité et/ou à l'environnement, c'est pour satisfaire les besoins du personnel et /ou de la société, comme on l'a vu en parlant des enjeux (*cf.* Chapitre 2). Mais le personnel et la société comprennent des personnes qui sont aussi les clients, réels ou potentiels et – dans la mesure où ces personnes exigent le respect de la sécurité et de l'environnement pour les produits et l'expriment – il s'agit d'une nouvelle catégorie de besoins et attentes de la clientèle, donc d'une nouvelle dimension de la qualité que l'on pourrait appeler « **qualité globale** ».

Cependant, pour l'essentiel, les besoins et attentes du personnel et de la société sont exprimés à travers les lois et règlements. Et si ces lois et règlements sont nécessaires, c'est parce que l'organisme ou l'entreprise n'ont pas tendance naturellement à prendre en compte ce qu'elles préconisent. L'un des buts principaux d'une démarche sécurité et/ou environnement est donc de « satisfaire les lois et règlements », qui sont complexes et évolutifs, d'être « en règle ». On notera que, dans le domaine de la qualité aussi, il est indispensable de prendre en compte la législation pour les problèmes de sécurité liés au produit.

Il y a finalement une différence entre les motivations de base relatives à la qualité, à la sécurité et à l'environnement, mais pas une opposition tranchée ; l'évolution des normes ISO 9000 dans le sens de la satisfaction de toutes les parties intéressées, va dans le sens d'un rapprochement entre ces motivations.

3.1.2 Les différences liées au champ d'application

La prise en compte de la sécurité et de l'environnement entraîne un **élargissement du champ d'application du management de l'entreprise**. Cet élargissement se constate non seulement du côté des produits, mais aussi du côté des processus de transformation qui conduisent au produit, et enfin du côté des éléments entrants dans de ce processus, sans oublier le cas des infrastructures et des implantations industrielles, comme indiqué sur les schémas a et b de la figure 3.1.

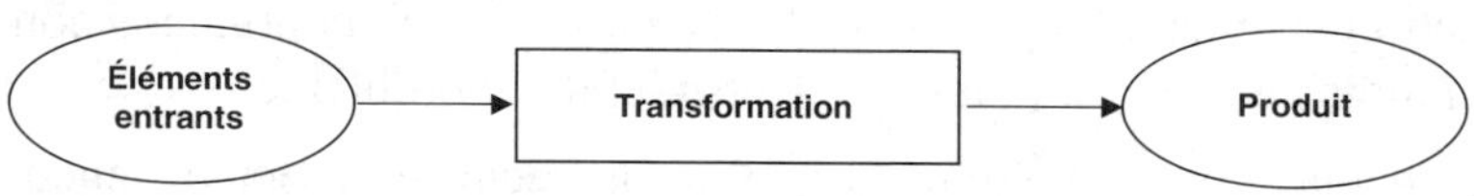

3.1 a Le champ pris en compte par le management de la qualité.

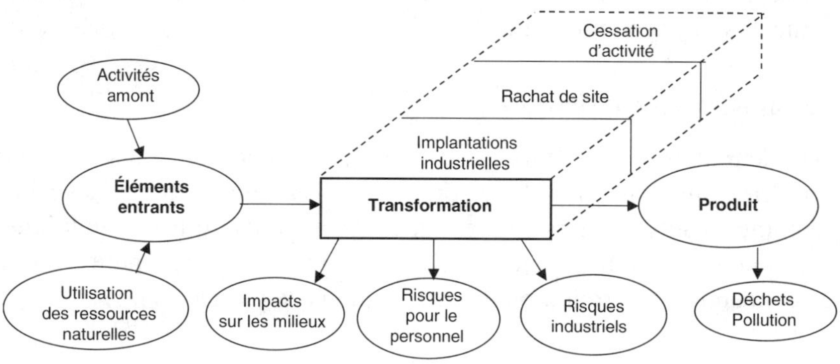

3.1 b Le champ pris en compte par le management intégré qualité, sécurité et environnement

Figure 3.1 L'élargissement du champ d'application du management de l'entreprise.

On remarquera que la version 2000 des normes ISO 9000 ouvre la voie en ce sens dans la mesure où la « l'approche processus » (§ 0.2) est associée à des exigences relatives aux « infrastructures » (§ 6.3) : « L'organisme doit déterminer, fournir et entretenir les infrastructures nécessaires pour obtenir la conformité du produit... ». De même, « [...] doit déterminer et gérer l'environnement de travail... » (§ 6.4). C'est un des facteurs de rapprochement avec le management de la sécurité et celui de l'environnement.

- **Le cas des produits**

Un produit peut présenter des risques pour la santé et la sécurité et aussi porter atteinte à l'environnement :

– Sous l'angle de la sécurité, le management de la qualité, ne s'intéresse a priori qu'à la sécurité pour l'utilisateur, pas à celle de ceux qui l'ont produit.

– Sous l'angle de l'environnement, la qualité est recherchée essentiellement pour le produit « intentionnel », qui doit satisfaire des besoins exprimés et implicites. Quand on n'en a plus besoin, on le jette ; pour la simple satisfaction du client, on peut s'arrêter là. Or le produit continue, sinon à vivre, du moins à exister : il devient déchet, et donc problème.

– Le management intégrant la qualité, la sécurité et l'environnement doit prendre en compte les risques liés à la sécurité et à l'environnement dès la conception du produit, sans oublier celle de l'emballage et des conditionnements qui l'accompagnent.

- **Le cas des éléments entrants**

Il s'agit de tout ce qui est utilisé pour fabriquer le produit, depuis l'extraction des matières premières, leur transport..., l' utilisation des ressources naturelles, comme l'eau des nappes phréatiques. Dans le cadre d'une politique de « développement durable » (*cf.* § 1.3.1), ces éléments sont à prendre en compte dès la conception du produit ou des installations de production.

- **Le cas des processus et des procédés techniques**

Il s'agit des processus relatifs aux installations, équipements, procédés techniques, qui impliquent des « impacts sur les milieux », c'est-à-dire des rejets dans l'air, l'eau, le sol, et le sous-sol (produits « non intentionnels »), et qui comportent des risques industriels tels que explosions, incendies...

C'est ainsi que la prise en compte de l'environnement conduit à une « analyse du cycle de vie » du produit, appelée aussi éco-bilan. Cette approche a donné naissance en premier lieu à une norme française NF X 30-300 (1996), et à la norme ISO 14040, qui s'en inspire largement. Bien que la norme de management environnemental ISO 14001 ne fasse pas obligation de pratiquer ce type d'approche, elle oriente dans cette direction, en exigeant que l'entreprise « identifie les aspects environnementaux de ses produits et services ».

- **Le cas des implantations industrielles**

On constate aussi un élargissement des préoccupations du côté des installations ou implantations industrielles : celles-ci s'intègrent plus ou moins dans le paysage, respectant la flore et la faune..., mais elles ont aussi un cycle de vie, et doivent un jour ou l'autre être démantelées : que deviennent alors leurs éléments ? Ainsi la prise en compte de l'environnement pose-t-elle à l'entreprise et à sa direction des problèmes spécifiques dans les cas suivants :

- **Implantation nouvelle d'une unité** : elle peut nécessiter des études d'impacts, de dangers, ...et, dans le cas des installations classées, des démarches adéquates, avec déclaration et demande d'autorisation.
- **Rachat ou fusion** : ce type d'opération peut nécessiter un audit environnemental, car la valeur de l'unité rachetée peut être conditionnée par l'ampleur des mesures à prendre, voire des investissements nécessaires pour rendre le site conforme à la réglementation environnementale.
- **Cessation d'activité** : elle est également soumise à une réglementation, variable selon la nature de l'activité, qu'il faut identifier.

3.1.3 Les différences dans les résultats recherchés et leur mesure

Des différences précédentes, il ressort que les résultats recherchés sont différents, et par conséquent les mesures à effectuer et les indicateurs diffèrent.

- **Du côté de la qualité**, on va mesurer la satisfaction du client, les performances du produit et du service, les taux de conformité et de défaillances internes et externes, les taux de réclamations, ... On pourra faire des comparaisons avec la concurrence.
- **Du côté de la santé et de la sécurité au travail**, on va mesurer le nombre des personnes formées dans ce domaine, le nombre et le taux de fréquence des accidents avec et sans arrêts, les délais d'intervention en situation d'urgence...

- **Du côté de l'environnement**, on va mesurer les émissions dans l'air, les rejets dans l'eau, les déchets, la contamination du sol, l'utilisation des matières premières et des ressources naturelles ... et les comparer avec les exigences réglementaires. Autant de phénomènes qui requièrent des compétences spécifiques, à la fois techniques et juridiques...

Il va en découler des différences allant jusqu'au profil des auditeurs : de ceux qui se consacrent à la qualité, on attendra une compétence plutôt « système » ou organisationnelle, générale et polyvalente, alors que ceux qui se consacrent à la sécurité et à l'environnement devront avoir une compétence beaucoup plus technique, plus spécialisée.

Au niveau des performances recherchées, la différence entre qualité, sécurité et environnement est donc très nette.

3.1.4 Les différences liées au caractère intentionnel des aspects pris en compte

Les aspects relatifs à la qualité sont intentionnels : la satisfaction des clients, les performances des produits... sont des aspects explicitement recherchés par l'entreprise. En revanche, les aspects environnementaux ne sont pas recherchés en eux-mêmes : ce sont des « retombées », ou des risques, ou encore des conséquences de l'activité qui sont longtemps apparues sans gravité, parce que le milieu naturel semblait pouvoir les supporter.

Si l'entreprise était seule à produire comme elle le fait, ce serait souvent sans gravité ; c'est le nombre des producteurs et les volumes concernés qui créent problème. C'est pourquoi, l'une des premières choses à faire, pour une entreprise, est d'identifier ces différents aspects, dans le cadre d'une politique de « développement durable » (*cf.* § 1.3.1).

3.1.5 Les différences dans les techniques mises en œuvre

La prise en compte des aspects environnementaux conduit à développer des techniques tout à fait spécifiques, comme par exemple celles qui concernent :

- l'épuration des rejets dans l'air, l'eau et le sol ;
- la réduction des rejets ;
- la réduction des consommations d'énergie ou d'eau ;
- la récupération et la réutilisation de certains éléments du produit, le recyclage.

Il en résulte que, très souvent, pour se conformer aux exigences légales, l'entreprise est conduite à un changement technologique, et donc à des investissements matériels, ce qui est moins souvent le cas en management ou assurance de la qualité.

3.1.6 Les procédures d'urgence

Une autre différence concrète réside dans les procédures d'urgence : il faut avoir défini à l'avance qui doit faire quoi, comment, dans les cas où un incident ou un accident industriel se produit. Bons nombres de manuels qualité ne mentionnent pas ce type de procédure.

Cependant :

- les systèmes de management de la qualité à activités à risques, comme les centrales nucléaires, ou diverses activités d'exploitation ou de transport, comportent ce type de procédure ;
- si les normes ISO 9000 ne contiennent pas explicitement ce type de préoccupation, en revanche la logique de la « qualité globale » (c'est-à-dire de la qualité étendue à toute ses facettes... qui intègrent en premier lieu la sécurité et l'environnement ...) y conduit, car la non maîtrise des risques industriels est lourde de conséquences au niveau des coûts que doit assumer une entreprise en cas de sinistre, ou au niveau des primes d'assurance.

3.1.7 La communication

Autre différence souvent citée : la communication externe et interne.

- **La communication externe**

Il s'agit notamment de la communication avec le public et les collectivités locales qui n'est pas exigée dans les normes IS0 9000. Seule la communication avec les clients est nouvellement exigée dans la version 2000 des ISO 9000. On peut dire, que la qualité a tout à gagner de cette forme de communication. Il faut communiquer avec le client pour bien comprendre son besoin et sa demande, et il faut s'en assurer spécialement par une « revue de contrat ».

En matière de sécurité et d'environnement, la communication externe doit être plus ouverte sur l'ensemble des activités de l'organisme, sur leurs risques pour le public, leurs impacts et leurs effets sur l'environnement, et bien entendu sur la conduite à tenir en cas d'accident industriel. Nous avons vu plus haut en ce qui concerne les enjeux (*cf.* § 2.3.3), que c'est même l'exigence de communication avec l'environnement social qui conduit le plus souvent les entreprises à une démarche de management environnemental.

Il est vrai que cette communication se fait avec une catégorie nouvelle d'interlocuteurs, qui ne sont ni les clients ni les actionnaires, et que l'entreprise a longtemps ignorée : le voisinage, les associations, les établissements d'enseignement, les élus locaux ... Il en est de même pour la sécurité, pour le moins en application du référentiel OHSAS 18001 (1999), qui stipule que « les informations pertinentes sur la santé et la sécurité au travail sont communiquées au et par le personnel et les autres parties intéressées ».

- **La communication interne**

Il s'agit à présent d'une exigence de la version 2000 des normes ISO 9000 et les différences dans ce domaine entre la qualité, la sécurité et l'environnement se trouvent atténuées.

En ce qui concerne l'environnement, par exemple, il est tout à fait essentiel que la communication externe trouve son pendant en un effort interne ; sinon, la première perd de sa crédibilité, et l'entreprise ne peut guère compter sur ses employés pour construire une image positive d'elle-même sur le plan écologique. Les préoccupations relatives à l'environnement vont donc conduire l'entreprise à sensibiliser l'encadrement et le personnel à un nouveau registre de responsabilités, celui des risques et des impacts environnementaux. Chacun devra connaître le lien entre sa propre activité et l'environnement, en termes de risques et d'impacts, en cas d'opérations omises ou erronées, de défaillances...

Il s'agit là d'un type de préoccupation qui échappe souvent au management de la qualité, certes, mais nous verrons plus loin que la mobilisation des ressources humaines est aussi un point commun aux démarches qualité, sécurité et environnement. La qualité, dit-on souvent, est une chaîne dont la solidité est égale à celle du maillon le plus faible ; et le maillon faible, cela peut être le processus dont – par manque de communication – on n'a pas maîtrisé l'incidence sur la qualité, ou l'individu qui n'a pas pris conscience de l'impact de son activité sur cette qualité. C'est le même raisonnement qui vaut pour la maîtrise de la sécurité et de l'environnement !

Dans les trois domaines, les effets de certaines défaillances ne peuvent pas être corrigées : citons dans le domaine de la qualité la perte d'un client qui a trouvé un meilleur service chez un concurrent ; dans le domaine de l'environnement, les conséquences d'un accident industriel, peuvent être des morts d'homme, parmi le personnel ou les populations avoisinantes. Certaines pollutions sont elles aussi, hélas, irréversibles.

3.2 Les analogies

Les analogies entre les trois domaines sont encore plus nombreuses et importantes que les différences, lesquelles sont pour la plupart, comme on vient de le voir, très relatives et à nuancer.

Nous verrons dans la suite de l'ouvrage que les analogies entre les domaines de la sécurité et de l'environnement sont très grandes, quand on compare le référentiel OHSAS 18001 (1999) à la norme ISO 14001 (1996) qui l'a inspiré. Avec la version 2000 des normes ISO 9000, fondée sur des principes d'amélioration continue et une structure de type « PDCA » (*cf.* § 3.2.2 et § 4.2), les analogies entre le management de la qualité et ceux de la sécurité et de l'environnement se sont accrues.

3.2.1 Les analogies conceptuelles

Revenons au principes de management de la qualité exposés au paragraphe 1.13. On constate que les principales composantes de ce management font l'objet d'exigences ou de recommandations semblables dans les principaux référentiels et les réglementations relatifs au management de la qualité, de l'environnement et de la sécurité (ISO 14000 : 1996, OHSAS 18001 : 1999, ISO 9000 : 2000, ISO 19011...) :

- **Politique et objectifs**
- Déclaration et **engagement** de la direction ;
- Communication à **tout le personnel** et motivation ;
- Politique de **prévention** des dysfonctionnements :
    - Prévention des non-conformités (ISO 9000) ;
    - Prévention des accidents (réglementation, directive SEVESO, BS 8800, OHSAS 18001...) ;
    - Prévention des pollutions (réglementation, Éco-Audit, ISO 14000).

- **Planification et amélioration continue**

– Mêmes objectifs fondamentaux de management.

– Même principe de mise en œuvre du concept « PDCA » (Roue de Deming – *cf.* § Figure 3.3).

– Mêmes outils d'analyse des dysfonctionnements (AMDEC, etc. Figure 3.4).

- **Assurance (confiance)**

Grande analogie sur le fond : besoin de donner **confiance** en la **maîtrise des processus** :

– **Qualité** : confiance en la « maîtrise de la qualité » : « assurance de la qualité ».

– **Sécurité** : besoin d'avoir confiance en la « maîtrise de la sécurité » ; pas de notion normalisée explicite d'« assurance sécurité », mais application réelle dans certains secteurs, par exemple : « manuel assurance sécurité ».

– **Environnement** : besoin d'avoir confiance en la « protection de l'environnement », mais pas de notion normalisée explicite d'« assurance environnementale ».

- **Audits**

– Grande analogie pour les audits de système (*cf.* norme ISO 19011, commune à la qualité et à l'environnement).

– Possibilités d'audits de système intégré, internes et externes.

- **La satisfaction de toutes les parties intéressées**

En faisant la synthèse des analogie conceptuelles qui précèdent, on constate on peut représenter l'ensemble des composantes d'un management intégrant la qualité, la sécurité et l'environnement – pour la satisfaction de toutes les parties intéressées de l'organisme – suivant la figure 3.2, qui se déduit de la figure 1.1 par le simple remplacement de « Q » par « QSE ».

Nous verrons dans la suite de cet ouvrage que ces analogie conceptuelles permettent de mettre en œuvre sur le terrain des systèmes de management intégré ou harmonisés aptes, s'il y a lieu à obtenir une certification conjointe qualité, sécurité et environnement.

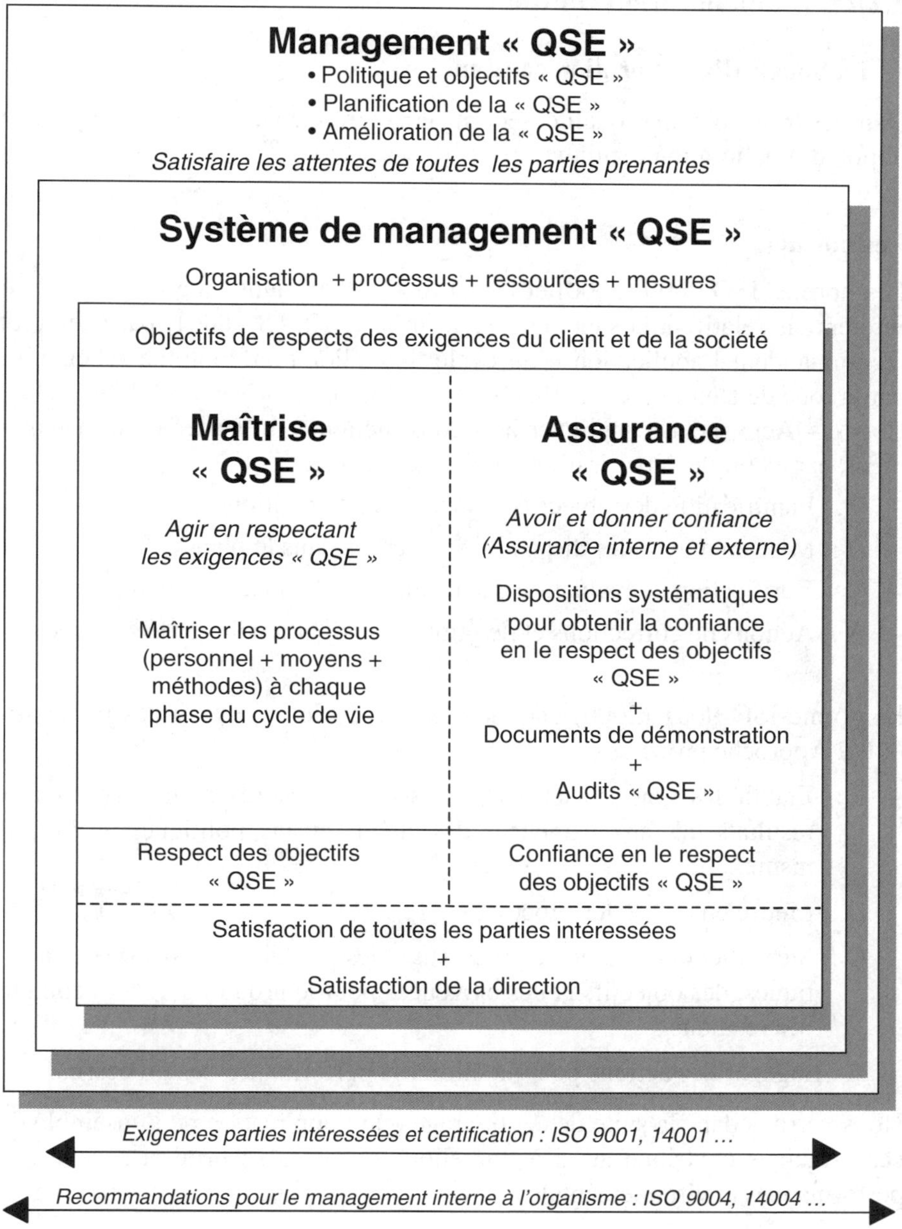

Figure 3.2 Les composantes d'un management intégré qualité-sécurité-environnement (QSE).

3.2.2 L'amélioration continue

- **La boucle d'amélioration continue**

Dans les trois domaines qualité, sécurité et environnement, il est fait appel à la notion d'amélioration continue.

Les normes

Les normes ISO 9000 (2000) et ISO 14000 (1996), ainsi que les normes ou référentiels relatifs à la santé et à la sécurité (OHSAS 18001, par exemple) recommandent l'application d'un cycle d'amélioration continue schématisé par la roue de Deming (cycle PDCA) sur la figure 3.3. Ce cycle « Plan – Do – Check – Act » peut s'appliquer à la construction d'un système de management, par exemple, à partir d'une politique affirmée :

- P : Planification des objectifs associés à cette politique.
- D : Mise en œuvre des dispositions inscrites dans le plan.
- C : Vérification et évaluation des résultats de la mise en œuvre.
- A : Actions de corrections et de prévention pour améliorer le système.

La norme ISO 9001 (2000) décline aussi ce cycle au niveau des processus (§ 0.2 Approche processus) :

- P : Établir les objectifs et les processus nécessaires pour parvenir aux résultats liés aux exigences des clients et aux politiques de l'organisme.
- D : Mettre en œuvre les processus.
- C : Surveiller et mesurer les processus et les produits en fonction des politiques, des objectifs et des exigences pour le produit et rendre compte des résultats.
- A : Engager des actions pour améliorer la performance des processus.

Nous verrons dans la suite de cet ouvrage que l'application de l'ensemble de ces principes contribue aussi à l'amélioration de la sécurité et à celle des performances environnementales.

- **L'application d'une boucle d'amélioration continue à un système de management**

La construction d'un système de management constitue à son tour une activité pour laquelle on va pouvoir suivre le cycle PDCA.

On constate en effet que les principaux référentiels actuels de systèmes de management (ISO 9000, ISO 14000, BS 8800, OHSAS 18001, etc.) sont construits avec une structure de type PDCA. Ils exigent ou recommandent les actions auto-améliorantes suivantes :

- Effectuer une analyse initiale des besoins et impacts :
  - identification des besoins et attentes des clients ;
  - identification des exigences réglementaires ;
  - identification des besoins et attentes des parties intéressées.
- Planifier le système de management, à partir d'une politique affirmée et définir des objectifs associés à cette politique (*plan*).
- Mettre en œuvre les processus prévues articulés autour d'un système cohérent (*do*).
- Vérifier et évaluer les résultats obtenus et progrès obtenus, notamment au moyen d'audits d'internes (*check*).
- Effectuer des revues de direction pour corriger et améliorer le système (*act*).

C'est ce qu'illustre les schémas des figures 3.3 et 3.4.

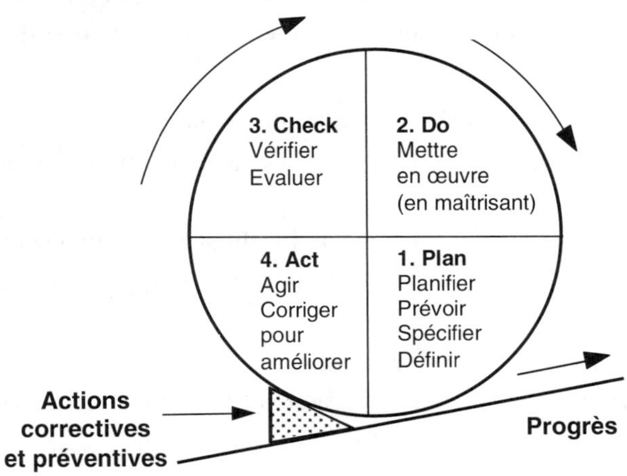

Figure 3.3 La roue de Deming (PDCA).

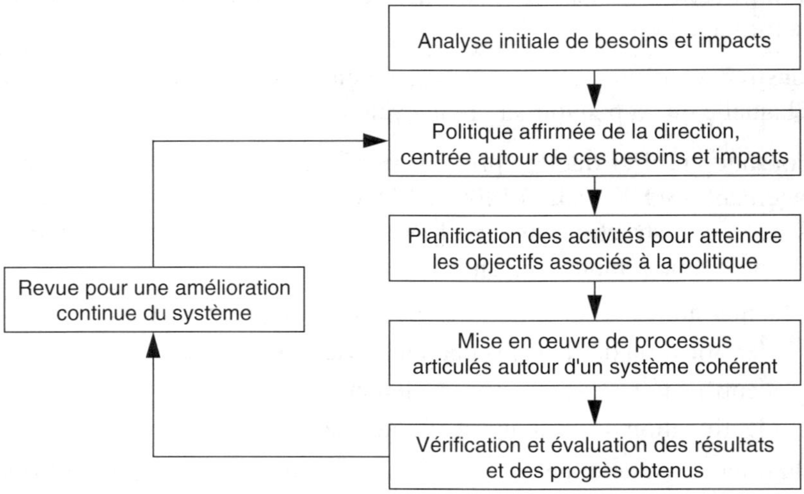

Figure 3.4 La boucle d'amélioration continue applicable à un système de management.

3.2.3 Les huit principes de management de la qualité

Huit principes de management de la qualité ont été identifiés dans la version 2000 des normes ISO 9000. Ils sont notamment intégrés dans les recommandations de l'ISO 9004 pour aider les dirigeants des organismes dans leurs démarches d'amélioration continue :

1. **Écoute client** : aller au devant de leurs attentes.
2. ***Leadership*** : les dirigeants créent le contexte pour impliquer le personnel dans la réalisation des objectifs.
3. **Implication du personnel** : une totale implication à tous les niveaux.
4. **Approche processus** : elle permet d'atteindre de façon plus efficiente les résultats escomptés.
5. **Management par approche système** : le management d'un système de processus corrélés contribue à l'efficacité et à l'efficience de l'organisme.
6. **Amélioration continue** : objectif permanent de l'entreprise.
7. **Approche factuelle pour la prise de décisions** : fondée sur l'analyse des données, des informations et des faits.

8. **Relations mutuellement bénéfiques avec les fournisseurs** : développement du partenariat.

Il suffit d'étendre l'« écoute client » à l'« écoute des parties intéressées » pour que ces principes s'appliquent parfaitement au management intégrant la qualité, la sécurité et l'environnement.

3.2.4 La prévention des dysfonctionnements

- **La prévention : un principe incontournable**

La prévention est un principe essentiel commun applicable à la qualité, à la sécurité et à la protection de l'environnement. Dans le domaine de la qualité, on est passé **de la notion de contrôle à celle de prévention** (*cf.* § 1.1.1) : il vaut mieux prévenir le défaut, l'empêcher de se produire, plutôt que de le constater et d'avoir à le corriger, ce qui représente des coûts et des retards ; c'est aussi la notion d'« action préventive ». De la même façon, il vaut mieux prévenir l'accident ou la pollution que d'avoir à les subir et à en corriger les effets. Raison de plus : dans les trois domaines, les effets de certaines défaillances ne peuvent pas être corrigés.

- **La prévention des défaillances**

Qu'il s'agisse de qualité, de sécurité ou d'environnement, pour prévenir les défaillances, il est fait appel à des méthodes analogues, notamment à la méthode bien connue de l'arbre des causes, qui peuvent être d'ordre technique, organisationnel et humain.

À partir d'une défaillance ou d'un accident, on peut considérer quatre zones d'analyse et les différents niveaux d'intervention des structures ou fonctions concernées (*cf.* Figure 3.5). Ce schéma est applicable communément à la qualité à la sécurité et à l'environnement, à condition de prendre en compte :

- la nature du fait générateur (défaut de qualité, accident, pollution, etc.),
- la nature des structures ou fonctions (par exemple le service qualité, sécurité ou environnent, le CHSCT, etc.),

à la différence près que les conséquences de l'événement sont en général principalement humaines en matière de sécurité et d'environnement, et matérielles (l'installation ou le produit) en matière de qualité.

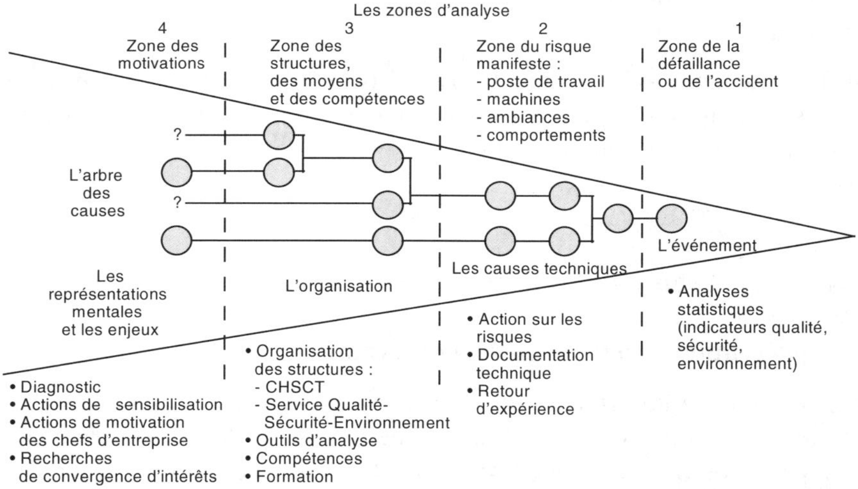

Les différents niveaux d'intervention des structures ou fonctions concernées
(Source : CRAM Aquitaine Prévention)

Figure 3.5 La recherche des causes profondes de défaillance applicable à la qualité, à la sécurité et à l'environnement.

3.2.5 L'importance du facteur humain

Tous ceux qui se sont penchés sur l'importance respective des différentes causes d'une défaillance ou d'un accident, s'accordent pour dire que les plus importantes sont liées au facteur humain. Et qui dit facteur humain dit avant tout : « engagement de la direction, sensibilisation et formation, compétence, motivation ». Et c'est bien cette importance du facteur humain qui est un des plus importants aspects communs des systèmes de management de la qualité, de la sécurité et de l'environnement.

Même dans des processus automatisés, c'est l'homme qui est, ou qui doit être le pilote, même s'il délègue son pouvoir à un mécanisme ou à un logiciel. Et l'homme peut – s'il le veut, et s'il est formé dans ce but – réagir à des situations imprévues, imaginer des solutions inédites, faire progresser l'ensemble. Il est donc essentiel que les hommes, tous les hommes de l'entreprise, se sentent concernés, pour que soient maîtrisés les aspects qualité, comme sécurité et environnement. Il incombe en premier lieu, à la direction de convaincre le personnel et d'obtenir une totale implication de leur part, et pour cela tout d'abord de donner l'exemple.

C'est bien ces principes communs qui sont à la base des principaux référentiels actuels de management, qu'il s'agisse de qualité, de sécurité ou d'environnement (*cf.* ISO 9001, § 5.1 et 6.2.2, ISO 14001, § 4.2 et 4.4.2, OHSAS 18001, § 4.1 et 4.4.2).

3.3 Les raisons de l'intégration

3.3.1 Les points communs

Même si, comme nous venons de le montrer, les trois domaines qualité, sécurité et environnement ont leurs spécificités, cela ne doit pas faire oublier que les différences constatées ne sont pas contradictoires mais complémentaires.

- **Les principes communs de management**

Comme nous l'avons vu au paragraphe 3.2.1, les analogies conceptuelles conduisent à des principes de management très semblables. Il en résulte, pour la qualité, la sécurité et l'environnement, que les référentiels correspondants sont compatibles et complémentaires et peuvent être aisément appliqués au management intégré. Bon nombre d'entreprises sont à présent conscientes qu'elle ont la possibilité d'appliquer ces principes communs pour satisfaire leurs objectifs globaux d'amélioration de leurs performances.

- **Les points communs d'application**

En premier lieu, les exigences qualité, sécurité et environnement s'appliquent aux mêmes réalités : il s'agit pour l'organisme de maîtriser ses produits et ses processus, et ceci à la fois dans la gestion courante, au quotidien, mais aussi lorsqu'il s'agit de créer de nouveaux produits ou processus. Les différentes disciplines doivent converger pour aboutir en permanence à des décisions communes, optimisées, tenant compte des différents points de vue.

- **Les méthodes et les principes communs d'action**

Pour être efficace dans les trois domaines « QSE », il faut faire appel à des principes communs d'action. Cela passe par l'engagement de la direction, la définition de politiques, la planification et la maîtrise des processus, la mesure et la surveillance des performances, etc. Autant de raisons pour prendre des dispositions de management communes.

Ces principes de management communs sont schématisés sur la figure 3.6.

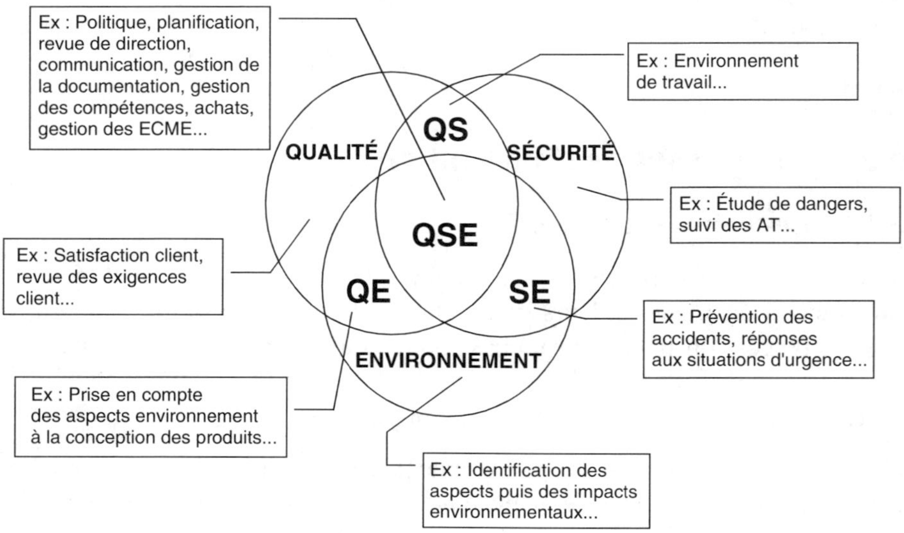

Figure 3.6 L'intégration « QSE » des principes de management.

- **Les points communs sécurité et qualité**

Sécurité et qualité sont difficilement dissociables dans une entreprise[1] : un accident avec arrêt conduit souvent à des conséquences lourdes pour la productivité. Inversement, la mise en place d'un système de management de la qualité contribue à la prévention des accidents et donc à l'amélioration de la sécurité.

Cette corrélation entre un bon système de management de la qualité – et notamment la certification ISO 9000 – et les performances en matière de sécurité a été observée par la CRAM Aquitaine Prévention[2] dans une étude datant déjà de 1995 ; elle est de plus en plus confirmée par les études qui sont poursuivies sur le terrain avec plusieurs organismes et entreprises.

1. Pour plus de détail, on pourra consulter *Management de la santé et de la sécurité au travail*, AFNOR.
2. CRAM Aquitaine : Caisse Régionale d'Assurance Maladie d'Aquitaine, Service Prévention, 80, Avenue de la Jallière, 33053 Bordeaux Cedex.

- **Les points communs environnement et qualité**

Des entreprises, dont le métier est de protéger l'environnement (traitement de l'eau, des déchets...), et qui se sont engagées dans une démarche qualité, ont fait naturellement de l'intégration qualité-environnement : leurs produits et services, et donc leur système documentaire, sont une seule et même réponse aux exigences qualité et environnement.

- **Les points communs sécurité et environnement**

La sécurité et l'environnement se rejoignent par l'obligation d'identifier tous les risques pour les salariés et pour le public : risques liés aux installations et risques liés aux processus et à la nature des produits, comme par exemple l'explosion, l'incendie, les fuites. Notamment le cas pour les industries chimiques et pétrochimiques, et pour les industries agro-alimentaires (santé, pollution et rejets…).

3.3.2 La satisfaction de toutes les parties intéressées

L'intégration des systèmes de management qualité, sécurité et environnement répond aux préoccupations d'efficacité de l'organisation des l'entreprises. Menée à son terme, elle conduit à un management global ou total apte à satisfaire toutes ses parties intéressées.

- **Les préoccupations propres à l'entreprise**

L'entreprise doit, pour sa pérennité, répondre notamment aux enjeux suivants :

- Faire face à la concurrence en préservant la sécurité des installations (sûreté de fonctionnement), du personnel et des produits.
- Répondre aux exigences communes et spécifiques qualité, santé et sécurité, environnement.

- **Les préoccupations extérieures à l'entreprise**

- Elle ne peut cependant pas ignorer les attentes ou exigences externes :
- Respecter les aspects écologiques (développement durable).
- Assurer la sécurité du public.

Il y a donc une complémentarité remarquable entre les trois domaines « QSE », avec un élargissement du « champ de conscience » de l'entreprise.

On observe donc une complémentarité et une convergence remarquables entre :

- d'un côté, une logique interne à l'entreprise, celle de la qualité et de toutes ses facettes, qui la conduit de l'intérieur à mettre au point un nouveau mode de management, quelque fois appelé « total » ou « global » ...
- de l'autre, une logique externe, celle des préoccupations sécurité et écologie, qui la conduit à prendre mieux conscience des conséquences « globales » de la « totalité » de ses choix et de ses actes.

Cette convergence peut se schématiser selon la figure 3.7.

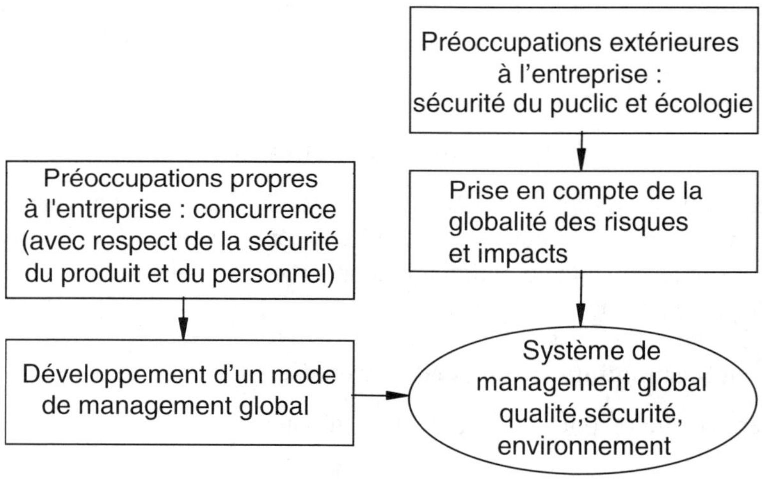

Figure 3.7 La convergence des approches qualité, sécurité et environnement vers un système de management global.

4

L'intégration des systèmes de management

4.1 L'approche processus

Nous avons vu (*cf.* § 1.1.3 et Figure 1.2) que la « notion de processus » était un concept essentiel des normes ISO 9000 : 2000 et nous allons voir maintenant qu'il est profitable d'appliquer aussi cette notion au management de l'environnement et à celui de la sécurité.

Les normes ISO 9000 : 2000 encouragent l'adoption d'une approche processus : « Pour qu'un organisme fonctionne de manière efficace, il doit identifier et gérer de nombreux processus corrélés et interactifs » (ISO 9000 : 2000, § 2.4) et : « Un résultat escompté est atteint de façon plus efficiente lorsque les ressources et activités afférentes sont gérées comme un processus » (un des huit principes de management sur lesquels s'appuient notamment les recommandations de l'ISO 9004 : 2000, paragraphe 4.3, pour satisfaire toutes les parties prenantes d'un organisme).

Il s'agit de principes communs de management applicables aussi bien à la qualité, à la sécurité et à l'environnement, et qui contribuent à l'efficacité d'un management intégré.

L'approche processus des normes ISO 9000 : 2000 se traduit notamment par une articulation de ces normes en quatre « blocs » principaux d'exigences (ISO 9001) ou de recommandations (ISO 9004) suivant un modèle dit « de l'approche processus » (*cf.* Figure 4.1) :

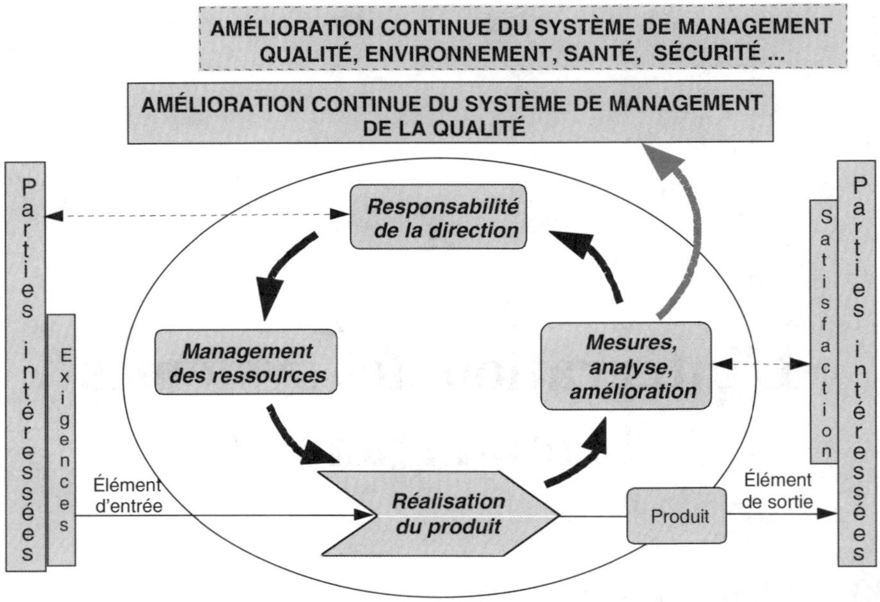

Figure 4.1 Extension du modèle de l'approche processus de la norme ISO 9004 (2000) à l'intégration QSE.

Ce modèle s'appuie sur le principe de l'amélioration continue (*cf.* § 3.2.2), appliqué aussi dans la norme de management environnemental ISO 14001 (1996) et dans les référentiels relatifs à la santé et à la sécurité (BS 8800 et OHSAS 18001, par exemple), pour la satisfaction de toutes les parties intéressées de l'organisme. Ainsi rien ne s'oppose à l'application de ce modèle de processus aux systèmes de management de l'environnement ou de la sécurité, et donc au management intégré.

4.2 L'élargissement du concept de processus

4.2.1 Les résultats intentionnels ou non

Le management de la qualité ne peut éviter l'existence de résultats non intentionnels de l'activité. Mais la prise en compte de l'environnement et de la sécurité oblige à prendre conscience du fait qu'un processus peut engendrer non seulement des résultats intentionnels, mais aussi des résultats non intentionnels (*cf.* Figure 1.2), qui pourraient être par exemple des déchets, des effluents ou des produits dangereux. Jusqu'à ces dernières années, ces résultats ont été souvent négligés au plan comptable, vu que les ressources naturelles ont été souvent considérées comme gratuites, parce que supposées. D'où l'extension de la figure 4.2 a à la figure 4.2 b.

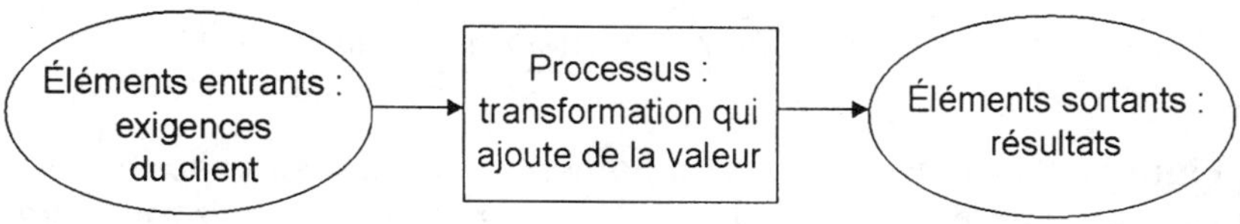

4.2 a L'application à la qualité.

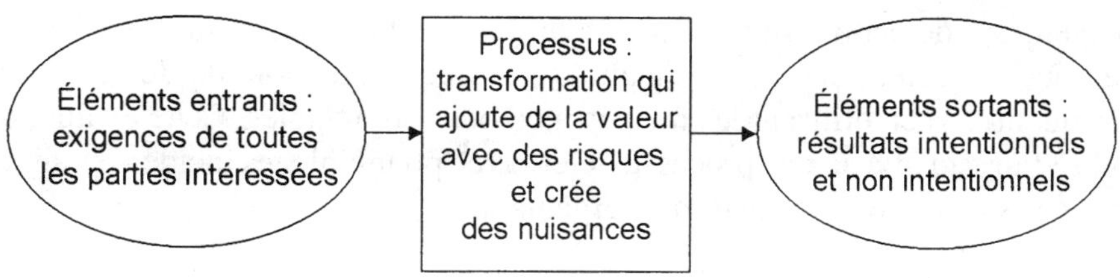

4.2 b L'application à la qualité, à la sécurité et à l'environnement.

Figure 4.2 L'application du concept de processus à la qualité, à l'environnement et à la sécurité.

4.2.2 Les facteurs d'obtention des résultats

On peut dire aussi que la transformation des éléments entrants en éléments sortants requiert la mise en œuvre de facteurs qui sont les ressources humaines, les infrastructures et équipements divers, ainsi que les méthodes.

Pour maîtriser un processus, donc ses résultats intentionnels – mais aussi les résultats non intentionnels – il faut **agir sur ce qui est critique** ; il faut donc agir non seulement sur les éléments entrants, mais sur tous les facteurs : les informations internes et externes, le personnel, les ressources, les méthodes, sans oublier les coûts de non-qualité et ceux des nuisances, qui réduisent la valeur ajoutée du processus. La démarche correspondante peut être schématisée selon la figure 4.3.

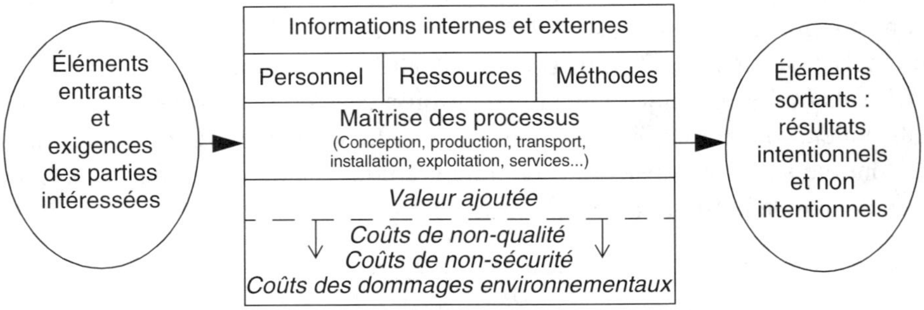

Figure 4.3 Démarche de management des processus appliquée au management de la qualité, de la sécurité et de l'environnement.

On a donc intérêt à évaluer les risques et les coûts relatifs à la sécurité (prévention, détection, incidents ou accidents...), aux dommages environnementaux (prévention, détection, dommages environnementaux ou nuisances...) aussi bien que les coûts relatifs à la qualité (coûts de prévention, de détection, de non-qualité...) en utilisant les mêmes méthodes comptables. Cette évaluation doit se faire au niveau des processus-clés, avec pour cible les incidences significatives sur les performances de l'organisme[1].

4.2.3 La démarche d'amélioration des processus

L'amélioration de la qualité s'obtient par la maîtrise et l'amélioration des processus. Il en va de même de l'amélioration des performances dans une démarche intégrant la santé, la. sécurité au travail et l'environnement. Comme nous l'avons vu sur la figure 4.3, l'amélioration des performances au niveau de chacun des processus retenus s'obtient en réduisant les coûts relatifs à la qualité, à la sécurité et à l'environnement au profit de la valeur ajoutée du processus. Il faut aussi que chaque processus soit « piloté » en temps réel, ce qui suppose des mesures, des corrections et améliorations au cours de son déroulement et au vu des résultats de sortie, par rapport aux exigences d'entrée.

Au niveau global du système de management, l'amélioration continue repose sur des audits (intégrant si possible la qualité, la sécurité et l'environnement en

1. Pour plus de détails sur les coûts relatifs à la qualité, à la sécurité et à l'environnement, on pourra consulter *Du manuel qualité au manuel de management.* L'outil stratégique (Figure 17.4) – *cf.* Bibliographie.

management – *cf.* § 11.3), des actions correctives, des actions préventives et des revues de direction, pour « réagir » au niveau des objectifs (« *Act* » du « PDCA » – *cf.* § 3.3.2).

La figure 4.4 synthétise l'ensemble des facteurs d'une démarche d'amélioration des processus appliquée au management intégrant la qualité, la sécurité et l'environnement

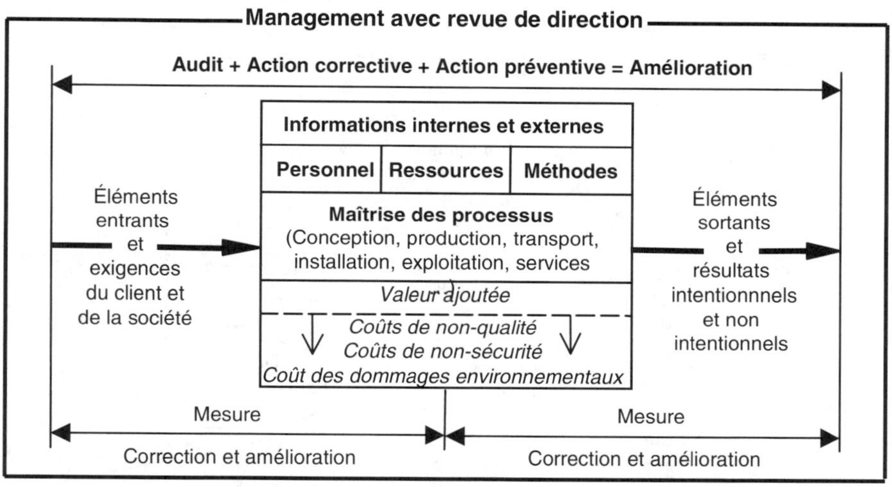

Figure 4.4 Démarche pour l'amélioration des processus appliquée au management intégrant la qualité, la sécurité et l'environnement.

4.2.4 Les processus internes et externes à l'organisme

- **L'ouverture de l'entreprise sur les processus externes**

Dans le cadre d'une démarche de management intégré ouverte sur l'évolution de l'environnement économique, et notamment dans une optique de développement durable, un fournisseur ne peut pas, pour un de ses produits, se contenter d'identifier et de prendre en compte ses seuls processus internes : conception, achats, production, etc. Il doit élargir cette prise en compte aux processus externes en interface « fournisseur » « client et société ».

Pour intégrer aussi bien les exigences du client que celles des autres parties intéressées externes à l'entreprise, il faut raisonner non seulement aux niveaux des processus externes au fournisseur qui sont dans le champ des exigences des clients et de la société, mais aussi en relation avec les processus internes du fournisseur agissant en tant que concepteur ; car les concepteurs doivent travailler sur des bases qui intègrent toutes les exigence internes et externes et qui leur sont plus ou moins dictées, mais qui doivent présenter, au niveau des principaux processus internes et externes à l'entreprise, la manière dont les exigences requises pour la qualité, la sécurité et l'environnement doivent être prises en compte et définir les responsabilités de chaque partie prenante impliquée, client, entreprise, fournisseur.

Examinons maintenant la prise en compte des exigences dans le cas des processus internes et externes représentés dans la figure 4.5.

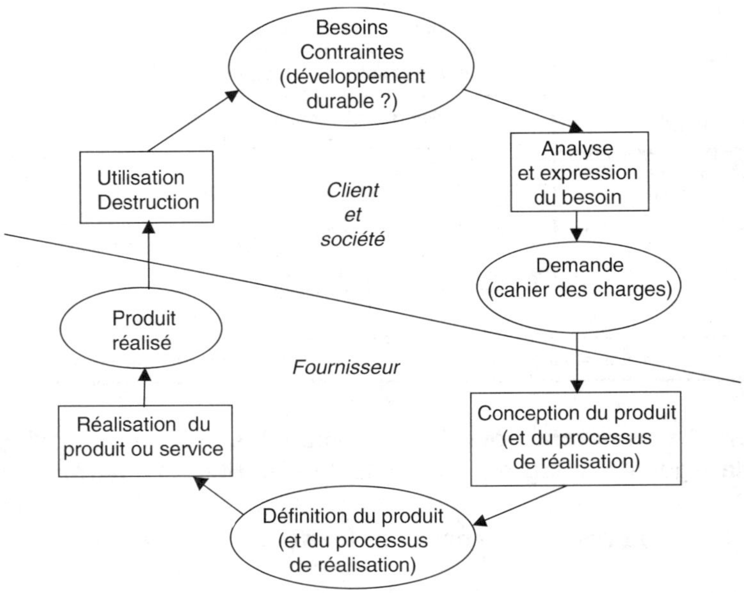

Figure 4.5 Les processus fondamentaux pour la prise en compte des exigences pour la qualité, la sécurité et l'environnement.

- **Les exigences au niveau du processus d'expression du besoin**

Les données d'entrée

Ce sont les besoins et les contraintes du client (de prix, par exemple), ainsi que les contraintes relatives à l'environnement et à la sécurité, en provenance principalement de la société (développement durable…). Ces données tiennent compte du retour d'expérience pour l'utilisation et la destruction à prévoir (*cf.* Boucle de la figure 4.5).

Il convient d'exprimer de manière précise les besoins et les contraintes, qui restent encore plus ou moins bien cernés. Lorsqu'il s'agit de la qualité, les exigences au niveau du processus d'expression relèvent de la responsabilité du client, la responsabilité de la société étant impliquée totalement en matière d'environnement. En ce qui concerne la santé et la sécurité au travail, la responsabilité est partagée. Cependant le fournisseur a un rôle important à jouer dans cette phase, puisqu'il est en principe à même de conseiller le client.

Le processus de transformation

C'est l'inventaire et la clarification des besoins et des contraintes, avec consultation de la réglementation et avec l'aide, si nécessaire, de techniques comme l'analyse fonctionnelle.

Les données de sortie

C'est la demande, relative au produit et, s'il y a lieu, au processus de réalisation, qui peut prendre la forme d'un cahier des charges.

- **Les exigences au niveau du processus de conception**

Les données d'entrée

C'est la demande, si possible sous forme de cahier des charges, pour le produit et le processus.

Le processus de transformation

C'est le travail des bureaux d'études ou des sociétés d'ingénierie.

Les données de sortie

C'est la définition du produit : plans, spécifications.

Le fait de concevoir simultanément le produit et le processus se généralise sous le nom d'ingénierie simultanée. Cette pratique est importante non seulement pour la qualité, mais aussi pour la sécurité et l'environnement. Il est donc capital que les spécialistes de la sécurité et de l'environnement soient parties prenantes dans ce processus.

Il peut y avoir des allers et retours, ou itérations, entre la conception et la demande, en particulier lorsque cette conception fait apparaître par exemple des coûts prohibitifs, ou bien, par exemple, des impacts environnementaux non identifiés au départ.

- **Les exigences au niveau du processus de réalisation**

Les données d'entrée

Ce sont les définitions du produit et du processus de réalisation.

Le processus de transformation

Il comprend :

- la mise au point du processus de réalisation, qui peut aller du simple réglage de machines à la construction d'un site industriel nouveau ;
- les achats de matière premières et de composants, en passant par la consultation et le choix des fournisseurs, sur des critères non seulement de qualité, mais aussi de sécurité et environnementaux ;
- la fabrication ou réalisation, en identifiant les points critiques pour la qualité, la sécurité et l'environnement. Les personnes impliquées à ce niveau doivent être formées et organisées pour identifier et suivre les défaillances, en comprendre les causes, initier les actions correctives ;
- la livraison et l'installation.

- **Les exigences au niveau du processus d'utilisation**

Les données de sortie

Les données de sortie sont celles du produit (ou du service).

Les données d'entrée

C'est le produit réalisé, livré, installé.

Le processus de transformation

C'est l'utilisation plus ou moins bonne du produit par le client pour son usage propre, mais aussi pour le respect de la sécurité et de l'environnement (développement durable). L'utilisation préconisée dépend principalement du client mais aussi du fournisseur qui doit jouer un rôle grâce aux conseils, aux informations (notice d'utilisation, fiche de données de sécurité…) ou la formation qu'il est appelé à lui donner. C'est, ensuite, la destruction et l'élimination du produit.

Les données de sortie

C'est la satisfaction du client et le respect de la sécurité et de l'environnement, lors de l'utilisation. C'est aussi, au stade ultérieur, le produit détruit et les déchets obtenus, recyclables ou non.

4.3 L'identification des processus

Nous avons vu que les normes ISO 9000 : 2000 encouragent l'adoption d'une « approche processus » (*cf.* § 4.1) « pour qu'un organisme fonctionne de manière efficace… ».

Dans le cadre de cette approche, la norme ISO 9001 : 2000 exige l'identification « des processus nécessaires au système de management », la détermination de la séquence et de l'interaction de ces processus et d'autres dispositions relatives à leur maîtrise, à leur surveillance et à leur amélioration. Rien ne s'oppose à appliquer ces dispositions aux systèmes de management intégré.

L'expérience sur le terrain des entreprises démontre en effet qu'une manière efficace pour construire efficacement un système de management intégré consiste à commencer par identifier les processus ayant une incidence sur la qualité, sur la sécurité et sur l'environnement. Pour faciliter l'identification et la sélection des « processus nécessaires » (nécessaires notamment au respect des exigences qualité, sécurité, environnement), il peut être utile, selon le type d'activité de l'organisme, distinguer plusieurs types de processus (*cf.* FD X 50-176) :

- **Les processus de réalisation**

Il s'agit, suivant le déroulement de l'activité de l'organisme, des processus qui ont un impact direct sur la satisfaction des clients et celles des autres parties intéressées de l'organisme : personnel, société, etc. Ils regroupent essentiellement les activités liées au flux d'obtention d'un produit ou celles qui sont exercées pour la prestation d'un service, par exemple :

- revue de contrat ;
- conception ;
- approvisionnement ;
- production ;
- logistique (manutention, stockage, transport, etc.) ;
- distribution ;
- après-vente, etc.

Ces processus, qui créent l'essentiel de la valeur ajoutée, conduisent à des dispositions souvent spécifiques aux secteurs concernés. Ils doivent intégrer les aspects qualité, sécurité, environnement ou autres (gestion financière ...), identifiés dans ces secteurs par des dispositions prises pour répondre aux exigences définies à partir de l'identification et de la hiérarchisation des risques (*cf.* § 4.3).

- **Les processus de support (ou de soutien)**

Il s'agit des processus qui ne créent pas directement de la valeur ajoutée perceptible les clients et autres parties intéressées de l'organisme, mais sont nécessaires pour l'efficacité du fonctionnement de l'organisme, par exemple :

– la maîtrise de l'information ;
– la formation ;
– la maîtrise des documents et des données internes et externes ;
– la maîtrise des non-conformités, des actions correctives et préventives etc. ;

Ces processus seront maîtrisés par la mise en œuvre de dispositions écrites qui s'appliquent dans tous les secteurs de l'organisme et intègrent autant que possible les aspects qualité, santé, sécurité, environnement et autres.

- **Les processus de direction (ou de pilotage)**

Il s'agit des processus qui regroupent les activités influant sur l'efficacité du système de management et sont sous la responsabilité directe des dirigeants, par exemple :

– management des risques (identification, hiérarchisation et maîtrise) ;
– planification stratégique et opérationnelle ;
– programmes environnementaux ;
– conduite des affaires ;
– audits internes, revues de direction ;
– analyse des données, etc.

La distinction faite entre les processus de direction et les autres processus est un choix de la direction en fonction de sa politique de management ; elle peut donc varier d'un organisme à un autre.

- **Les processus stratégiques**

Parmi ces types de processus, certains sont considérés comme stratégiques (ou clés, vitaux, etc. – *cf.* FD X50 176) par rapport à l'environnement économique de l'organisme.

Cette classification – que chaque organisme peut adapter en fonction de ses activités et de sa politique de management – n'est qu'un exemple montrant comment identifier le « réseau des processus et des interfaces » d'un organisme, avant de chercher à les maîtriser, à les améliorer et à atteindre des objectifs qualité, sécurité, environnement et autres. Le tableau 4.1 donne des exemples de processus identifiés.

Tableau 4.1 Exemples de processus identifiés.

Domaines concernés	Processus de pilotage ou de direction	Processus de réalisation (cycle de vie du produit)	Processus de support

Qualité,
sécurité,
environnement
et
autres aspects
	- Management du système QSE
	- Évaluation des risques
	- Conduite des affaires
	- Planification stratégique
	- Planification opérationnelle
	- Programmes sécurité
	- Programmes environnementaux
	- Fusions, acquisitions,extensions
	- Communication interne et externe
	- Enquêtes de satisfaction des collaborateurs
	- Gestion de la connaissance et du retour d'expérience
	- Audits
	- Actions correctives et préventives
	- Revues de direction
	- Tableau de bord prospectif et stratégique
		- Recherche et études de marché
		- Revues des offres et contrats
		- Conception
		- Méthodes de préparation
		- Approvisionnement
		- Ordonnancement, planning et délais
		- Qualification des procédés et des équipements
		- Plans qualité produit/service
		- Production
		- Installation
		- Exploitation
		- Introduction sur le marché
		- Prestations associées, après-vente
		- Satisfaction du client
		- Revues de processus
		- Études d'impact, de déchets
		- Analyse du cycle de vie
		- Collecte et transport de déchets
			- Formation
			- Qualification
			- Gestion des compétences-
			- Infrastructures
			  - Achats
			  - Énergies
			  - Système d'information
			  - Maintenance
			  - Sécurité des installations
			- Ressources financières
			- Maîtrise des informations et des données
			- Maîtrise des documents
			- Gestion des magasins
			- Identification, traçabilité
			- Métrologie
			- Manutention, transport
			- Détection, alarme
			- Assurances
			- Urgences et interventions
			- Équipements de sécurité et de protection individuelle
			- CHSCT
			- Inspections de sécurité

La distinction entre les processus de support et les processus de pilotage est un choix de la direction. Certains peuvent être considérés comme stratégiques.

- **La cartographie des processus**

Pour mettre en évidence les séquences et interactions entre les processus, il est pratique de représenter le réseau des processus et leurs interfaces sous forme de cartographie des processus, ce qui donne une image globale et synthétique des activités de l'organisme, aussi bien pour son personnel que pour un tiers non averti ou pour un auditeur. Les séquences et interactions représentées par des flèches sont mieux assimilées que des textes trop détaillés.

La figure 4.6 donne un exemple de cartographie du réseau des processus d'une entreprise concevant et fournissant des produits manufacturés et qui intègre la qualité, la sécurité et l'environnement.

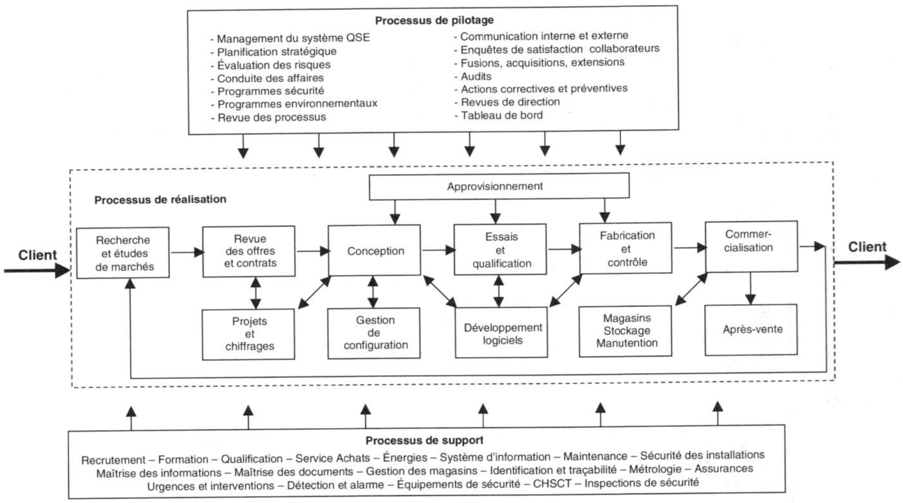

Figure 4.6 Cartographie des processus qualité-sécurité-environnement d'une entreprise concevant et fournissant des produits manufacturés.

Lorsqu'il est nécessaire, dans un organisme structure complexe, d'identifier de nombreux processus, il peut être approprié de les représenter sous forme d'un réseau de plusieurs « macro-processus » correspondant à des fonctions distinctes ; chaque « macro-processus » se compose de plusieurs processus détaillant la succession des activités. La figure 4.7 donne un exemple de cartographie d'une grande entreprise.

Figure 4.7 La macro cartographie des processus d'une entreprise de traitement d'eau.

4.4 L'identification et la hiérarchisation des risques

L'intégration qualité, sécurité, environnement c'est avant tout l'intégration des risques dans chaque processus. L'identification, puis l'analyse des risques est donc un préalable d'une part, à la définition d'une politique intégrée et d'autre part, au management des processus qui vise à la fois la réalisation du produit et l'amélioration continue des performances. Avoir une connaissance objective des risques, c'est aussi pour l'entreprise ou l'organisme un impératif lui permettant de définir une organisation humaine et matérielle fiable et adaptée à ses enjeux (*cf.* Chapitre 2).

Pour l'ISO 9000 : 2000, il s'agit d'identifier formellement les risques susceptibles d'engendrer des non-conformités pour le produit ou le service, pour l'ISO 14001 : 1996, il s'agit d'identifier ceux associés aux dommages environnementaux réels ou potentiels associés à l'activité de l'entreprise, enfin pour l'OHSAS 18001 : 1999, il s'agit d'identifier les risques d'accidents du travail et d'apparition de maladies professionnelles. Dans tous les cas, ces risques, sont inacceptables par les parties intéressées. Aussi l'objectif ultime de l'analyse puis de la gestion des risques, est-il de faire chuter progressivement le potentiel de risques global de l'entreprise.

4.4.1 Les différentes catégories de risques

- **Les risques majeurs**

En matière de risques, il convient de distinguer les risques majeurs et les autres risques. On peut considérer qu'un risque est majeur lorsque sa réalisation est susceptible de provoquer soit :

- la perte de vie humaine ;
- un impact irréversible sur l'environnement ;
- la disparition pure et simple de l'entreprise ;
- soit la combinaison des trois.
- Les risques majeurs peuvent avoir pour origine, la modification radicale d'une technologie mal maîtrisée (exemple : apparition du quartz dans l'industrie de l'horlogerie), un fait de la nature (exemples : inondation, tremblement de terre…), un attentat, une erreur stratégique, l'émergence de nouveaux concurrents… Le traitement de la réalisation d'un risque majeur s'effectue toujours dans le cadre du processus de gestion de crise.

- **Les autres risques**

Pour l'entreprise, la non satisfaction des parties intéressées en général, et plus particulièrement la non satisfaction du client, constitue « le » risque courant à éviter le plus possible. En d'autres termes, tout ce qui est susceptible d'engendrer une non-conformité produit/service ou un accident pour les personnes ou sur le milieu naturel doit être considéré comme un risque. Pour ce type de risques, la probabilité d'occurrence sera probablement plus élevée que pour les risques majeurs, en revanche leurs effets seront moins dramatiques, surtout si les actions correctives mises en œuvre pour éviter leur réapparition produisent bien les effets escomptés.

Gérer ses risques d'une façon globale en prenant en compte les aspects qualité, sécurité, environnement peut paraître évident, mais toutes les entreprises ne l'ont pas encore bien compris. Beaucoup considèrent qu'il est difficile de satisfaire à la fois leurs clients, leurs salariés et les autres parties prenantes directement contributives ou pas à la création de valeur, à savoir : les fournisseurs, les administrations, les membres d'association de toutes sortes, les syndicats...

La non prise en compte de la satisfaction de toutes les parties intéressées a des répercussions rapides et nombreuses dans les entreprises qui n'adoptent ni politique globale de gestion des risques, ni méthode rationnelle pour les analyser, les évaluer et les hiérarchiser. Dans ces entreprises qui traitent souvent les problèmes de manière séquentielle et où règnent le « je gagnes-tu perds » alternativement avec chacune des parties prenantes, bien des opportunités de progrès sont chaque jour anéanties par l'attitude en permanence défensive et méfiante des différents acteurs.

4.4.2 L'analyse des risques

L'opportunité qu'offre l'intégration qualité, sécurité, environnement dans un seul système de management facilite l'analyse simultanée des événements redoutés, donc des risques associés aux processus de l'entreprise. Encore faut-il disposer d'une véritable méthode, adaptée au potentiel de risques de l'entreprise et permettant cette triple analyse proposée ci-après.

- **Les processus au centre de l'utilisation des méthodes d'analyse**

Il n'y a pas de différence fondamentale entre les méthodes d'analyse des risques majeurs et des autres risques, cependant les notions liées à l'analyse des conséquences juridiques et économiques pour l'organisme seront plus poussées pour les premiers par rapport aux seconds.

Quelle que soit la méthode[2] d'analyse des risques utilisée, de la plus simple à la plus sophistiquée, toutes ont deux points communs :

1. permettre d'évaluer la probabilité d'occurrence d'apparition des événements redoutés ou risques ;
2. mesurer les impacts des événements redoutés, si ils surviennent.

Nous pouvons facilement considérer que le dénominateur commun aux trois référentiels contractuels qualité, sécurité, environnement est constitué par

2. Parmi les méthodes classiques d'analyse de risques, l'AMDEC (Analyse des modes de défaillances de leurs effets et de leur criticité) est l'une des plus connue.

l'approche processus, voir *cf.* § 4.1. C'est donc **par processus ou sous-processus** que la méthode choisie devra se décliner, et cela, à chaque : étape, tâche critique, interface...utile à la création de valeur.

- **L'évaluation des risques**

Il s'agit d'élaborer un système de mesure qui permette de hiérarchiser les risques entre eux.

L'évaluation des risques est réalisée par les collaborateurs compétents de la filière QSE sous la surveillance des membres du comité de direction ou de pilotage. . Il est recommandé d'y associer si nécessaire les représentants des salariés (CHSCT, DP), le médecin du travail, des intervenants institutionnels ou privés...

On entend par évaluation d'un risque R, le fait de lui attribuer des critères d'importance, ce qui permet de classer les risques. Pour cette évaluation, il faut prendre en compte pour chaque risque, dans tous les cas, les deux critères suivants :

– la gravité de la non-conformité, du dommage corporel et environnemental G ;
– la probabilité d'occurrence de ces non-conformités et dommages P ;

R est donc une fonction de G et de P, qu'on écrira pour simplifier :

$$\mathbf{R = G \times P}$$

La détermination de la gravité G ne pose généralement pas de problème, car il est assez facile de s'entendre sur 2 ou 3 niveaux de gravité :

- gravité faible – (exemple pour la sécurité : accident sans arrêt de travail),
- moyenne – (exemple pour la sécurité : avec arrêt de travail),
- forte – (exemple pour la sécurité : avec mise en cause de façon immédiate ou différée de l'intégrité physique de façon irréversible).

Par contre, la probabilité d'occurrence P de la non-conformité ou des dommages est une notion très subjective. Il est nécessaire de la détailler pour pouvoir lui attribuer un niveau en se fiant à son expérience. Voici au moins trois critères couramment utilisés pour préciser, dans le domaine de la sécurité, la probabilité d'occurrence d'un dommage corporel :

1. la fréquence et la durée d'exposition **F**

2. le niveau de protection existant **N**
3. le retour d'expérience **E** (incidents, accidents, événements non souhaités)

L'évaluation selon ces critères est donc une fonction de G, de F, de N et de E représentée sur le tableau 4.2 :

Tableau 4.2 Les principales composantes de l'évaluation du risque.

R = Evaluation du risque	**G** Gravité de la NC ou dommages	**x**	**P** Probabilité d'occurrence de la NC ou des dommages				
R = Evaluation du risque	**G** Gravité de la NC ou dommages	**x**	**F** Fréquence d'exposition	**x**	**N** Niveau de protection	**x**	**E** Retour d'expérience

NC signigie non conformité

En fonction de leur taille et de leurs activités, certaines entreprises pourront faire abstraction de N et de E, donc ne garder que deux entrées P et G, mais l'évaluation de certains risques (circulation routière par exemple) sera plus difficile à préciser.

Plus précisément pour l'aspect sécurité :

- F concerne la fréquence d'accès à la zone dangereuse, le temps passé dans cette zone et le nombre de personnes y accédant. Trois niveaux peuvent y être associés (peu fréquent, fréquent, très fréquent).
- N détermine le niveau de protection existant vis-à-vis du risque observé sur les processus ou sur un poste de travail. Trois ou quatre niveaux hiérarchiques peuvent y être associés :
  - prévention intrinsèque ;
  - protection collective et procédures ;
  - protection individuelle et procédures.
  - signalement et information du danger.
- E permet de prendre en compte les incidents, accidents, événements non souhaités survenus à une étape du processus ou sur un poste de travail et vis-à-vis du risque étudié. Les niveaux associés sont spécifiques des résultats statistiques de l'entreprise sur les trois dernières années (pas d'accident sur 3 ans, un accident sur un an, etc.).

- **Le rôle du responsable ou pilote de processus de réalisation**

La « transversalité » est la caractéristique première d'un processus, notamment celui associés à la réalisation du produit ou du service. Les structures verticales fortement hiérarchisées où la répartition du pouvoir s'organise par territoire géographique ou par fonction n'ont plus guère de sens dans une entreprise véritablement orientée client. Aujourd'hui, il s'agit de considérer l'entreprise non plus seulement de l'intérieur, mais aussi de l'extérieur avec les yeux des autres parties intéressées, c'est le rôle des responsables de processus de réalisation[3].

C'est donc aux responsables de processus de réalisation, assistés des experts, d'autres parties prenantes et des fonctions supports adéquats, d'organiser les chaînes de création de valeur ajoutée dans l'entreprise, et de définir :

- les systèmes d'information ;
- les compétences requises ;
- les moyens de maîtrise intégrés et spécifiques en matière de qualité, de sécurité et d'environnement ;
- les interfaces avec les autres parties intéressées ;

et bien entendu d'identifier les dangers et ensuite d'évaluer les risques qualité, sécurité et environnement inhérents à leur processus. noter que les responsables des processus- supports et de management peuvent procéder de la même manière.

- **Les étapes de l'analyse intégrée des risques**

La première étape consiste donc à identifier :

- les processus de réalisation, mais aussi les principaux processus supports et de management ; leur présentation sous forme de cartographie est recommandée (*cf.* § 4.4) ;
- les enjeux de l'entreprise en matière de performance moyen long terme vis-à-vis de la qualité, de la sécurité et de l'environnement.

La seconde étape, représentée par la figure 4.8, consiste à déterminer pour chaque processus identifié, les événements redoutés potentiels majeurs et non

---

3. On trouve également fréquemment dans la littérature spécialisée, le terme de « propriétaire de processus clé » pour désigner le rôle de responsable de processus de réalisation.

majeurs, mais suffisamment critiques en regard des enjeux, tant pour l'aspect qualité (exemple : arrêt machine inexpliqué), sécurité (exemple : blessure lors d'un déchargement), et environnement (exemple : non dégradation de l'emballage primaire…).

À noter que des conjugaisons de risques considérés comme mineurs, peuvent dans certaines circonstances se transformer en risques majeurs. Il sera donc utile d'étudier également la faisabilité de ces scénarii, car l'expérience montre que les catastrophes industrielles sont souvent issues d'une somme de négligences conjuguées.

Bien évidemment, il n'est pas possible, ni surtout utile, d'imaginer la multitude d'événements susceptibles de se réaliser. En fait, les responsables de processus doivent prioritairement orienter leur analyse vis-à-vis de deux points essentiels :

1. les événements susceptibles d'être négativement perçus par les parties intéressées ;
2. la conséquence des événements redoutés au regard des enjeux en cas de réalisation (*cf.* § 4.3.2), (exemples : perte de confiance des consommateurs, condamnation, altération de l'image...).

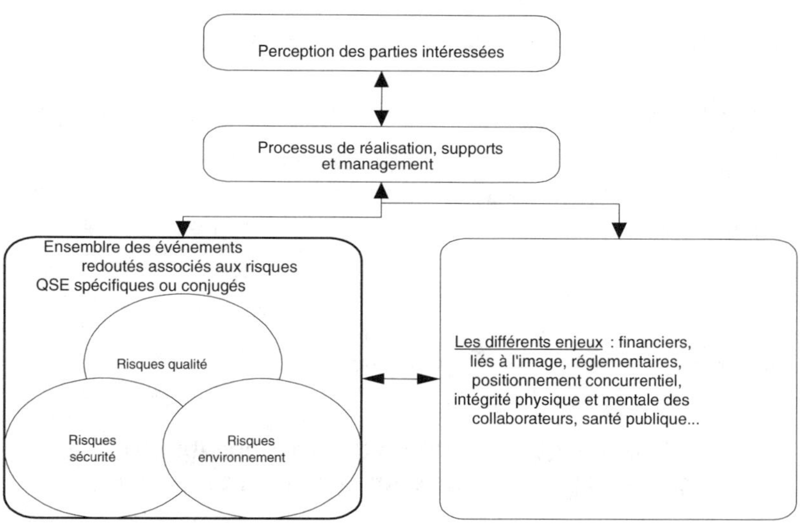

Figure 4.8 La détermination des risques par processus et au regard des enjeux et de la perception des parties intéressées.

En ce qui concerne spécifiquement les risques majeurs, il faut souligner que ces derniers ont, en cas d'apparition, pour conséquence des atteintes aux personnes physiques ou aux personnes morales, aux biens ou à l'ordre public, qui s'additionneront à la non-conformité, au dommage environnemental ou à l'accident au sens des référentiels ISO 9001 : 2000, ISO 14001 : 1996 et OHSAS 18001 : 1999.

La troisième étape concerne essentiellement les risques majeurs. Elle se déroule en deux temps :

1. répartition des responsabilités ;
2. calcul de la conséquence économique et juridique potentielle.

La figure 4.9 explique la problématique de la détermination de la répartition des responsabilités, entre parties prenantes, en cas de réalisation d'un événement redouté ayant provoqué la réalisation d'un risque majeur.

Dans ce cas, les responsabilités peuvent être de quatre ordres : contractuelles, délictuelles, pénales, autres (droit de la concurrence, fiscale…). L'une ou plusieurs de ces catégories de responsabilités peuvent être partagées entre :

- le donneur d'ordre : le client, la maîtrise d'ouvrage ;
- l'organisme : entreprise, association… ;
- un tiers : fournisseur, sous-traitants, terroriste, citoyen…

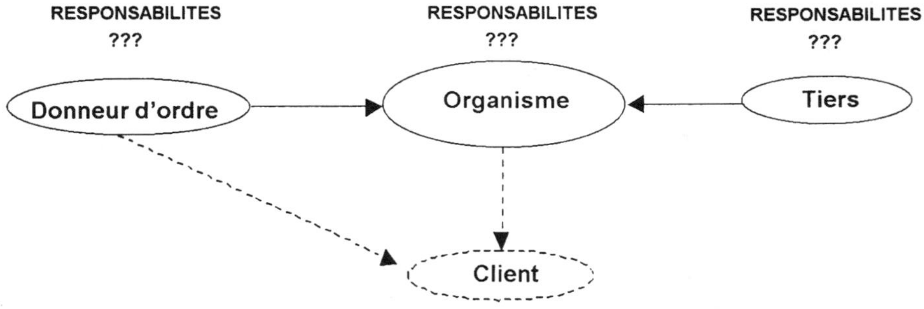

Figure 4.9 La répartition des responsabilités en cas de réalisation d'un événement redouté.

Pour déterminer la conséquence économique d'un risque majeur, il convient de calculer le coût économique direct et indirect de la réalisation du risque majeur pour l'organisme et d'en mesurer les effets par rapport aux données économiques et financières de l'entreprise. En fait, la mesure des conséquences économiques du dommage se fait à partir de l'estimation des ressources financières que peut mobiliser l'organisme à partir de ses éléments de trésorerie, du montant des investissements financiers, de son niveau d'endettement, de sa capacité d'autofinancement mais également de la part des dommages assurés en tout ou partie.

En fonction des résultats obtenus, une appréciation de la gravité économique sera obtenue et permettra de mieux déterminer les parades ou solutions systèmes adéquates.

Les conséquences juridiques d'un risque majeur sont évaluées selon trois critères :

- non respect d'obligations contractuelles ;
- fait délictuel intentionnel ;
- fait délictuel non intentionnel.

Un fait générateur d'un risque majeur, en cas de réalisation de celui-ci, engage la responsabilité civile de son auteur chaque fois qu'il entraînera un préjudice. En outre, si le fait générateur constitue un acte illicite au titre d'un texte pénal, l'auteur de ce fait voit ses responsabilités pénales engagées.

La quatrième et dernière étape de l'analyse consiste à déterminer la pondération des risques. Un risque s'évalue par sa probabilité et sa gravité. Ces deux paramètres sont évalués chacun selon une échelle multicritères paramétrables par les entreprises en fonction de leurs caractéristiques propres.

- La probabilité d'un risque est appréciée au regard de :
  - la nature continue de ses causes ;
  - la fréquence de récurrence de ses causes.
- Pour la gravité, une échelle de gravité de trois à cinq niveaux est souvent suffisante. À noter, qu'il est parfois préférable de prévoir la dissociation de la gravité économique et de gérante du juridique, notamment pour l'appréciation de la gravité des risques majeurs.

4.4.3 Criticité des risques, hiérarchisation et solutions systèmes

- **L'évaluation de la criticité**

Les quatre étapes de l'analyse permettent de déterminer le niveau de criticité. Cette dernière correspond au niveau de tolérance de chaque événement redouté, donc de chaque risque. Elle s'exprime par une valeur résultant de la conjugaison des caractéristiques quantifiées du risque, à savoir sa gravité et sa probabilité d'occurrence.

C'est aux responsables de processus de déterminer les différents seuils quantifiés de criticité (économique, juridique et médiatique) acceptables par l'organisme. Une fois ces limites fixées, l'entreprise peut établir la liste de ses principaux risques qui peuvent être regroupés, le cas échéant, par thèmes. À partir de là, l'opération consiste à rapprocher les risques à forte criticité vis-à-vis des enjeux préalablement identifiés. Pour effectuer ce rapprochement, l'entreprise devra également tenir compte du niveau de maîtrise estimée actuel des risques retenus.

Une fois cette hiérarchisation réalisée, les risques prioritaires sur lesquels devront s'exercer les solutions systèmes apparaissent d'une façon plus évidente et surtout plus objective.

- **Les solutions systèmes associées**

Les solutions systèmes sont l'ensemble des dispositions d'ordre :

- technologique (exemple : modification des équipements de production...),
- financier (exemples : assurance complémentaire, réassurance...),
- organisationnel (exemples : programme de formation spécifique, gestion des compétences, renforcement des procédures d'inspection, conduite d'audits conjoints...),
- juridique (exemple : précision de clauses particulières du contrat...),

qui permettent la réduction effective du potentiel de risques. En d'autres termes, ces solutions qui sont gérées comme des actions préventives, limitent la probabilité d'apparition des sinistres, des non-conformités, des accidents... et leurs extensions lorsqu'ils se déclarent. Il est fondamental de rappeler ici que le système de management intégré qualité, sécurité et environnement, qui recouvre l'essentiel des solutions « organisationnelles », constituera la fondation du dispositif de prévention. Ce dernier complété par un dispositif de protection et de réparation (*cf.* Figure 4.10) constituera l'architecture de la politique de management des risques de l'entreprise.

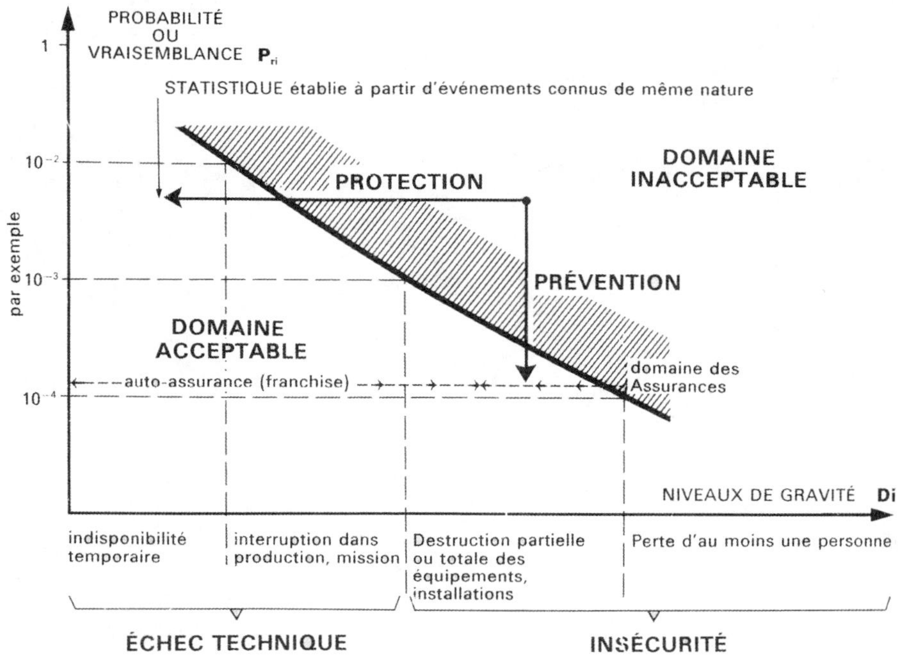

Figure 4.10 Les leviers actifs de réduction du potentiel de risques.
(Source : VADE-MECUM Qualité-Sécurité (J–14))

5

Les référentiels et les démarches de reconnaissance

Précisons d'abord que nous entendons par « référentiel » un texte sur lequel un organisme, notamment une entreprise, pourra appuyer son système de management. Il peut s'agir d'une norme, d'un code, d'un règlement ou d'un guide externe à l'organisme, ou de tout texte que l'organisme se sera donné comme ligne d'action. Nous distinguerons donc les référentiels normatifs énonçant des exigences à respecter, des autres référentiels n'énonçant pas d'exigences, mais servant à l'évaluation des dispositions prises et des résultats.

Précisons encore que nous entendons par « démarches de reconnaissance » les actions que l'entreprise peut mener à bien pour faire reconnaître son aptitude à donner confiance à ses diverses parties intéressées : par exemple, se préparer à obtenir la certification de son système de management par un organisme indépendant – dit tierce partie – ou de ses produits, ou encore obtenir un prix qualité, etc.

Dans ce contexte, l'objectif de ce chapitre est de présenter et de comparer les référentiels et les démarches de reconnaissance d'aptitude dans les domaines qualité, sécurité, environnement… L'intérêt de cette comparaison est surtout de montrer le sens des évolutions en cours, pour aider les organismes à tirer le meilleur parti des possibilités, anciennes et nouvelles, qui leur sont offertes et à faire les meilleurs choix parmi elles.

Bien entendu le choix d'un référentiel interne ou externe est l'acte volontaire d'un organisme, de même que celui d'une démarche de reconnaissance : on peut suivre un référentiel de management comme un guide interne de « bonne gestion », sans pour autant vouloir s'engager dans une certification ou vers l'obtention d'une reconnaissance officielle.

5.1 Les référentiels de management

5.1.1 L'évolution générale des référentiels de management

Nous avons vu au chapitre 1 (§ 1.1.2) que, dans le cadre des travaux du comité ISO/TC 176, créé en 1980, les normes ISO 9000 ont évolué sur le fond des concepts depuis la première série des normes ISO 9000 : 1986 – « Gestion et assurance de la qualité » – à la version 2000 – « Systèmes de management de la qualité » – en passant par la version 1994.

Parallèlement, dans le cadre de l'ISO/TC 207, créé en 1990 (*cf.* § 1.3.1), les travaux sur le management environnemental se sont inspirés de ceux de l'ISO/TC 176 pour créer les normes ISO 14000 : 1996, qui « partagent certains principes de systèmes de management avec les normes de systèmes qualité de la série ISO 9000 » (ISO 14001, Introduction). Mais ces nouvelles normes ont adopté en plus une architecture suivant le principe d'amélioration continue « PDCA » (*Plan – Do – Check – Act – cf.* § 3.2.2), adoptée ensuite par la plupart des nouveaux référentiels de management.

C'est la structure adoptée aussi en 1996 pour la norme BS 8800 et en 1999 pour la spécification OHSAS 18001, référentiels relatifs à la santé et à la sécurité au travail (en anglais : *Operational Health and Safety*) et aussi pour la version 2000 des normes ISO.

Cette évolution n'est pas terminée : après la publication de la spécification SA 8000 pour le management éthique, on peut s'attendre à d'autre séries de normes de référentiels de management, car des travaux de normalisation sont en cours sur d'autres sujets : le management des ressources humaines, celui des finances, etc.

La figure 5.1 donne un aperçu du « paysage » normatif actuel sur les systèmes de management.

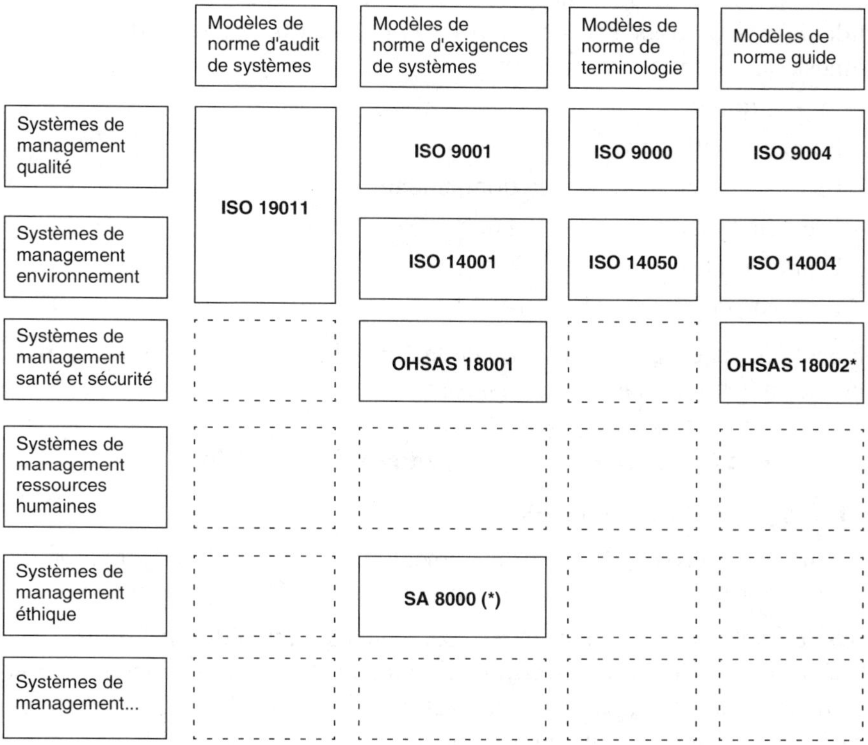

Figure 5.1 Architecture des normes et spécifications (*) de systèmes de management.
(Source : Michel Jonquières – Le manuel de management environnemental)

On peut remarquer que de nombreuses cases sont vides ; d'autres ont commencé à fusionner, d'autres encore pourraient s'ajouter à cet ensemble de référentiels.

Compte tenu de la complexification croissante des attentes dans tous les domaines de la vie économique et sociale, un groupe de travail créé au sein de l'ISO a mené à bien une réflexion sur l'identification d'un « cœur de gamme » commun aux différentes approches systémiques évoquées ci- dessus : c'est le concept de MSS (*Management System Standard*) ou encore norme de systèmes de management.

La réflexion autour du concept de MSS, qui transparaît dans l'article 7 du guide ISO 72, a mis en exergue un tronc commun aux différents domaines. Six thèmes composent ce tronc commun :

1 – La Politique ;

2 – La planification ;

3 – La mise en œuvre et le fonctionnement ;

4 – L'évaluation de la performance ;

5 – L'amélioration ;

6 – La revue de direction.

On peut constater, que l'évolution de la normalisation des systèmes de management intégré s'organise et est en route.

5.1.2 Les référentiels de management de la qualité

- **Les normes ISO 9000 : 2000**

Nous ne reviendrons pas ici sur les objectifs de la refonte version 2000 de la série des normes ISO 9000 et sur leur contenu traités au paragraphe 1.1.2.

Nous rappelons cependant que « par rapport aux éditions, précédentes, l'ISO 9001 et l'ISO 9004 constituent maintenant un couple cohérent de normes relatives au management de la qualité. L'objet de l'ISO 9001 est d'apporter l'assurance de la qualité du produit et d'accroître la satisfaction des clients. L'objet de l'ISO 9004 s'appuie sur une perspective plus large… pour donner des conseils sur l'amélioration des performances » (ISO 9001 et ISO 9004, Avant-propos).

Les ISO 9001 et ISO 9004 ont une structure commune de type « PDCA » , en quatre « blocs » principaux d'exigences, suivant un modèle dit de « l'approche processus » (*cf.* Figure 4.1) :

- responsabilité de la direction ;
- management des ressources ;
- réalisation du produit ;
- mesure, analyse et amélioration.

Enfin l'ISO 9001 et l'ISO 9004 ne fournissent pas « de conseils spécifiques à d'autres systèmes de management tels que le management environnemental, le management de la santé et de la sécurité au travail ou la gestion financière » ; elles permettent « toutefois à un organisme d'aligner ou d'intégrer son système de management de la qualité avec les systèmes de management associés... et d'adapter le(s) système(s) existant(s) afin d'établir un système de management de la qualité... » (ISO 9001 et ISO 9004, § 04 Compatibilité avec les autres systèmes de management).

Réciproquement, la norme ISO 14001 précise dans son introduction qu' : « il sera possible de se conformer aux exigences en adaptant des éléments du système de management existant », et l'OHSAS 18001, dans son avant-propos, qu'elle « a été élaborée pour être compatible avec les normes sur les systèmes de management ISO 9001 : 1994 et ISO 14001 : 1996 afin de faciliter... l'intégration des systèmes de management ».

Ainsi donc les normes ISO 9000 : 2000 – plus encore que celles de 1994 – associées notamment aux référentiels relatifs à la sécurité et à l'environnement, vont faciliter la construction d'un système de management intégré.

- **Les référentiels de management du secteur automobile**

Le référentiel EAQF, établi en 1987 entre Peugeot, Citroën, Renault et la FIEV, et amélioré en 1994. Il couvre l'ensemble des exigences de l'ISO 9001 : 1994 sans en avoir la structure et y ajoute des exigences complémentaires.

Le référentiel VDA, établi par les constructeurs allemands.

Le référentiel AVSQ, établi par les constructeurs italiens.

Le référentiel QS 9000, établi en 1994 par les constructeurs américains et suivi d'éditions 1995 et 1998 ; il est basé sur les exigences de l'ISO 9001 : 1994.

La norme ISO/TS 16949, élaborée en 1999 par l'IATF (*International Automotive Task Force*) au sein du comité ISO/TC 176, a tenu compte des évolutions prévues de l'ISO 9001 : 2000. Tous les constructeurs mondiaux ont rejoint le groupe de travail pour élaborer une version 2002, qui prendra en considération l'ISO 9000 : 2000 ; cette norme est appelée à remplacer progressivement les référentiels nationaux.

Tous ces référentiels sont pris en compte pour la certification du système de management que les différents constructeurs exigent de leurs fournisseurs et sous-traitants. Certains constructeurs ont déjà demandé à leurs fournisseurs de se faire certifier selon l'ISO/TS 16949.

- **Les référentiels du secteur médical**

Les normes EN 46001, 46002

Ces normes sont basées sur les ISO 9001 et 9002 de 1994 ; elles en reprennent les exigences en les complétant d'exigences complémentaires spécifiques aux dispositifs médicaux. L'ISO a repris ces normes en ISO 13485 et 13488 publiées en février 2001 (en France NF EN ISO 13485 et 13488).

Le CEN a repris en normes EN les normes ISO 13485 et 13488 (en France NF EN ISO 13485 et 13488), en février 2001. Ces normes sont très similaires aux EN 46001 et 46002. A l'issue d'une période transitoire de trois ans pendant laquelle les deux séries de normes coexistent, les EN 46001 et 46002 disparaîtront.

Une nouvelle version ISO 13485 basée sur l'ISO 9000 : 2000 est à l'étude ; mais des membres de l'ISO proposent une norme autoportante, en grande partie basée sur l'ISO 9001 : 2000, mais allégée de notions d'amélioration continue et de satisfaction client, vivant sa vie propre. En attendant cette norme, les ISO 13485/8 actuelles pourraient vivre jusqu'en 2006.

Le guide NF EN 724

Ce document est un guide pour l'application des EN 46000 aux dispositifs médicaux non actifs. Il est prévu de le remplacer par un guide pour l'application à la future version de l'ISO 13485.

- **Le système HACCP** *(Hazard Analysis Critical Control Point)*

Il s'agit d'un système d'analyse des dangers, et points critiques pour leur maîtrise imposé par l'Arrêté du 09 mai 1995 aux entreprises du secteur agroalimentaire français. Il définit 7 principes :

1. procéder à une analyse de risques ;
2. déterminer les points critiques pour la maîtrise (CCP) ;
3. fixer le ou les seuil(s) critique(s) ;
4. mettre en place un système de surveillance permettant de maîtriser les CCP ;
5. déterminer les mesures correctives à prendre lorsque la surveillance révèle qu'un CCP donné n'est pas maîtrisé ;
6. appliquer des procédures de vérification afin de confirmer que le système HACCP fonctionne efficacement ;
7. constituer un dossier dans lequel figureront toutes les procédures et tous les relevés concernant ces principes et leur mise en application.

Il existe une interdépendance permanente entre le système de management de la qualité établi selon la norme ISO 9001/2000 (ou ISO 9001ou 2/1994) et le système HACCP existant, qui sert en général de « socle » de mise en place pour le système qualité. En agroalimentaire, le management de la qualité s'apparente de ce fait pour partie au management des risques.

5.1.3 Les référentiels de management environnemental

- **La famille des normes ISO 14000**

Nous avons vu au paragraphe 1.3.1 que le Comité Technique ISO/TC 207 a élaboré les premières normes ISO 14000, publiées en 1996, qui fournissent aux organismes les éléments d'un système de management environnemental. Ces normes étaient en 1996 parmi les premiers référentiels à adopter la structure d'une boucle d'amélioration continue ; ce type de structure a notamment été repris par la spécification OHSAS : 1999 pour la santé et la sécurité au travail (*cf.* § 5.1.4) et par les normes ISO 9000 : 2000.

On se trouve maintenant devant des systèmes de management de la qualité et de l'environnement de même nature, comme le montre la figure 5.2.

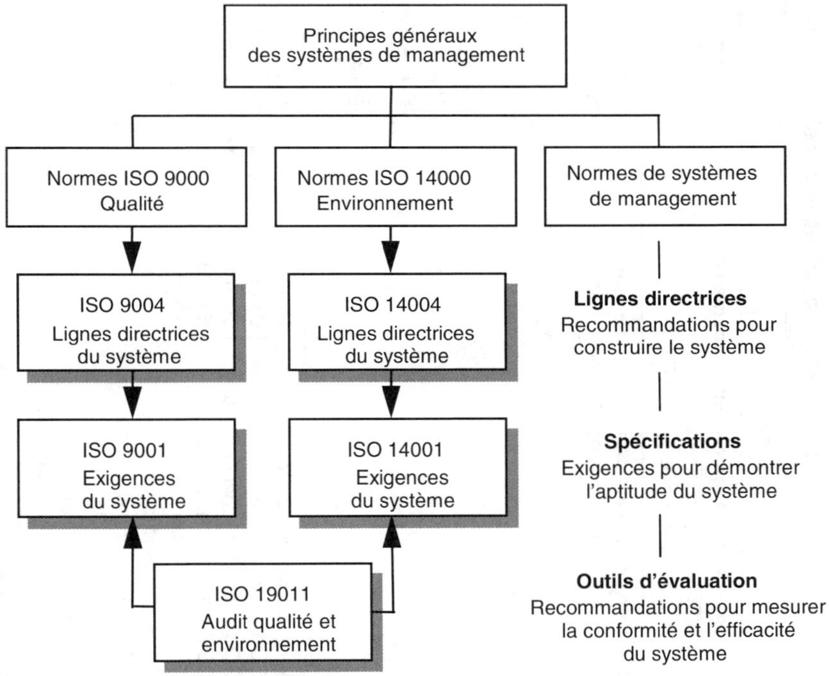

Figure 5.2 L'architecture des normes de systèmes de management qualité et environnement.

Les première normes traitant du système de management environnemental ont été suivies de normes traitant des aspects environnementaux, de l'étiquetage environnemental, de l'analyse du cycle de vie, de l'évaluation des performances environnementales, des termes et définitions…

On trouvera dans le tableau 5.1 la carte des normes ISO 14000.

Tableau 5.1 Carte des normes ISO 14000.

	Organisation		**Produits et services**
Mise en œuvre d'une politique environnementale	**Système de management environnemental** ISO 14004 : Lignes directrices ISO 14005 : Guide pour les PME-PMI		**Aspects environnementaux dans les normes** Guide ISO 64 : Guide pour les rédacteurs de normes
Démonstration	**Système de management environnemental** ISO 14001 : Spécifications et guide d'utilisatioin		**Étiquetage environnemental** ISO 14020 : Principes pour tout étiquetage ISO 14021 : Termes et définitions pour étiquetages autoproclamés ISO 14022 : Symboles pour étiquetages autoproclamés ISO 14023 : Méthodes de vérification pour étiquetages autoproclamés ISO 14 024 : Guide d'élaboration de critères et procédures de validation pour les écolabels ISO 14025 : Guide pour l'étiquetage écologique de type informatif
	Audit environnemental ISO 14010 : Principes génériques ISO 14011 : Procédures d'audit ISO 14012 : Critères de qualification pour les auditeurs ISO 14015 : Audit environnemental de site (projet) ISO 19011 : Audit qualité et environ-nemental	**Évaluation des performances environnementales** ISO 14031 : Lignes directrices	**Analyse du cycle de vie** ISO 14040 : Principes généraux et cadre ISO 14041 : Inventaire du cycle de vie ISO 14042 : Évaluation des impacts du cycle de vie ISO 14043 : Interprétation de l'analyse du cycle de vie
Terminologie ISO 14050 : Termes et définitions			

Comme on peut le voir, les normes ISO 14000 forment un ensemble complexe comprenant, pour la mise en œuvre d'une politique environnementale :

- la norme **ISO 14004**, qui donne les **lignes directrices** pour mettre en oeuvre ou améliorer un système de management environnemental interne ;
- la norme **ISO 14001**, référentiel énonçant des **exigences à respecter** pour démontrer l'efficacité du système, en audits internes ou en audits de certification du système environnemental ;
- les normes **ISO 14010, 14011 et 14012**, qui traitent de la conduite des audits environnementaux et de la qualification des auditeurs, en voie de remplacement par le projet ISO 19011 « Lignes directrices pour l'audit qualité et environnemental ».

- **Le contenu comparé des normes ISO 9000 et ISO 14000**

La satisfaction des parties intéressées

Les normes ISO 9000 visent essentiellement le management de la qualité pour :

- en interne, donner confiance au personnel et aux propriétaires en l'efficacité (ISO 9001) ou l'efficience (ISO 9004) du système de management (assurance de la qualité interne) ;
- en externe, donner confiance au client et aux autres parties intéressées en la satisfaction des exigences pour le produit (assurance de la qualité externe), dans un cadre contractuel ou grâce à une certification du système de management.

Les normes ISO 14000 visent à satisfaire les parties intéressées par l'environnement, notamment la société, selon un principe d'amélioration continue, dans un cadre non contractuel, ce qui n'exclut pas la certification du système de management.

Dans ces conditions, les normes ISO 9000 peuvent s'appliquer à un organisme, ou seulement à une ligne de production, alors que les normes ISO 14000 s'appliquent généralement à un ou plusieurs sites.

Le champ du référentiel

Le référentiel de base en management de l'environnement n'est pas limité à l'application des seules exigences de la norme elle-même, comme c'est le cas en management de la qualité, car la norme ISO 14001 renvoie aux exigences légales et réglementaires en vigueur, qui sont de ce fait constitutives du référentiel.

Le processus et les produits, intentionnels ou non

Les normes ISO 9000 visent la maîtrise des processus pour obtenir un produit intentionnel de qualité conforme aux spécifications.

Les normes ISO 14000 visent la maîtrise des processus pour obtenir des produits de qualité « écologique » tout en minimisant les produits non intentionnels (*cf.* § 4.2.1 et Figure 4.2).

L'audit du système et les résultats

On peut remarquer que la norme ISO 9001 s'intéresse plus à l'efficacité du système de management qu'aux résultats de ce système.

En effet un audit interne ou externe fondé sur la norme ISO 9001 porte sur la « conformité du système aux exigences de la norme », conformité démontrée notamment par la maîtrise des processus et par la documentation correspondante (manuel, procédures...) ; il s'intéresse à la satisfaction des parties intéressées, mais n'évalue pas directement les résultats.

À la différence des normes ISO 9000, les normes ISO 14000 sont orientées systématiquement vers « l'amélioration continue des résultats », car les principes de management sur lesquels elles sont fondées suivent le modèle de la boucle d'amélioration continue (*cf.* § 3.2.2).

Les normes ISO 9000 visent donc à maîtriser l'ensemble des processus en partant du principe que la qualité est une chaîne dont la solidité est égale à celle du maillon le plus faible. Les normes ISO 14000 partent du principe que l'on ne peut pas tout faire à la fois, et qu'il convient donc de centrer les efforts successivement sur les points les plus critiques à améliorer en matière d'impacts environnementaux.

Il en résulte qu'un auditeur qualité interne ou externe peut être un généraliste formé au normes ISO 9000, alors qu'un auditeur environnemental interne ou externe devra être non seulement formé aux normes ISO 14000, mais aussi aux aspects environnementaux sur les plans législatif et réglementaire.

Ces différences peuvent être schématisée suivant la figure 5.3.

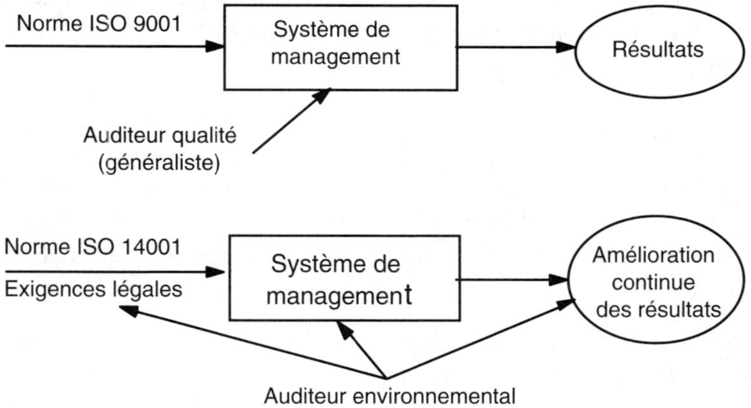

Figure 5.3 Les différences entre les normes ISO 9001 et ISO 14001 pour l'audit du système de management.

La communication

La norme ISO 14001 comprend une exigence spécifique de communication interne et externe. Elle ne va pas jusqu'à la « déclaration environnementale » qui, selon le règlement SMEA (*cf.* § 5.3.2), doit être portée systématiquement à la connaissance du public, puisqu'il suffit d'être prêt à répondre aux demandes de renseignements. Mais cela conduit à une relative transparence vis-à-vis de l'extérieur, et vers une cohérence entre la communication interne et externe, qui représentent parfois un changement de cap important par rapport à une certaine politique confidentielle.

Les référentiels de management de la santé et de la sécurité au travail (S & ST)

- **L'absence de norme internationale en management de la santé et sécurité au travail**

Inclure des exigences de management de la santé et de la sécurité au travail dans une norme ISO comparable aux séries ISO 9000 et ISO 14000, l'idée en avait été avancée dans le cadre des Comités techniques ISO/TCI 176 et ISO/TC 207. Une première consultation internationale a eu lieu à Genève en septembre 1996 avec une réponse négative des membres de l'ISO. Une deuxième consultation en avril 2000, s'est traduite par un vote positif (29 voix sur 52) mais insuffisant, la majorité des 2/3 étant requise pour le lancement des travaux de normalisation.

Par ailleurs, le secrétariat central de l'ISO a décidé de ne pas donner suite à l'offre de l'Organisation Internationale du Travail (OIT) de collaborer à son propre projet.

- **La norme BS 8800**

Compte tenu des demandes nationales du Royaume Uni, le BSI (British Standard Institution), organisme officiel de normalisation britannique, a élaboré un document guide sur les systèmes de management de la santé et de la sécurité au travail.

Le premier document, la norme BS 8750 : 1995, a été revu pour intégrer une double présentation : une première adoptant la structure de l'ISO 9001 : 1994, une deuxième selon la structure de l'ISO 14001 : 1996, l'ensemble constituant la BS 8800 : 1996, ayant pour titre : « Guide des systèmes de management de santé et de sécurité au travail ».

L'avant-propos précise : « Cette publication contient des orientations et des recommandations. Elle ne doit pas être citée comme s'il s'agissait d'une prescription, et ne peut être utilisée à des fins d'homologation ». Certaines entreprises ont cependant demandé et obtenu une certification par tierce partie selon ce référentiel.

- **La spécification OHSAS 18001[1]**

Pour mettre un terme à un début de profusion de référentiels, et répondre à une demande de plusieurs pays et organismes de certification, la branche certification du BSI a décidé de préparer un référentiel harmonisant les pratiques et conçu pour être utilisé à des fins de certification. Elle a donc constitué un groupe comprenant des organismes officiels nationaux ou privés à savoir :

- *National Standards Authority of Ireland* ;
- *South Africa Bureau of Standards* ;
- *British Standard Institution, ou BSI* ;
- *Bureau Veritas Quality International, (BVQI)* ;
- *Det Norske Veritas, (DNV)* ;
- *Lloyds Register Quality International, (LRQA)* ;

1. Pour plus d'informations sur l'OHSAS 18001, il est recommandé de se référer à l'ouvrage AFNOR « Management de la santé et de la sécurité au travail. Connaissance et mise en œuvre de l'OHSAS 18001 ».

- *National Quality Assurance* ;
- *SFS Certification* ;
- *SGS Yarsley International Certification Services* ;
- *Associacion Espanola de Normalizacion Y Certification (AENOR)* ;
- *International Safety Management Organisation Ltd* ;
- *Standards and Industry Research Institute of Malaysia (Quality Assurance Services)* ;
- *International Certification Services.*

Ce groupe a élaboré la série OHSAS 18000 ; l'OHSAS 18001 a été publiée le 15 avril 1999.

Celle ci avait, encore en 2001, le statut de « spécification » et non pas de « norme ». L'OHSAS 18001 n'est pas une norme.

Sa version originale en anglais est publiée par le BSI, organisme officiel de normalisation britannique. C'est l'AFNOR qui assure la diffusion de la traduction française (*cf.* bibliographie).

Même si le choix du chiffre 18001 peut le suggérer, il ne s'agit pas de la norme « ISO 18000 » (toujours inexistante à ce jour) avancée à tort par certaines sources d'information.

L'OHSAS 18001 a été conçue, entre autres, pour pouvoir répondre à des demandes d'entreprises pour la certification par tierce partie. Elle peut également n'être utilisée que pour répondre à des besoins internes de l'entreprise, pour une recherche de progrès par une amélioration permanente, par exemple. Elle permet d'évaluer et de certifier des systèmes de management mis en place volontairement par des organismes ou entreprises. Certaines entreprises ou établissements utilisent cette possibilité. En France, à fin 2001, neuf établissements étaient déjà certifiés selon cette spécification .

La série OHSAS est constituée de :

- **OHSAS 18001 : 1999** « Systèmes de management de la santé et de la sécurité au travail – Spécification » ;
- **OHSAS 18002 : 2000** Système de management de la santé et de la sécurité au travail – Lignes directrices de mise en application de l'OHSAS 18001.

L'OHSAS 18002 a été publiée un an après l'OHSAS 18001 et 10 organisations supplémentaires sont venues s'ajouter aux 13 existantes (*cf.* Introduction, § 6) pour apporter officiellement leur collaboration à sa rédaction, dont :

- L'Association des Normes Japonaises ;
- L'Association de Santé et Sécurité Industrielle Japonaise ;
- L'Institut Japonais de Sécurité des Gaz à Haute Pression ;
- Technofer Ltd ;
- Le Comité de la Productivité et des Normes de Singapour ;
- L'Institut Mexicain de Normalisation et de Certification ;
- L'Institut de Recherche et Technologie Industrielle de Taiwan ;
- TÜV Rheinland / Berlin-Brandenburg.

L'OHSAS 18002 est à l'OHSAS 18001 ce que l'ISO 14004 est à l'ISO 14001, à savoir un guide pour sa compréhension et sa mise en œuvre, auquel l'auditeur sera amené à se rapporter. C'est la raison pour laquelle on trouve, dans les publications de référence de l'OHSAS 18002 (§ 4.2), les guides d'audit qualité ISO 10011 : 1990 et 1991 et environnement ISO 14010, 14011, 14012 : 1996.

- **Comparaison entre l'OHSAS 18001 et la BS 8800**

Comme le montre le tableau 5.2, les deux référentiels OHSAS 18001 et BS 8800 sont de structure très voisine avec des têtes de chapitres identiques ou comparables. Néanmoins, des différences demeurent :

- La BS8800 est plus ancienne (1996 au lieu de 1999). Elle est citée comme document de référence dans la série OHSAS.
- C'est en effet un document qui pourra être utilisé pour la mise en œuvre de l'OHSAS 18001.
- L'OHSAS 18001 est reconnue par un plus grand nombre d'organismes et de pays qui ont participé à son élaboration.
- Elle a été conçue à des fins de certification de système de management par tierce partie, ce qui n'est pas le cas de la BS 8800.
- Le texte de la BS 8800 se présente sous forme de recommandations : « il convient de », « il est bon que », alors que l'OHSAS formule des exigences : « l'organisme doit... ».

On remarquera également que la norme BS 8800 utilise parfois le conditionnel, ce qui la rend impropre à une certification, par exemple :

- « Tous les éléments de ce guide **devraient** être inclus... » (§ 4.01) ;
- « Un point de départ utile **consisterait**... » (§ 4.0.2).

Tableau 5.2 Comparaison entre l'OHSAS 18001 et la BS 8800.

	BS 8800 : 1996 (approche ISO 14001)	**OHSAS 18001 : 1999**
Généralités	– Norme britannique – Lignes directrices et recommandations ; ne doit pas être utilisée à des fins de certification.	– Spécification publiée par le BSI, mais élaborée par un ensemble d'organismes nationaux de normalisation et d'organismes privés de certification. – Spécification s'appuyant sur des documents anglais (dont BS8800), australiens, suédois, irlandais néo- zélandais, espagnols. – Spécification d'évaluation et de certification de système de management – Compatibilité entre ISO 9000 et ISO 14000 pour intégration QSE
Éléments du système de management	4.0 Introduction 4.0.1 Généralités 4.0.2 Passage en revue initial 4.1 Politique S & ST 4.2 Planification 4.2.1 Généralités 4.2.2 Evaluation du risque 4.2.3 Exigences légales et autres 4.2.4 Dispositions à prendre pour le management de la S & ST 4.3 Mise en œuvre et fonctionnement 4.3.1 Structure et responsabilité 4.3.2 Formation, sensibilisation et compétence 4.3.3 Communications 4.3.4 Documentation sur le système de management S & ST 4.3.5 Gestion de la documentation 4.3.6 Maîtrise de la mise en œuvre	4.1 Exigences générales 4.2 Politique S & ST 4.3 Planification 4.3.1 Planification de l'identification des dangers, de l'évaluation et de la maîtrise des risques 4.3.2 Exigences légales et autres exigences 4.3.3 Objectifs 4.3.4 Programme(s) de management de santé et sécurité au travail 4.4 Mise en œuvre et fonctionnement 4.4 1 Structure et responsabilité 4.4.2 Formation, sensibilisation et compétence 4.4.3 Consultation et communication 4.4.4 Documentation 4.4.5 Maîtrise des documents et des données 4.4.6 Maîtrise opérationnelle

Tableau 5.2 Comparaison entre l'OHSAS 18001 et la BS 8800 (suite et fin).

	BS 8800 : 1996 (approche ISO 14001)	OHSAS 18001 : 1999
Éléments du système de management	4.3.7 Préparation et intervention en cas d'urgence 4.4 Vérification et action corrective 4.4.1 Suivi et mesure 4.4.2 Action corrective 4.4.3 Archives 4.4.4 Audit 4.5 Revue de Direction	4.4.7 Etat d'alerte et réponse à une situation d'urgence 4.5 Vérification et action corrective 4.5.1 Mesure et surveillance des performances 4.5.2 Accidents, incidents, non-conformités, actions correctives et actions préventives 4.5.3 Enregistrements et gestion des enregistrements 4.5.4 Audit 4.6 Revue de Direction

- **Le référentiel SIES**

Le SIES (Système international de la sécurité) proposé par DNV (Det Norske Véritas), connu ausssi sous le nom de ISRS (International Safety Rating System), est un système non normatif, qui permet de mesurer et d'améliorer la performance d'une entreprise en matière de management de la santé et de la sécurité au travail.

Le SIES est une méthode américaine créée en 1976. Elle reste jusqu'à présent, d'après ses promoteurs, la méthode la plus largement répandue dans le monde (6000 entreprises utilisatrices). Elle est implantée en France depuis 1986.

Le SIES est conçu pour une application interne sur un site ayant une licence d'utilisation : des auditeurs peuvent être formés à cet effet pour utiliser le SIES à l'intérieur de leur site. Il repose sur des principes de management de la santé et de la sécurité au travail mais aussi des dommages matériels et des atteintes à l'environnement. En cela, il conduit à des améliorations qui débordent le strict domaine de la santé et de la sécurité au travail.

Le référentiel d'évaluation comprend 20 éléments (*cf.* Tableau 5.3). Ils sont divisés en 652 questions correspondant à un total de 12 000 points possibles.

Tableau 5.3 Référentiel SIES.

1	–	*Leadership* et administration du programme
2	–	Formation de l'encadrement
3	–	Inspections planifiées et maintenance
4	–	Analyse des tâches critiques
5	–	Enquêtes sur les accidents et incidents
6	–	Observation des tâches
7	–	Préparation aux situations d'urgence
8	–	Règlements et permis de travail
9	–	Analyse et statistiques des accidents/incidents
10	–	Formation des employés
11	–	Equipements de protection individuelle
12	–	Santé et Hygiène industrielle
13	–	Evaluation des programmes
14	–	Ingéniérie et gestion des modifications
15	–	Communications individuelles
16	–	Réunions d'équipes
17	–	Promotion générale
18	–	Embauche et affectation
19	–	Achat de biens et de services
20	–	Sécurité hors travail

- **Le Référentiel Du Pont de Nemours**

Soutenu par les uns, contesté par les autres, le référentiel Du Pont de Nemours se démarque des référentiels précédents en mettant, de façon privilégiée, l'accent sur la défaillance humaine et les comportements à tous les niveaux, de la direction aux opérateurs.

Les résultats statistiques « accidents du travail » affichés par l'entreprise qui utilise cette méthode sont souvent notoirement inférieurs à ceux de la profession.

Les dix principes fondamentaux qui régissent la démarche figurent dans le tableau 5.4.

Au dires de ceux qui la pratiquent, la méthode est efficace mais exigeante, jugée même parfois intrusive, puisqu'elle peut déborder le cadre du travail pour aller jusqu'à introduire la méthode dans la sphère de la vie privée (Principe N° 9 tableau 5.3). Cependant, la prévention technique n'est pas occultée, comme le montre le principe 3.

Tableau 5.4 Les dix principes sécurité Du Pont de Nemours.

1	–	Toutes les blessures peuvent être évitées .
2	–	La hiérarchie est responsable de la sécurité.
3	–	Les zones à risques doivent être protégées
4	–	Les employés doivent recevoir une formation sécurité et santé.
5	–	Les audits de la direction sont nécessaires.
6	–	Travailler en sécurité est une condition d'emploi.
7	–	La sécurité est bénéfique.
8	–	Les déficiences doivent être rapidement corrigées.
9	–	La sécurité en dehors des heures de travail est aussi importante que durant le heures de travail.
10	–	Les employés sont la clé du succès.

- **Les autres principaux référentiels internationaux**

Le référentiel M.A.S.E. (Manuel d'Assurance Sécurité des Entreprises).

Le système « MASE Etang de Berre » répond aux besoins de plusieurs groupes et sociétés pétrochimiques : ATOFINA, BASELL, BP, EDF, CPT, ESSO, LYONDELL, NAPHTACHIMIE, PAM, le site pétrochimique BERRE, SPSE et TOTALFINAELF.

Ceux ci sont regroupés dans un comité de pilotage « MASE Etang de Berre » qui, selon un protocole de certification MASE Etang de Berre, est susceptible de délivrer, après audit par tierce partie, une certification MASE à une entreprise, ou agence, sous traitante d'une de ces sociétés, qui en fait la demande.

Une des premières étapes pour l'entreprise consiste à établir par ses propres moyens, à mettre en place et faire vivre, son P.A.S.E. (Plan d'Assurance Sécurité des Entreprises), qui formalise sa politique « SHE » (Sécurité, Hygiène, Environnement) en ligne avec les attentes du « MASE étang de Berre », référentiel résumé sur le tableau 5.5.

On retrouve dans ce référentiel des exigences communes à d'autres référentiels de management « S & ST » de type OHSAS 18001, comme l'engagement de la direction, la planification, l'inventaire des risques, l'organisation, la documentation, la formation, la communication.

On trouve aussi des éléments plus spécifiques, notamment l'intégration dans le référentiel d'exigences de respect de l'environnement, l'encadrement des nouveaux embauchés et des intérimaires, la causerie SHE (une procédure systématique « MASE »).

Tableau 5.5 Têtes de chapitres du référentiel MASE.
(Source : ENSPM Formation Industrie)

1 – Engagement des Directions des entreprises
- 1.1 Politique sécurité hygiène environnement
- 1.2 Objectifs et moyens
- 1.3 Organisation
- 1.4 Formation / Habilitation du personnel
- 1.5 Animation/Communication

2 – Compétence et qualification du personnel
- 2.1 Qualification professionnelle
- 2.2 Encadrement des nouveaux embauchés
- 2.3 Encadrement des intérimaires

3 – Préparation et organisation du travail
- 3.1 Planification/Délais
- 3.2 Organisation / Communication / Intendance
- 3.3 Méthodes / Documentation
- 3.4 Gestion administrative des interventions

4 – Mesure des résultats, analyse des écarts, et actions correctives
- 4.1 Inventaire des risques
- 4.2 Causerie HSE
- 4.3 Visites HSE et inspections planifiées
- 4.4 Rapport d'incident, d'accident et de situation dangereuse
- 4.5 Statistiques

5 – Suivi et engagement permanent

- **Le référentiel SCC/VCA**

Le référentiel SCC/VCA (en anglais : SCC « *Safety Checklist Contractors* », et en hollandais VCA « Veiligheids Checklijst Aanemers ») signifie littéralement : « Checklist de sécurité pour les sous traitants ».

Ce référentiel a été développé initialement par l'industrie pétrochimique mais est utilisé maintenant dans d'autres activités.

Il donne lieu, notamment pour les sous traitants de certaines compagnies (ESSO, SHELL, DOW), à certification par tierce partie parfois accréditée (par exemple aux Pays Bas).

Il constitue, d'après ses promoteurs, une des premières étapes pour le « *Risk Management* » et le « Loss Control System », système de maîtrise des pertes (qu'elles soient en qualité, en sécurité ou en environnement), spécialement pour les sous-traitants.

- **Le référentiel OIT**

Après la décision de l'ISO en septembre 1996, de pas commencer des travaux de normalisation en management de la santé et sécurité au travail, l'OIT (Organisation Internationale du Travail – en anglais : ILO : *International Labour Office*) a par contre rédigé en 1998 et 1999 les lignes directrices (*guidelines*) qu'elle préconise pour les systèmes de management de la santé et de la sécurité au travail.

Une réunion de l'OIT tenue à Genève les 19 et 27 avril 2001 a adopté à l'unanimité des différents participants de l'assemblée tripartite (1/3 gouvernements, 1/3 employeurs, 1/3 salariés) ces lignes directrices, intitulées « MEOSH Guidelines 2001 ».

Dans ce document, il est reconnu que l'introduction des systèmes de management de la santé et de la sécurité au travail dans les entreprises aura un impact positif.

La démarche proposée par l'OIT est structurée en trois niveaux :

- Un premier niveau général applicable à chaque État . Celui ci doit définir une politique nationale en matière de management de la santé et de la sécurité au travail (S & ST). Celle ci doit se traduire en particulier :
  - Par la désignation d'institutions compétentes pour établir et promouvoir ces systèmes de management. Ceci doit être fait en concertation avec les structures les plus représentatives des employeurs et des personnels.
  - Par la définition de principes généraux et de procédures qui faciliteront l'intégration des systèmes de management S & ST dans le management global de l'entreprise.

L'ensemble permettra de définir un cadre national pour le dispositif.

- Un deuxième niveau est constitué d'un ensemble de directives générales applicables au niveau national, se traduisant sous forme d'un référentiel ILO de 16 exigences de santé et de sécurité au travail à adapter dans chaque pays par la prise en compte des spécificités nationales.
- Un troisième niveau doit être constitué de directives de prise en compte des spécificités de l'entreprise, notamment sa taille, les types de dangers et les degrés de risques concernés.

Le document est rédigé sous forme de « code de bonnes pratiques » et utilise souvent le conditionnel, ce qui le distingue d'un référentiel de certification. Il ne semble pas, en effet, qu'il soit envisagé à des fins de certification. Sa structure suit la logique d'une démarche d'amélioration continue de type classique

PDCA (Plan, Do, Check, Act), très semblable aux systèmes de management de type ISO, comme par exemple la norme ISO 14001 (*cf.* Tableau 5.6).

Tableau 5.6 Tableau comparatif des chapitres du référentiel OIT et de la norme ISO 14001.

MEOSH Guidelines 2001 (OIT)	ISO 14001 : 1996
1 – Politique 2 – Organisation 3 – Planification et suivi 4 – Evaluation 5 – Action pour l'amélioration	4.2 – Politique 4.3 – Planification 4.4 – Mise en œuvre et fonctionnement 4.5 – Contrôle et action corrective 4.6 – Revue de direction

Si on compare le référentiel OIT à l'OHSAS 18001, on constate (*cf.* tableau 5.7), que la plupart des sujets sont communs avec ceux traités dans les chapîtres du référentiel OIT :

- Politique S & ST ;
- Responsabilité ;
- Formation et compétence ;
- Documentation et gestion documentaire S & ST ;
- Maîtrise et prévention des risques ;
- Situation d'urgence ;
- Surveillance et mesure des performances ;
- Accidents et incidents ;
- Audit ;
- Revue de direction.

Enfin, une des principales différences entre ces deux référentiels de management de la santé et sécurité au travail : dans le référentiel OIT, l'accent est mis de façon plus évidente sur la nécessité de concertation fréquente avec les structures représentatives du personnel. La participation du personnel y fait l'objet d'un paragraphe spécifique, insistant sur la nécessité pour l'employeur :

- de s'assurer que celui-ci dispose en matière de santé et sécurité au travail d'une disponibilité et de moyens suffisants, de formation et d'information ;
- de consulter le personnel.

Les exigences s'appliquent à une organisation dont la définition, dans le glossaire, est très large, pouvant aller du groupe industriel au poste de travail.

Tableau 5.7 Tableau de comparaison des référentiels de management de la santé et sécurité du travail de l'OIT et l'OHSAS 18001.

MEOSH Guidelines 2001 (OIT)	Référentiel OHSAS 18001
1 – Politique S & ST Politique S & ST Participation du travailleur **2 – Organisation** Responsabilité morale et matérielle Compétence et formation Système documentaire management S & ST Communication **3 – Planification et suivi** Revue initiale Planification,développement et suivi du système Objectifs S & ST Prévention des risques Prévention en cas d'urgence **4 – Evaluation** Surveillance et mesure de performance Analyse des incidents, accidents et maladies liés au travail et impact de performance S & ST Audit Revue de Direction **5 – Action pour l'amélioration** Action préventive et corrective Amélioration continue	**4.2 – Politique S & ST** 4.2 Politique S & ST **4.4 – Mise en œuvre et fonctionnement** 4.4.1 Structure et responsabilité 4.4.2 Formation, sensibilisation et compétence 4.4.4 et 4.4.5 Documentation et maîtrise des documents. 4.4.3 Consultation et Communication **4.3 – Planification** 4.3.1 Planification évaluation/maîtrise des risques 4.4.6 Maîtrise opérationnelle 4.4.7 Etat d'alerte et situation d'urgence 4.3.2 Exigences légales et autres exigences **4.5 – Vérification et action corrective** 4.5.1 Mesure et surveillance des performances 4.5.2 Accidents, incidents, non conformités actions correctives et préventives 4.5.3 Enregistrements 4.5.4 Audit **4.6 – Revue de Direction**

- **Les référentiels spécifiques aux PME**

Au delà des référentiels précédents, il existe des initiatives spécifiques locales pour aider à mettre en place un système de management S & ST adapté à des petites structures de PME, voire de TPE (très petite entreprise).

En voici un exemple pour illustrer cette démarche.

Exemple de référentiel pour des PME de l'activité bois

Une action collective a été menée en Aquitaine entre 1996 et 2001 en partenariat entre le groupement syndical des fabricants de parquets et lambris en pin maritime, des PME de cette activité et la CRAM Aquitaine, Service Prévention des risques professionnels.

Compte tenu de l'absence de culture « système de management » de la majorité de la profession, que ce soit qualité, sécurité ou environnement, il a été retenu le principe de définir en commun un référentiel de management S & ST moins ambitieux que les référentiels courants, mais respectant la démarche PDCA.

L'objectif était de prendre le respect de ce référentiel comme premier objectif, avant de le compléter, plus tard, par d'autres exigences plus ambitieuses en matière de S & ST.

L'atteinte de cet objectif permettait à l'entreprise de comprendre et de s'approprier la démarche « système de progrès » jusqu'à l'exécution d'un audit, avant de l'utiliser de façon autonome pour d'autres progrès.

Le référentiel retenu, appelé R3, est reproduit sur le tableau 5.8.

Tableau 5.8 Exemple de référentiel S & ST de PME du bois.

Thème	Exigence
1 Responsabilité de la direction	1.1 – L'établissement a une politique de sécurité écrite. 1.2 – L'établissement a un plan de sécurité annuel. 1.3 – Il existe un organigramme sécurité. 1.4 – La fonction sécurité – prévention est définie. 1.5 – Il existe une réunion d'examen du bilan de sécurité annuel.
2 Système sécurité	2.1 – Il existe une méthode d'analyse des risques. 2.2 – Des indicateurs de sécurité sont définis.
3 Formation Information Communication	3.1 – Il existe une procédure d'accueil.
4 Actions Correctives	4.1 – Les situations à risques identifiés sont traitées.
5 Production Maintenance	5.1 – Les risques liés au procédé sont analysés.

Tableau 5.8 Exemple de référentiel S & ST de PME du bois (suite et fin).

Thème	Exigence
6 **Achats**	6.1 – Dans la procédure d'achats, la sécurité est intégrée.
7 **Circulation** **Manutention** **Stockage-transport**	7.1 – Les risques liés à la circulation, à la manutention, au stockage, au transport, sont analysés.
8 **Contrôles**	8.1 – Il existe un planning et un registre des contrôles de sécurité.
9 **Maitrîse des situations d'urgence**	9.1 – Il existe un recueil « en cas d'urgence ». 9.2 – Il existe un matériel d'urgence opérationnel. 9.3 – Il existe au moins une personne SST, en permanence.
10 **Situations** **Accidentelles** **Maladies**	10.1 – Tous les accidents et maladies professionnelles font l'objet d'un enregistrement.
11 **Santé au travail**	11.1 – L'établissement fait appel à un médecin du travail.

La conformité à ce référentiel R3 est établie par audit(s) interne(s). Une fois cette conformié établie de façon stable, l'entreprise peut se définir des objectifs de référentiels R2 incluant de nouvelles exigences en santé et sécurité au travail, librement choisies. Elle se rapproche ainsi progressivement et à son rythme d'un référentiel plus exhaustif (R1 ou OHSAS 18001 par exemple).

Exemple de référentiel simplifié pour très petites entreprises

La démarche d'amélioration continue en management de la santé et sécurité au travail n'est pas accessible qu'aux grandes entreprises : les TPE (très petites entreprises – de moins de vingt personnes) peuvent également y prétendre !

Parce qu'une toute petite structure ne peut pas envisager de mettre en place une structure documentaire complexe, les Chambres des métiers d'Aquitaine et la Caisse Régionale d'Assurance Maladie d'Aquitaine (service prévention) ont imaginé de concevoir un document support unique (un registre, en quelque sorte) qui aide l'entreprise en la guidant dans sa gestion quotidienne de la sécurité. Peu épais, le document remplace l'ensemble de la structure documentaire classique (manuel, procédures et instructions, enregistrements,...), ce qui allège la tâche documentaire. Il suit la logique PDCA depuis un diagnostic initial sous forme de réflexion à partir d'un plan de situation, d'une politique santé et sécurité au travail, d'une analyse des risques et de la planification d'un programme d'actions jusqu'à la revue de direction qui pourra ouvrir sur de nouveaux objectifs.

Les têtes de chapitre du référentiel retenu figurent dans le tableau 5.9.

Tableau 5.9 Exemple de référentiel SMS de TPE.
(Source : Chambre Régionale des Métiers d'Aquitaine)

Référentiel TPE (Très petite entreprise)
1 – Plan de situation
2 – Politique et organisation sécurité
3 – Information, formation
4 – Inventaire des situations dangereuses
5 – Programme de traitement des risques de situations dangereuses
6 – Equipements de protection individuelle
7 – Contrôles réglementaires
8 – Médecine du travail
9 – Achats
10 – Tableau de bord santé et sécurité au travail
11 – Bilan de sécurité annuel

- **La Directive SEVESO II**

La Directive SEVESO II impose aux entreprises ICPE (installations classées pour la protection de l'environnement), classées « seuil haut AS » (avec servitude) de mettre en place un système de gestion de la sécurité (« SGS »), pour les risques majeurs.

On remarquera sur la figure 5.4 que les exigences du SGS peuvent, comme pour l'ISO 14001 ou l'OHSAS 18001, être décrites selon une boucle PDCA.

On constate qu'une grande partie des établissements soumis à ces obligations vont au delà de l'application de ce système et ont engagé des démarches de management intégré qualité, sécurité, environnement.

Une partie importante de ces entreprises appartient à l'activité de la Chimie, dont la structure professionnelle, l'UIC (Union des Industries Chimiques) a rédigé un engagement de progrès introduisant une responsabilité (« responsible care ») visant une politique qualité, sécurité, environnement.

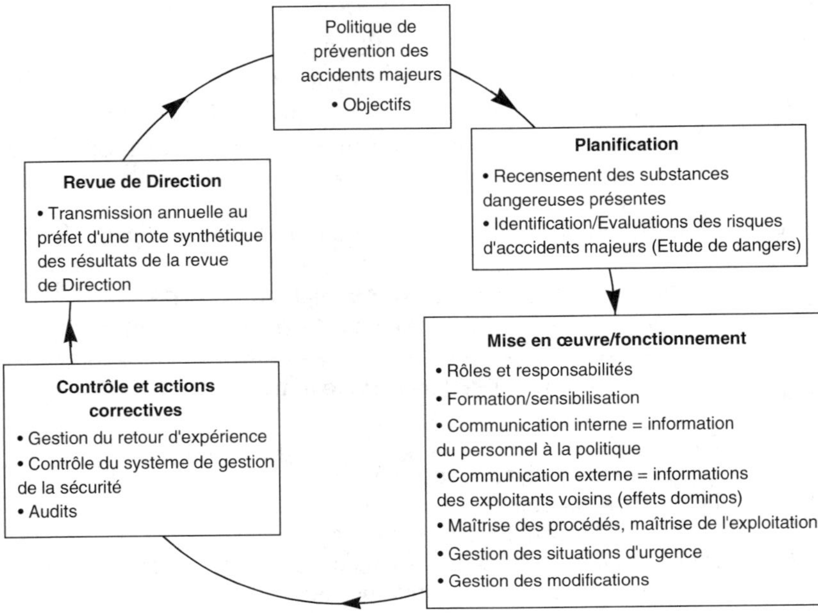

Figure 5.4 Structure d'un système de gestion de la sécurité Séveso II.
(Source : Michel Jonquières – Le manuel de management environnemental)

5.1.4 Les référentiels communs qualité, sécurité, environnement

Si la majorité des référentiels sont, à ce jour, spécifiques d'un domaine, que ce soit la qualité, la sécurité ou l'environnement, on voit parfois des référentiels uniques pour les trois domaines.

Certaines entreprises adoptent une démarche de management global visant un progrès dans les trois domaines et construisent un référentiel intégré sans partir d'un référentiel normatif.

Un référentiel d'autoévaluation de type TQM peut très bien convenir… En somme, on peut se constituer son propre référentiel ou partir d'un référentiel intégré existant, comme par exemple celui du référentiel norvégien suivant.

Le référentiel de management intégré QSE norvégien NSF – 08.27.96

Le tableau 5.10 présente le sommaire d'une proposition norvégienne (NSF – 08.27.96) présentée à l'ISO : « Principes de management pour l'accroissement de la qualité des produits et services, la santé et la sécurité au travail et l'environnement ».

Tableau 5.10 Sommaire de la proposition norvégienne présentée à l'ISO.

MANAGEMENT PRINCIPLES FOR ENHANCING QUALITY OF PRODUCTS AND SERVICES, OCCUPATIONAL HEALTH & SAFETY, AND ENVIRONMENT		PRINCIPES DE MANAGEMENT POUR L'ACCROISSEMENT DE LA QUALITÉ DES PRODUITS ET SERVICES , LA LA SANTÉ ET LA SÉCURITÉ DU TRAVAIL, ET L'ENVIRONNEMENT
INTRODUCTION		**INTRODUCTION**
1	**SCOPE**	**OBJET**
2	**NORMATIVE REFERENCES**	**REFERENCES NORMATIVES**
3	**DEFINITIONS**	**DÉFINITIONS**
4	**MANAGEMENT SYSTEM**	**SYSTÈME DE MANAGEMENT**
4.0	**General**	**Généralités**
4.1	**External requirements**	**Exigences externes**
4.1.1	Stake holder needs	Besoins des parties prenantes
4.1.2	Legal requirements	Exigences légales
4.2	**Management responsibility**	**Responsabilités de la direction**
4.2.1	Leadership and commitment	Leadership et engagement
4.2.2	Policy and objectives	Politique et objectifs
4.2.3	Review and monitoring	Revue et pilotage
4.3	**Management and system structure**	**Management et structure du système**
4.3.1	Organisation	Organisation
4.3.2	System documentation	Système documentaire
4.4	**Communicatio**n	**Communication**
4.4.1	Internal	Interne
4.4.2	External	Externe
4.5	**Planning**	**Planification**
4.5.1	Human resources managemen	Management des ressources humaines
4.5.2	Establishing targets	Définition des cibles
4.5.3	Management programme	Programme de management
4.5.4	Management of change	Gestion des modifications
4.5.5	Loss prevention	Prévention des pertes
4.5.6	Contingency and emergency preparadness	Préparation aux situations d'urgence
4.6	**Operational and functional management**	**Management opérationnel et fonctionnel**
4.6.1	Marketing	Marketing
4.6.2	Development	Developpement
4.6.3	Procurement	Approvisionnements
4.6.4	Processing	Réalisation
4.7	**Measuring and evaluation**	**Mesurage et évaluation**
4.7.1	Process performance	Performances
4.7.2	Evaluation	Évaluation
4.7.3	Assessment ; audit and review	Audits et revue
4.7.4	Record and retention time	Enregistrements et archivage
4.8	**Improvement**	**Amélioration**
4.8.1	Non-conformance handling	Traitement des non-conformités
4.8.2	Preventive and corrective action	Action préventive et corrective
4.8.3	Improvement	Amélioration
Annex	A Quality management issues	Annexe A Management de la qualité
Annex	B Occupational health & safety management issues	Annexe B Santé et sécurité du travail
Annex	C Environmental management issues	Annexe C Management environnemental

- **Le référentiel de management unique HSEQ de DNV**

C'est un référentiel non normatif qui, comme les SIEQ, SIES, SIEE, peut servir de guide et d'outil d'évaluation et d'outil d'évaluation pour quantifier les efforts et résultats du management. Il intègre l'hygiène (H), la sécurité (S), l'environnement (E) et la qualité (Q) dans l'esprit du système DNV intitulé « Loss Control Management », visant à minimiser les pertes de toutes origines et concernant toutes les parties intéressées.

5.1.5 Les référentiels de management social

Ce qui aurait été considéré comme une gageure il y a une dizaine d'années est maintenant une réalité. La première spécification sociale SA 8000 publiée en 1997 bénéficie, elle aussi, de l'effet ISO 9000. Développement durable oblige (*cf.* § 12.2). Les organismes recherchent par tous les moyens des méthodes et des guides pour affirmer leur engagement et prouver leur bonne foi en matière sociale. La spécification SA 8000 mise au point par *Social Accountability International* (SAI) et récemment révisée par le *Center For Responsability* in Business, s'intéresse au respect des droits de l'homme dans l'entreprise, ainsi que chez ses sous-traitants et fournisseurs. Concrètement, il s'agit pour les entreprises qui acceptent de prendre en compte les exigences de cette norme auditable par tierce partie accréditée par la SAI, d'améliorer en continu les conditions de travail au sens large.

- **La responsabilité sociale**

Le concept de « responsabilité sociale des entreprises », qui est sous-jacent dans la SA 8000, est fondé sur l'existence présumée d'un contrat implicite entre l'entreprise et la Société selon lequel l'entreprise a des obligations envers la Société qui a le droit de la contrôler. Selon ce principe l'entreprise n'est pas évaluée uniquement en fonction de ses résultats économiques et financiers ; elle doit aussi répondre à certaines exigences sociales telles que le respect des droits fondamentaux de l'homme au travail et des intérêts collectifs de la société où elle se trouve. Nous retrouvons ici une grande part du volet social du « développement durable ». Ainsi le concept de responsabilité sociale renvoie à une exigence d'éthique qui ne se limite pas à la stricte application par une entreprise de ses obligations légales. Tous les aspects de la responsabilité sociale ne sont pas abordés dans la SA 8000 ; en fait, les exigences concernent essentiellement les conditions de travail et les droits des travailleurs.

- **Les origines de la normalisation sociale**

La SA 8000 s'inspire des Conventions Internationales de l'OIT (*cf.* Tableau 5.11) et des normes de la famille des ISO 9000. L'émergence de la SA 8000 survient à un moment où la mondialisation accentue l'exigence d'une protection sociale des travailleurs, partout où ils se trouvent, selon des normes internationalement reconnues. En somme la SA 8000 constitue une réponse à un déficit de régulation sociale internationale et à une exigence accrue d'encadrement social de la mondialisation, exigence partagée entre les gouvernements, les syndicats et les consommateurs.

En fait, la SA 8000 conforte la position de tous ceux qui cherchent à réduire les effets négatifs de la mondialisation pour lui donner un visage plus humain. Dans ce contexte, la libéralisation totale du commerce mondial et la liberté d'accès aux marchés telles que prévus par les accords de commerce multilatéraux dans les cinq prochaines années, ouvrent de nouvelles opportunités pour l'audit social de certification des entreprises.

Tableau 5.11 Les engagements des entreprises qui adhèrent à la SA 8000.

Engagement : a) à se conformer à la législation nationale et à leurs obligations contractuelles. b) à respecter les principes des instruments internationaux suivants : – Convention Internationale du Travail n° 29 et 105 (Travail forcé) – " " " n° 87 (Liberté Syndicale) – " " " n° 100 et 111 (Egalité des rémunérations entre hommes et femmes) et non discrimination en matière d'emplois et de professions). – " " " n° 135 (Représentation des travailleurs) – " " " n° 138 (Âge minimum au travail) – " " " n° 155 (Santé et Sécurité au Travail) – " " " n° 159 (Réhabilitation professionnelle et emploi des personnes handicapées). – " " " n° 177 (Travail à domicile). – Déclaration Universelle des droits de l'homme – Convention Internationale relative aux droits de l'enfant.	c) à se conformer aux exigences spécifiques de la norme, qui sont détaillés dans neuf critères : – main d'œuvre infantile, – main d'œuvre forcée, – santé et sécurité, – liberté syndicale et négociations collectives, – discrimination, – pratiques disciplinaires, – heures de Travail, – rémunération et système de management.

L'importance et le caractère universel de l'enjeu social pousse actuellement l'ISO à étudier la possibilité d'élaborer d'autres normes traitant de la responsabilité sociale des entreprises. Outre la SA 8000, les documents guides qui servent de référence aux travaux en cours sont :

– La SI 10000, projet de norme israélienne relative à la responsabilité sociale et à l'engagement face à la collectivité.
– Les lignes directrices de la « *Sustainability Reporting Guidelines* » de la « Global Reporting Initiative » qui présentent une méthode selon laquelle les organisations peuvent rendre compte de la dimension économique, environnementale et sociale de leurs activités.
– Les éléments du document AA 100 de l'*Institute of Social and Ethical Accountability*, qui visent à améliorer l'approche sociale et éthique de la comptabilité, de l'audit et du marketing après vente.

• **L'audit et la reconnaissance sociale**

La mise en œuvre de la SA 8000 s'appuie sur l'audit social, qui est destiné à prévenir les risques de la gestion sociale de l'entreprise. L'audit sert également à garantir la responsabilité sociale et la qualité sociale du management d'une entreprise. Comme pour la qualité, la sécurité et l'environnement, la certification sociale indépendante atteste de la conformité des pratiques avec les règles dont la source est de moins en moins l'autorité contraignante des lois sociales et des Conventions Collectives, et de plus en plus le pouvoir régulateur du marché et l'influence croissante des consommateurs et de la Société civile. Il est fort probable que le label social issu de la certification SA 8000 ou similaire va constituer dans les prochaines années une nouvelle référence exigée pour l'excellence.

5.2 Les zones de recouvrement des référentiels

Ce qui caractérise le plus les référentiels de systèmes de management, c'est leur caractère générique. Autant les versions 87 et 94 de l'ISO 9001-2-3 semblaient avoir été plus particulièrement conçues pour le secteur industriel, autant la version 2000 de l'ISO 9001 et avant elle l'ISO 14001 : 96 et l'OHSAS 18001 : 99, sont rédigées de manière à pourvoir être utilisées par les organismes, quelles que soient leur secteur d'activité.

Les zones de recouvrement des référentiels QSE sont nombreuses (*cf.* Tableau 5.12). De plus, le recouvrement est facilité du fait de l'alignement des trois normes QSE autour d'une structuration identique en 4 sections (PDCA).

Il faut cependant faire attention, dans la construction des éléments d'un système de management intégré, au fait qu'une exigence similaire pour les trois référentiels devra obligatoirement appeler trois réponses distinctes (exemples : la définition de la politique, l'écoute des parties intéressées, l'analyse des dangers). En revanche, les éléments du système de management de l'entreprise (exemples : les modalités d'organisation et de gestion des actions correctives ou de la structure documentaire, l'organisation des audits internes...) pourront être partagés. À la fin de la publication de chacun des référentiels ISO 9001 : 2000, OHSAS 18001 et ISO 14001, un tableau comparatif des têtes de chapitres des référentiels est publié. Le lecteur pourra ainsi constater la grande cohérence et la logique dans la construction de ces référentiels structurés identiquement de façon à permettre l'amélioration en continue du système de management.

Tableau 5.12 Les zones de recouvrement des référentiels QSE.

Référentiel	ISO 9001 : 2000	OHSAS 18001 : 1999	ISO 14001 : 1996
Planifier	5.3 Politique qualité 5.4 Planification des objectifs qualité	4.2 Politique S & ST 4.3 Planification des objectifs S & ST	4.2 Politique environnement 4.3 Planification des objectifs en environnement
Faire	7 Réalisation du produit	4.4 Mise en œuvre et fonctionnement	4.4 Mise en œuvre et fonctionnement
Vérifier	8 Mesures, analyse et amélioration	4.5 Vérification et action corrective	4.5 Contrôle et action corrective
Réagir	5.6 Revue de direction	4.6 Revue de direction	4.6 Revue de direction

5.3 Les démarches de reconnaissance pour la qualité

C'est en premier lieu dans le domaine de la qualité – bien avant la parution des normes ISO 9000 – que des entreprises, dans un environnement de concurrence internationale, ont cherché à gagner la confiance de leur clientèle par une reconnaissance de leur aptitude à satisfaire à leurs exigences.

5.3.1 La certification pour la qualité

La certification est une « procédure par laquelle une tierce partie donne une assurance écrite qu'un produit, un processus ou un service est conforme aux exigences spécifiées » (ISO/CEI Guide 2). Elle est fondée sur l'audit conduit par un organisme impartial reconnu – la tierce partie – en application d'un référentiel normatif (spécifiant des exigences).

La certification volontaire est un service marchand, soumis à la loi de l'offre et de la demande. Les organismes certificateurs doivent donc faire valoir l'intérêt de leur prestation, et dans ce but ils doivent se rendre crédibles par leur compétence et leur impartialité; cette compétence et cette impartialité peuvent être appréciées par un organisme accréditeur tel que, en France, le COFRAC (Comité Français d'Accréditation), sur la base de la série des normes européennes EN 45000. Mais ces organismes doivent aussi se faire accepter par leurs clients en n'alourdissant pas outre mesure les coûts de la certification.

Plusieurs raisons ont poussé au développement de la certification, d'abord dans le domaine de la qualité et de la sécurité du produit, et plus récemment dans celui de l'environnement et de la santé et sécurité au travail :

- apporter la preuve objective que le produit proposé ou l'entreprise présente effectivement des caractéristiques et des performances définies dans le référentiel concerné ;
- assurer une cohérence entre les pratiques commerciales et les contraintes réglementaires dans les domaines de la qualité, de la sécurité des produits, de la santé, de la sécurité au travail et de la protection de l'environnement ;
- éviter les contrôles superflus et alléger les audits des donneurs d'ordre en réduisant leur nombre et leur ampleur chez un même fournisseur.

- **La certification des produits et services**

L'intérêt de la certification de produit

De l'essai de prototype au contrôle à 100 % des produits livrés, il existe de nombreuses manières de vérifier la qualité d'un produit, et de donner confiance au client sur ce point. La certification volontaire de produit en est une. Dans tous les pays industrialisés, elle s'est largement développée : elle permet de donner confiance à l'acheteur, qui s'appuie sur le jugement d'un organisme qu'il estime compétent, notamment s'il est accrédité sur la base de la norme européenne EN 45011.

En France, la marque NF, propriété exclusive de l'AFNOR, atteste qu'un produit ou un service est conforme aux normes françaises, européennes ou internationales qui le concernent. Elle comprend quatre marques déposées : NF, NF Environnement, NF Agroalimentaire, NF Service.

Pour des applications couvrant des produits tombant dans le champ d'une directive européenne de type « Nouvelle Approche », et respectant les exigences réglementaires de sécurité du marquage CE, les entreprises titulaires de la marque NF peuvent, sans démarche supplémentaire, apposer ce marquage sur leurs produits concernés.

Le référentiel de certification de produit

Il peut s'agir selon les cas d'une ou de plusieurs normes de spécifications existantes, ou d'un règlement technique développé en accord entre l'entreprise et l'organisme de certification. Le décret du 30 mars 1995 détermine les obligations des certificateurs en ce qui concerne l'établissement et la validation des référentiels. Les contrôles qui sont effectués pour assurer la permanence de la conformité à ces référentiels s'appuient de plus en plus sur les normes ISO 9000.

Les limites de la certification de produit

La certification de produit n'est pas suffisante pour donner confiance en la qualité. En effet, le fait qu'une entreprise ait pu se conformer jusqu'à présent à des exigences ne prouve pas qu'elle va les respecter dans le futur. La certification de son système de management de la qualité selon la norme ISO 9001 : 2000 peut s'ajouter à celle de son produit et de plus en plus d'entreprises sont attirées par la double démarche, car la confiance apportée au client est plus complète : il y a confiance sur la conformité au référentiel technique et confiance sur la permanence du processus de production, du fait de la qualité de l'organisation.

La certification des systèmes de management de la qualité

La certification du système de management d'un organisme s'est développée dans les pays industrialisés, car elle répond à la fois à un objectif de confiance pour l'acheteur et d'autres parties intéressées et à un objectif de notoriété commerciale pour le fournisseur. La norme EN 45012 est le référentiel que doit appliquer l'organisme de certification pour être accrédité. Les audits étaient pour la plupart conduits sur la base des normes ISO 9001, 9002 ou 9003 (1994) et le seront désormais suivant l'ISO 9001 : 2000. Les certifications sont délivrées par différents organismes de certification. La norme

EN 45012 exige que ces audits soient conduits en application de la norme ISO 10011-1 par des auditeurs satisfaisant aux exigences de la norme ISO 10011-2. Ces deux normes sont en voie d'être remplacées par la norme ISO 19011 encore en projet « Lignes directrices pour l'audit qualité et environnemental ».

Il faut noter que certaines entreprises clientes demandent que leurs fournisseurs soient certifiés sur la base d'un référentiel plus exigeant que celui de la norme ISO 9001. C'est le cas par exemple des constructeurs automobiles qui imposent aux équipementiers le référentiel EAQF (Évaluation d'Aptitude Qualité Fournisseurs), ou QS 9000 (aux États-Unis...), en voie de remplacement par l'ISO/TS 16949 qui sera exigé par la plupart des constructeurs mondiaux (*cf.* § 5.1.2). Ces référentiels ajoutent des exigences spécifiques aux exigences de l'ISO 9001. Plusieurs organismes de certification délivrent dans les pays concernés ce type de certification.

- **La certification du personnel**

Cette certification atteste de la compétence du personnel dans les activités exigeant une qualification reconnue. C'est notamment le cas des auditeurs qualité, qui doivent par exemple être certifiés ICA (Institut de Qualification des Auditeurs) ou IRCA (*International registrer of Certification Auditors*), pour conduire des audits de certification. La certification des auditeurs qualité est conduite selon les exigences de la norme européenne EN 45013.

- **L'accréditation**

L'accréditation est une « procédure par laquelle un organisme faisant autorité reconnaît formellement qu'un organisme ou un individu est compétent pour effectuer des tâches spécifiques » (ISO/CEI Guide 2).

Pour obtenir la reconnaissance, tant au niveau national qu'international, des essais, des étalonnages, des inspections et des certifications, la France a mis en place, en juin1994, un système unique et complet d'accréditation : le COFRAC (Comité Français d'Accréditation).

Plusieurs normes d'accréditation sont appliquées selon le type d'organisme, à savoir :
- la norme ISO/CEI 17025 pour les laboratoires ;
- la norme EN 45004 pour les organismes d'inspection ;

- le guide ISO/CEI n°65 (ou la norme EN 45011) pour les organismes certificateurs de produits et services ;
- le guide ISO/CEI n°62 (ou la norme EN 45012) pour les organismes certificateurs de systèmes de management de la qualité ;
- le guide ISO/CEI n°66 pour les organismes certificateurs de systèmes de management environnemental ;
- la norme EN 45013 pour les organismes certificateurs de personnes.

5.3.2 Les prix qualité et les systèmes divers d'évaluation

Alors que la certification du système de management de la qualité d'un organisme repose sur un référentiel normatif tel que les normes ISO 9000, les autres types de reconnaissance à la disposition des entreprises reposent pour la plupart sur des référentiels qui expriment – de préférence à des exigences – des critères d'évaluation de la compétitivité ou de l'excellence, de type « management total de la qualité » (TQM) (*cf.* § 1.1.3). Ces systèmes mettent l'accent sur :

- l'engagement stratégique de la direction ;
- les aspects humains (communication avec le client, motivation et mobilisation des ressources humaines...)
- l'amélioration continue et l'évaluation des performances (satisfaction des clients...).

La plupart des entreprises qui visent une reconnaissance de type TQM ont commencé par obtenir une certification ISO 9000. On constate avec l'expérience que les démarche de certification ISO 9000 et de management total de la qualité sont complémentaires : l'une est le prolongement de l'autre, mais malgré cela, certaines entreprises ayant obtenu un prix qualité présentent des faiblesses dans la maîtrise des processus – de conception par exemple – par rapport aux exigences de l'ISO 9001.

On remarquera enfin que la reconnaissance en matière de management total de la qualité va aussi devenir complémentaire avec celle de la reconnaissance en matière d'environnement (§ 5.6), car ce management total implique déjà la prise en compte de la satisfaction de toutes les parties intéressées, dont la société dans son ensemble (prise en compte de la protection de l'environnement) et le personnel (prise en compte des aspects humains liés à la prévention des défaillances).

- **Les prix qualité**

Les plus connus en France sont, par ordre de prestige :

– le prix Deming, créé au Japon en 1951 ;

– le prix Malcolm Baldrige, créé aux États-Unis en 1987 ;

– le Prix Européen de la Qualité créé par l'EFQM en 1992 ;

– le Prix Français de la Qualité (PFQ), créé par le MFQ (Mouvement Français pour la Qualité) et le Ministère de l'Industrie.

Pour plus de précisions concernant les prix qualité, le lecteur pourra consulter l'ouvrage : « Les référentiels qualité – La voie de l'excellence » (*cf.* Bibliographie).

- **Les divers systèmes d'évaluation**

Parallèlement aux prix qualité, il existe d'autres systèmes d'évaluation en matière de management de la qualité. Ce sont souvent des systèmes qui permettent aussi :

– soit une autoévaluation, c'est-à-dire une évaluation par des personnes internes à l'entreprise ;

– soit une évaluation par tierce partie, c'est-à-dire par les évaluateurs d'un organisme spécialisé.

On peut citer par exemple :

- les référentiels d'autoévaluation proposés par l'Institut Qualité et Management (IQM : Institut du MFQ) qui permettent de se mesurer par rapport au Prix EFQM (adapté aux entreprises de plus de 500 personnes) ou par rapport au Prix Français (utilisable aussi bien par les PME que par les grands groupes) ;
- le Système International d'Évaluation de la Qualité (SIEQ) de Det Norske Veritas (DNV). C'est un système de mesure de la performance du management de la qualité qui couvre notamment les normes ISO 9000, les prix Malcom Baldrige et EFQM. Il peut être utilisé, après formation, pour des autoévaluations ou pour une évaluation par tierce partie.

5.4 Les démarches de reconnaissance pour l'environnement

Comme pour la qualité, il existe, pour l'environnement, plusieurs types de reconnaissances possibles de l'aptitude d'une entreprise :

- la certification écologique de ses produits ;
- la certification de son système de management environnemental ;
- l'obtention d'un prix ou la démonstration d'un certain niveau atteint dans un système d'évaluation reconnu.

Mais pour l'environnement, il existe en plus des méthodes spécifiques d'évaluation telles que l'analyse du cycle de vie d'un produit et, pour la reconnaissance, l'engagement à appliquer le règlement communautaire SMEA.

5.4.1 La certification pour l'environnement

Les principes de la certification par tierce partie pour l'environnement sont les mêmes que pour la qualité (§ 5.4.1). Les organismes de certification peuvent être les mêmes, selon les types de certification, et leur compétence et leur impartialité peuvent aussi être appréciées par le COFRAC sur la base des normes EN 45000.

- **La certification écologique des produits**

Comme pour la qualité, la certification a commencé dans le domaine des produits pour répondre aux exigences de certaines catégories de consommateurs en ce qui concerne la qualité écologique des produits qu'ils achètent. Ces exigences ont été exprimées par des associations et définies par le législateur. Les compétences et les moyens nécessaires pour évaluer cette qualité écologique ont conduit au développement de dispositions analogues à celles de la certification pour la qualité.

L'intérêt de la certification écologique des produits est d'apposer sur le produit une marque bien visible, un label, permettant de garantir à l'acheteur le respect de certaines exigences bien définies, de type écologique.

La marque NF Environnement

Cette marque est destinée à certifier que les produits sur lesquels elle est apposée présentent un impact moindre sur l'environnement et une qualité d'aptitude à l'usage au moins équivalente à celle d'autres produits analogues présents sur le marché. Elle concerne à la fois le produit et son emballage. Elle atteste la conformité des produits aux exigences précisées dans les règlements techniques. À chaque catégorie de produits correspond un règlement technique.

Elle est décernée après examen du produit selon une grille d'études qui comprend dix rubriques :
- Énergie ;
- Matières premières ;
- Émissions / rejets ;
- Déchets ;
- Risques d'accidents ;
- Nuisances ;
- Durabilité ;
- Durée d'utilisation ;
- Optimisation ;
- Divers.

Le label écologique communautaire

Les objectifs du label écologique communautaire sont de :
- promouvoir la conception, la production, la commercialisation et l'utilisation de produits ayant une incidence moindre sur l'environnement pendant tout leur cycle de vie ;
- mieux informer les consommateurs des incidences qu'ont les produits sur l'environnement ;
- sans pour autant compromettre la sécurité du produit ou des travailleurs, ou influer de manière significative sur les qualités qui rendent le produit propre à l'utilisation .

Comme on le voit, ce label prend en compte l'ensemble du cycle de vie du produit, depuis l'extraction des matières premières jusqu'à l'élimination finale. Ceci nous conduit à parler de la méthode correspondante.

L'analyse du cycle de vie

L'analyse du cycle de vie est une méthode d'évaluation des impacts écologiques d'un produit et des processus qui lui sont associés. Elle fait l'objet de la norme ISO 14040. Cette méthode sert de base à l'élaboration des normes techniques utilisées pour l'attribution des labels que nous venons d'évoquer : NF Environnement et Label écologique communautaire.

- **La certification des systèmes de management environnemental**

La certification par tierce partie des systèmes de management environnemental suivant la norme ISO 14001 est très semblable à celle de la certification des systèmes qualité suivant la norme ISO 9001, dans ses principes généraux, de sorte qu'elle est conduite, comme pour la qualité, selon les règles du guide ISO/CEI n°66 pour les organismes certificateurs de systèmes de management environnemental En France, plusieurs organismes accrédités par le COFRAC pour les systèmes qualité le sont aussi pour les systèmes environnementaux.

Il faut cependant remarquer une importante différence dans la conduite des deux types d'audit de certification (*cf.* § 5.4.4) :

- **Pour la certification suivant la normes ISO 9001**, les auditeurs peuvent être des généralistes certifiés en application de la norme ISO 10011-2, en voie de remplacement par l'ISO 19011.
- **Pour la certification suivant la norme ISO 14001**, les auditeurs doivent démontrer une aptitude à réaliser un audit de système selon la norme ISO 14001, tout en ayant de solides connaissances en environnement, en matière réglementaire et sur le plan technique. En France, l'ICAE, créé par l'AFAQ en liaison avec l'ICA, et l'EARA (Environmental Auditors Registration Association), délivre une certification sur cette base (système et technique), en application des normes ISO 14011 et 14012, en voie de remplacement par l'ISO 19011.
- De plus en d'organismes de certification, procèdent à la certification jumelée d'un su l'EARA (Environmental Registration Association) organisme sur la base des normes ISO 9001 et ISO 14001 (*cf.* § 5.7).

5.4.2 Le règlement européen SMEA

Le Conseil des Communautés européennes a arrêté, le 29 juin 1993, un règlement permettant la participation volontaire des entreprises du secteur industriel à un système communautaire de management environnemental et d'audit (SMEA : Système de management expérimental et d'audit, appelé aussi Éco-Audit).

Pour qu'un site soit enregistré, l'entreprise candidate doit :

- réaliser une **analyse environnementale du site** : étude approfondie des impacts, des résultats et des problèmes en matière d'environnement ;
- adopter une **politique environnementale** qui assure la conformité du site à toutes les prescriptions réglementaires pertinentes en matière d'environnement, et vise à une amélioration constante et raisonnable des résultats ;
- définir un **programme environnemental** avec objectifs, et actions correspondantes ;
- mettre en place un **système de management environnemental** décrivant les modalités de mise en oeuvre du programme ;
- effectuer ou faire effectuer périodiquement des **audits environnementaux** ;
- rédiger au moins tous les trois ans (au terme de chaque cycle d'audit) une **déclaration environnementale** dont les informations sont destinées au public ;
- faire valider sa déclaration environnementale par un **vérificateur environnemental agréé** ;
- demander **l'enregistrement du site** auprès du Ministère de l'environnement.

Il est bien précisé que le SMEA n'est pas une norme, mais les deux référentiels ISO 14001 et SMEA se ressemblent sur plusieurs points :

- engagement de la direction à appliquer une politique ;
- définition d'objectifs et d'un programme d'actions environnemental ;
- mise en œuvre du programme, suivi et évaluation, correction et amélioration.

On constate que les deux référentiels sont bâtis suivant un même schéma de type PDCA (*cf.* § 4.3.2).

Les différences sont les suivantes :

- l'un est européen, l'autre mondial ;
- le **SMEA se limite aux activités industrielles** et au site de production, tandis que **la norme ISO 14001 peut concerner toute l'entreprise**, ou même un organisme tel qu'une collectivité locale, et couvre des activités de service aussi bien qu'industrielles ;

- le premier oblige à rédiger et communiquer une déclaration environnementale annuelle qui engage la direction, alors que la norme ISO 14001 n'oblige qu'à définir une politique environnementale et à la communiquer sur demande ;
- enfin, le SMEA oblige à utiliser les meilleures technologies disponibles, alors que la norme ISO 14001 n'oblige qu'à réduire les sources de pollutions.

5.4.3 Les autres systèmes d'évaluation pour l'environnement

Comme pour la qualité (*cf* § 5.4.2), il existe dans le domaine environnemental divers systèmes qui permettent, soit une autoévaluation, soit une évaluation par tierce partie.

On peut citer par exemple :

- Le **Trophée des Technologies Economes Propres** de l'ADEME ;
- Le **Prix Régional Environnement** de l'APAVE ;
- Le **Système International d'Évaluation de l'Environnement** (**SIEE**) de *Det Norske Veritas* (DNV). C'est un système non normatif qui permet de mesurer et d'améliorer les performances d'une entreprise en matière de management de la qualité. Le référentiel d'évaluation comprend 18 rubriques (des sous-rubriques) données par le tableau 5.13.

Tableau 5.13 Les 18 rubriques du SIEE (DNV).

– *Leadership* et administration du programme – Formation de l'encadrement – Inspections planifiées et maintenance – Risques et impacts sur l'environnement – Enquête et analyse des atteintes à l'environnement – Programme environnement – Préparation aux situations d'urgence – Règlements, permis d'exploitation et contrôle des opérations – Surveillance et évaluation de la performance	– Formation des employés – Communications et relations extérieures – Accompagnement du produit – Évaluation du système – Achats de biens et de services – Communications individuelles – Réunions d'équipe – Promotion et informations en matière d'environnement – Embauche et affectation

On constate finalement que les différents prix et systèmes d'évaluation du management de l'entreprise convergent vers un management total, global, harmonisé, unique ou intégré, et cela que ce soit au niveau des grands prix internationaux à la portée des grands groupes industriels, ou au niveau plus modeste des reconnaissances qui peuvent être à la portée des PME.

5.5 Les démarches de reconnaissance pour la santé et la sécurité au travail

- **La certification santé et sécurité au travail des produits**

Les directives européennes, dans le cadre de la nouvelle approche, ont introduit la notion d'exigences essentielles pour la santé et la sécurité au travail, que doivent satisfaire les produits.

La satisfaction à ces exigences se traduit en Europe par la notion de « conformité CE » concrétisée par le label « CE » qu'on trouve sur de nombreux produits (machines, jouets, protections individuelles...).

- **La certification des systèmes de management de la santé et de la sécurité au travail**

Un certain nombre de référentiels cités précédemment donnent lieu à certification par tierce partie souvent sans accréditation en l'absence d'une norme internationale reconnue.

En France, la certification a commencé en utilisant la norme anglais BS 8800 (*cf.* § 5.4 et tableau 5.2), bien ce référentiel soit rédigé sous forme de recommandations et non d'exigences applicable à la certification. C'est la spécification OHSAS 18001, qui, à ce jour, est la plus utilisée, bien que le fait qu'elle ne soit pas une norme ISO soit un obstacle à l'accréditation des organisme de certification en matière de sécurité.

- **Les autres types de reconnaissance**

En matière de reconnaissance interne, des entreprises mettent parfois en place des systèmes, de type challenges ou concours, récompensant individuellement ou collectivement les efforts et les résultats de l'entreprise en matière de santé et de sécurité au travail.

Pour sa part, même si elle progresse, la reconnaissance externe – telle qu'elle s'est développée en matière de qualité et d'environnement – est encore peu développée en matière de santé et de sécurité au travail.

Certaine entreprises considèrent cependant que satisfaire aux exigences du système d'évaluation de la sécurité SIES (*cf.* § 5.1 et Tableau 5.3), et recevoir de DNV une attestation de satisfaction au niveau requis, constitue une marque de reconnaissance externe reconnue et appréciée.

Par contre, l'analyse et l'évaluation interne sont développées depuis plusieurs années (*cf.* § 9.3).

5.6 Les démarches de reconnaissance jumelées

Le principe des certifications jumelées de système de management est aujourd'hui une réalité concrète. Cependant, beaucoup de responsables qui ont décidé de construire un système de management intégré et de le faire certifier, se demandent comment se passera l'audit de certification : séparément pour la qualité, la sécurité et l'environnement, ou de manière conjointe ?

Progressivement ces entreprises souhaitent que les audits de certifications soient menés conjointement pour plusieurs référentiels, à l'occasion d'un renouvellement pour l'un d'entre eux par exemple.

- **L'intérêt pour l'entreprise**

Nous avons vu dans les premiers chapitres, notamment au chapitre 3, que les raisons de choisir la construction d'un système de management intégrant la qualité, la sécurité et l'environnement sont significatives : concepts et principes communs de management, satisfaction de toutes les parties intéressées, cohérence globale, économies en termes de gestion... De plus l'intégration peut être progressive, restreinte à certains aspects des systèmes, puis progressivement étendue en respectant certains aspects spécifiques à l'environnement ou à la sécurité.

L'expérience acquise par plusieurs organismes de certification en France (AFAQ, BVQI, LRQA, SGS, etc.) en matière d'audits conjoints ou « jumelés » montrent que les avantages de l'audit jumelé l'emportent sur ses inconvénients au moins sur le plan économique. Cependant certains pensent que la certification conjointe est plus difficile à obtenir et à maintenir.

- **Les référentiels choisis**

Les exemples de mise en place de systèmes de management intégré montrent que, pour la qualité, c'est l'ISO 9001 : 1994 qui, au début, a d'abord été utilisée et remplacée ensuite par l'ISO 9001 : 2000 et pour l'environnement essentiellement l'ISO 14001. Pour la santé et la sécurité au travail, c'est en premier lieu la norme BS 8800 : 1996 qui a été utilisée, bien que – rédigée sous forme de recommandations et non d'exigence – elle ne soit pas destinée a devenir un référentiel de certification (cf. § 5.1.4). Depuis la parution de la spécification OHSAS 18001 en 1999, c'est ce référentiel – de structure et de contenus cohérents avec ceux de l'ISO 14001 – qui a été adopté, par les certificateurs pour la certification jumelée, bien qu'il n'y ait pas actuellement d'accréditation correspondante, par exemple en France par le COFRAC.

- **L'audit de certification**

L'élaboration entre les Comités ISO/TC 176 (qualité) et ISO/TC 207 (environnement) de la norme ISO 19011 « Lignes directrices pour l'audit qualité et environnemental » qui doit annuler les normes ISO 10011(audit qualité) et ISO 14010/11/12 (audit environnemental) va dans le sens de l'exécution d'audit conjoints ou jumelés.

Pour qu'un audit de certification jumelé soit efficace, il est nécessaire que les principes suivants soient assurés :

– **Formation des auditeurs** : chaque membre de l'équipe d'audit doit au moins être qualifié pour son référentiel et formé à un autre, avec des compétences sectorielles en fonction des activités concernées.
– **Coordination très forte des auditeurs** : il faut un coordinateur d'audit, animateur de l'équipe ayant l'expérience des audits conjoints.

- **La réalisation de l'audit**

Le plan d'audit doit faire l'objet d'un travail préliminaire de la part de l'équipe d'audit pour bien préparer l'audit et pour assurer que l'ensemble des exigences est audité, en gardant à l'audit le maximum de cohérence.

Le coordinateur doit veiller à la cohérence des écarts et des conclusions qui peuvent faire l'objet d'un seul rapport ou de rapports distincts, mais toujours homogènes.

Tableau 5.14 Correspondance entre ISO 9001 : 2000, ISO 14001 : 1996, OHSAS 18001 : 1999.
(NB : S & ST = santé et sécurité au travail)

Article/ Paragraphe	ISO 9001 : 2000	Article/ Paragraphe	ISO 14001 : 1996	Article/ Paragraphe	OHSAS 18001 : 1999
	Introduction		**Introduction**		**Avant-propos**
0.1	Généralités				
0.2	Approche processus				
0.3	Relations avec l'ISO 9004				
0.4	Compatibilité avec d'autres systèmes de management				
1	**Domaine d'application**	**1**	**Domaine d'application**	**1**	**Domaine d'application**
1.1	Généralités				
1.2	Périmètre d'application				
2	**Référence normative**	**2**	**Références normatives**	**2**	**Publications de référence**
3	**Termes et définitions**	**3**	**Définitions**	**3**	**Termes et définitions**
4	**Système de management de la qualité**	**4**	**Exigences du système de management environnemental**	**4**	**Éléments du système de management de la S & ST**
4.1	Exigences générales	4.1	Exigences générales	4.1	Exigences générales
5.5	Responsabilité, autorité et communication				
5.5.1	Responsabilité				
5.1	Engagement de la direction	**4.2**	**Politique environnementale**	**4.2**	**Politique de S & ST**
5.3	Politique qualité				
8.5	Amélioration				
5.4	Planification	**4.3**	**Planification**	**4.3**	**Planification**
5.2	Ecoute client	4.3.1	Aspects environnementaux	4.3.1	Planification de l'identification des dangers, de l'évaluation du risque et de la maitrise du risque
7.2.1	Détermination des exigences relatives au produit				
7.2.2	Revue des exigences relatives au produit				

Tableau 5.14 Correspondance entre ISO 9001 : 2000, ISO 14001 : 1996, OHSAS 18001 : 1999 (suite).
(NB : S & ST = santé et sécurité au travail)

Article/ Paragraphe	ISO 9001 : 2000	Article/ Paragraphe	ISO 14001 : 1996	Article/ Paragraphe	OHSAS 18001 : 1999
5.2	Écoute client	4.3.2	Exigences légales et autres exigences	4.3	Exigences légales et autres exigences
7.2.1	Détermination des exigences relatives au produit				
5.4.1	Objectifs qualité	4.3.3	Objectifs et cibles	4.3.3	Objectifs
5.4.2	Planification du système de management de la qualité	4.3.4	Programme(s) de management environnemental	4.3.4	Programme(s) de management de la S & ST
8.5.1	Amélioration continue				
7	Réalisation du produit	**4.4**	**Mise en œuvre et fonctionnement**	**4.4**	**Mise en œuvre et fonctionnement**
7.1	Planification de la réalisation du produit				
5	**Responsabilité de la direction**	4.4.1	Structure et responsabilité	4.4.1	Structure et responsabilité
5.1	Engagement de la direction				
5.5.1	Responsabilité et autorité				
5.5.2	Représentant de la direction				
6	**Management des ressources**				
6.1	Mise à disposition des resssources				
6.2	Ressources humaines				
6.2.1	Généralités				
6.3	Infrastructures				
6.4	Environnement de travail				
6.2.2	Compétence, sensibilisation et formation	4.4.2	Formation, sensibilisation et compétence	4.4.2	Formation, sensibilisation et compétence
5.5.3	Communication interne	4.4.3	Communication	4.4.3	Consultation et communication
7.2.3	Communication avec les clients				

Tableau 5.14 Correspondance entre ISO 9001 : 2000, ISO 14001 : 1996, OHSAS 18001 : 1999 (suite).
(NB : S & ST = santé et sécurité au travail)

Article/ Paragraphe	ISO 9001 : 2000	Article/ Paragraphe	ISO 14001 : 1996	Article/ Paragraphe	OHSAS 18001 : 1999
4.2	Exigences relatives à la documentation	4.4.4	Documentation du système de management environnemental	4.4.4	Documentation
4.2.1	Généralités				
4.2.2	Manuel qualité				
4.2.3	Maîtrise des documents	4.4.5	Maîtrise des documents	4.4.5	Maîtrise des documents et des données
7	**Réalisation du produit**	4.4.6	Maîtrise opérationnelle	4.4.6	Maîtrise opérationnelle
7.1	Planification de la réalisation du produit				
7.2	Processus relatifs aux clients				
7.2.1	Détermination des exigences relatives au produit				
7.2.2	Revue des exigences relatives au produit				
7.3	Conception et développement				
7.3.1	Planification de la conception et du développement				
7.3.2	Eléments d'entrée de la conception et du développement				
7.3.3	Eléments de sortie de la conception et du développement				
7.3.4	Revue de la conception et du développement				
7.3.5	Vérification de la conception et du développement				
7.3.6	Validation de la conception et du développement				
7.3.7	Maîtrise des modifications de la conception et du développement				

Tableau 5.14 Correspondance entre ISO 9001 : 2000, ISO 14001 : 1996, OHSAS 18001 : 1999 (suite).
(NB : S & ST = santé et sécurité au travail)

Article/ Paragraphe	ISO 9001 : 2000	Article/ Paragraphe	ISO 14001 : 1996	Article/ Paragraphe	OHSAS 18001 : 1999
7.4	Achats				
7.4.1	Processus d'achat				
7.4.2	Informations relatives aux achats				
7.4.3	Vérification du produit acheté				
7.5	Production et préparation du service				
7.5.1	Maîtrise de la production et de la préparation du service				
7.5.3	Identification et traçabilité				
7.5.4	Propriété du client				
7.5.5	Préservation du produit				
7.5.2	Validation des processus de production et de préparation du service				
8.3	Maîtrise du produit non conforme	4.4.7	Prévention des situations d'urgence et capacité à réagir	4.4.7	Prévention des situations d'urgence et capacité à réagir
8	**Mesures, analyse et amélioration**	**4.5**	**Contrôle et action corrective**	**4.5**	**Contrôle et action corrective**
7.6	Maîtrise des dispositifs de surveillance et de mesure	4.5.1	Surveillance et mesurage	4.5.1	Mesure et surveillance des performances
8.1	Généralités				
8.2	Surveillance et mesures				
8.2.1	Satisfaction du client				
8.2.3	Surveillance et mesure des processus				
8.2.4	Surveillance et mesure du produit				
8.4	Analyse des données				

Tableau 5.14 Correspondance entre ISO 9001 : 2000, ISO 14001 : 1996, OHSAS 18001 : 1999 (suite et fin).
(NB : S & ST = santé et sécurité au travail)

Article/ Paragraphe	ISO 9001 : 2000	Article/ Paragraphe	ISO 14001 : 1996	Article/ Paragraphe	OHSAS 18001 : 1999
8.3 8.5.2 8.5.3	Maîtrise du produit non conforme Action corrective Action préventive	4.5.2	Non conformité, action corrective et action préventive	4.5.2	Accidents, incidents, non conformités, actions correctives et actions préventives
4.2.4	Maîtrise des enregistrements	4.5.3	Enregistrements	4.5.3	Enregistrements et gestion des enregistrements
8.2.2	Audit interne	4.5.4	Audit du système de management environnemental	4.5.4	Audit
5.6 5.6.1 5.6.2 5.6.3	Revue de direction Généralités Eléments d'entrée de la revue Eléments de sortie de la revue	**4.6**	**Revue de direction**	**4.6**	**Revue de direction**

Partie II

Comment définir, construire et mettre en œuvre un système de management intégré

6

Vers un système de management intégré qualité-sécurité-environnement

6.1 Les principes de l'intégration

6.1.1 Les formes d'intégration possibles

- **Qu'entendons-nous par système intégré ?**

Des terminologies voisines sont employées par les entreprises :

- **Systèmes** « **harmonisés** » : systèmes ayant des dispositions communes, autant que possible, et des dispositions spécifiques qualité-sécurité-environnement (exemple d'ATOFINA...) ;
- **Systèmes** « **imbriqués** » **:** systèmes ayant des éléments qui se recouvrent partiellement (exemple de pyramides documentaires distinctes mais ayant des parties communes) ;
- **Système** « **commun** » : cas des éléments de management traités de la même manière (exemple : revue de direction commune à la qualité, à la sécurité et à l'environnement).

- **Système « global »** : système qui s'applique à un ensemble d'activités ou de sous-systèmes.

Lorsque nous parlons de « système intégré », nous ne voulons pas dire « système unique », avec un seul manuel, un seul jeu de procédures et d'instructions... Nous voulons dire que les sous-ensembles qualité, sécurité, environnement :
- peuvent avoir des parties communes et des parties distinctes, spécifiques ;
- peuvent comporter des éléments simplement imbriqués, c'est-à-dire absolument identiques, mais que l'on retrouve dans l'un et l'autre des sous-ensembles ;
- doivent être coordonnées et faire partie d'un ensemble, le « système global qualité, sécurité et environnement », ou de « systèmes harmonisés qualité et environnement », ou d'un système de management global plus large « qualité-environnement-sécurité... », ou encore « qualité et sécurité-environnement », etc.

Mais « intégré » ne veut pas dire « centralisé ». Bien au contraire, on peut dire que le fait d'avoir des principes d'intégration bien définis et facilement compréhensibles permet la décentralisation, comme dans les exemples de plusieurs témoignages d'entreprises.

Nous nous intéressons, dans le présent chapitre, aux principes et aux possibilités d'intégration. Nous verrons plus en détail, au chapitre 9, comment traiter les éléments d'un système intégré.

6.1.2 Un système intégré ou des systèmes séparés ?

Nous allons analyser les avantages et inconvénients respectifs des deux solutions et proposer une manière de faire qui procure les avantages d'une intégration plus ou moins prononcée, sans en avoir les inconvénients.

- **Les avantages et les inconvénients des systèmes de management séparés**

Par systèmes séparés, on entend :
- **Soit** que, dans le domaine de la sécurité ou de l'environnement, ou encore dans celui de la qualité, ou dans les trois, on veut **s'en tenir à une approche technique et légale** des problèmes. Dans ce cas, chacun des domaines met en jeu des techniques différentes – et donc des indicateurs différents – avec des problèmes distincts. Il est alors assez naturel de laisser les spécialistes de chacun des domaines développer leurs techniques propres. On trouve ce type d'organisation dans bon nombre d'entreprises.

C'est en particulier le cas des entreprises qui ressentent la nécessité de se protéger en priorité, de manière technique, sur le plan juridique, pénal, ou financier (« *risk management* »).

Ce type de démarche peut aussi être considéré comme une première étape pouvant évoluer ultérieurement vers une démarche managériale d'harmonisation ou d'intégration.

– **Soit** que l'on se trouve en présence de **systèmes de management indépendants** l'un de l'autre. Les adeptes de cette solution lui trouvent les avantages suivants :

- Disposer de systèmes documentaires bien distincts pour les audits extérieurs. Cela n'empêche pas une certaine coordination : on peut trouver la même procédure dupliquée des deux côtés, ou des variantes harmonisées.
- Éviter qu'un auditeur puisse avoir un droit de regard sur quelque chose qui ne le regarde pas. C'est un argument faible : l'expérience montre que les auditeurs savent s'en tenir à leur domaine de compétence avec lequel ils ont déjà suffisamment à faire.
- Lorsqu'il existe déjà un système de management de la qualité, certifié par exemple, on estime être allé assez loin dans le formalisme et les procédures. On notera cependant qu'il est dommage de ne pas tirer profit, précisément, de l'acquis de la certification qualité pour bâtir le système environnement et/ou sécurité satisfaire aux exigences de la norme ISO 14001 et/ou OHSAS 18001, en limitant le nombre de documents.

- **Les avantages des systèmes intégrés**

Éviter les redondances et les incohérences

On constate que l'immense majorité des instructions de travail et des modes opératoires sont communs aux trois domaines qualité, sécurité et environnement. En effet, comment imaginer qu'il pourrait y avoir trois instructions pour décharger un camion : l'une pour assurer la qualité du produit, l'autre pour respecter l'environnement, et même une troisième pour la sécurité ?

Optimiser les efforts

Un des avantages d'un système intégré, c'est d'optimiser les efforts. Par exemple la prévention suppose l'acquisition de nouvelles habitudes de travail et de prises de décisions. Encore faut-il, pour que l'effort soit accepté :

– que ces nouvelles manières de faire soient harmonisées dans les différents domaines concernés ;

- que l'on ait « simplifié la vie » du personnel pour aller dans la direction souhaitée ;
- et surtout qu'il n'y ait pas de contradictions entre les procédures et autres documents, c'est-à-dire que la direction, à son niveau, ait fait tous les efforts voulus pour donner la cohérence nécessaire à son système.

Faciliter la formation

L'intégration des systèmes qualité, sécurité et environnement facilite la mise en place des différentes dispositions et la formation à leur mise en œuvre.

Intégrer les exigences qualité, sécurité et environnement pour les nouveautés

Enfin l'intégration s'impose à l'évidence, lorsqu'il s'agit de concevoir quelque chose de nouveau, qu'il s'agisse d'un produit, d'un procédé, d'une installation ou d'une implantation nouvelle. L'intégration assure la prise en compte simultanée des exigences qualité, sécurité et environnement à chaque phase de l'expression des besoins du client, de la négociation commerciale et de la revue de contrat, à la conception et à la livraison, sans oublier les prestations associées, telles que la formation des utilisateurs chez le client par exemple.

6.2 Les différents schémas d'intégration

6.2.1 L'intégration au sommet

- **L'intégration au niveau des politiques**

Au niveau des politiques, l'intégration signifie que :

- soit les politiques qualité, sécurité et environnement sont exprimées dans un seul et même texte ;
- soit nous sommes en présence de plusieurs textes séparés, mais qui font tous références à un autre texte d'ordre supérieur, qui peut être, soit l'engagement de la direction soit un « projet d'entreprise ».

Tous ces cas seront détaillés plus loin. Ce qui est important, c'est l'intérêt de faire converger les efforts, par exemple dans un esprit de *leadership* de l'entreprise.

- **L'intégration au niveau des fonctions qualité, sécurité et environnement**

À ce niveau, pour qu'il y ait intégration complète, il faut qu'il y ait une autorité commune à la qualité, à la sécurité et à l'environnement... Il est cependant possible et fréquent d'appliquer une politique intégrée avec deux autorités distinctes qualité et sécurité-environnement, ou encore qualité-sécurité et environnement. Nous y reviendrons au chapitre 9.

6.2.2 L'intégration au niveau des processus et du système documentaire

- **L'intégration au niveau des processus**

Nous ne reviendrons pas ici sur « l'approche processus » (*cf.* § 4.1) et l'identification des processus (*cf.* § 4.4), mais nous rappelons qu'il est utile et de plus en plus fréquent sur le terrain des entreprises de distinguer :

- **les processus de réalisation,** c'est-à-dire relatifs aux différentes phases de l'activité de l'organisme et ayant pour objectif de créer de la valeur ajoutée et de satisfaire les clients et les autres parties intéressées de l'organisme ;
- **les processus de support**, qui ne créent pas directement de la valeur ajoutée, mais sont nécessaires pour le fonctionnement efficace de l'entreprise ;
- **les processus de direction ou de management,** qui regroupent les activités sous la responsabilité directe des dirigeants.

Au niveau des processus de réalisation, l'intégration doit signifier – et c'est important – que les exigences relatives à la qualité, à la sécurité et à l'environnement sont prises en compte en même temps à toutes les phases du cycle de la vie d'un produit ou d'un service, depuis l'expression des besoins, jusqu'à la livraison et aux prestation associées, en passant par toutes les phases intermédiaires. C'est d'autant plus important que la prise en compte de la sécurité et de l'environnement conduit à un élargissement des perspectives, par exemple :

- en conception, on tiendra compte des risques d'accident encourus lors de la réalisation, de la sécurité du produit et des impacts sur l'environnement, y compris lors de l'élimination du produit ;
- au niveau des achats, on exigera des fournisseurs le respect des exigences relatives à la sécurité du produit et à la protection de l'environnement, etc.

Au niveau des processus de support, l'intégration signifie que les exigences à respecter sont communes, par exemple :

- pour la documentation, en général il n'y a pas lieu de faire une distinction de présentation des documents, de révision, d'approbation... pour la qualité, la sécurité, l'environnement ;
- pour la formation, les processus pourront être identiques ou similaires (par exemple pour l'identification des besoins de formation, le plan de formation...).

Il en résulte que la plupart des procédures, des instructions, des imprimés, des enregistrements relatifs aux processus de support peuvent être communs ou gérés en commun.

Au niveau des processus de direction, l'intégration est entière, dans la mesure où la politique, les objectifs et les fonctions qualité, sécurité et environnement sont elles-mêmes intégrées.

Au niveau du management des processus, les dispositions prises seront communes :

- même forme de description des processus,
- mêmes dispositions pour maîtriser, et vérifier l'efficacité des processus (responsabilités des « propriétaires de processus », audits de processus, etc.).

- **L'intégration au niveau du système documentaire**

Nous reviendrons en détail sur cet aspect au chapitre 10. On peut considérer cette intégration au moyen de l'image de la « pyramide des documents ».

Au sommet de la pyramide, on peut dire qu'un système intégré suppose :

- soit un manuel commun qualité-sécurité-environnement orientant sur des procédures communes et d'autres spécifiques ;
- soit des manuels séparés pouvant dépendre d'un manuel commun qualité-sécurité-environnement ou encore d'un manuel plus général de management.

Vers la base de la pyramide, les documents communs sont de plus en nombreux :

- d'abord les procédures ou documents équivalents au niveau des processus ;

- ensuite les instructions, les modes opératoires, les imprimés divers : par exemple les instructions et imprimés utilisés pour le transport, qui intègrent ce qui est nécessaire pour le respect des exigences qualité, sécurité et environnement ;
- et surtout, au niveau des personnes, les définitions de fonctions, qui doivent mentionner, entre autres, les responsabilités relatives à la qualité, à la sécurité et à l'environnement.

Il y a souvent aussi séparation au sommet (manuels distincts) et intégration à la base avec des documents intégrés beaucoup plus nombreux que les documents spécifiques, comme dans les témoignages de plusieurs entreprises.

6.2.3 L'intégration au niveau des ressources humaines

Il s'agit de la mobilisation des ressources humaines qui sont les plus précieuses et la clé de toutes les autres.

- **La mobilisation lors de la mise en place du système**

Cas d'une seule démarche simultanée qualité et environnement

En décrivant ses propres processus habituels de travail, en définissant lui-même les instructions, les modes opératoires, etc., le personnel est incité à réfléchir aux exigences pour la qualité, la sécurité et l'environnement, tout en recherchant l'amélioration des processus.

Cas de l'extension d'un système qualité à un système intégrant la sécurité et l'environnement

On s'attache à bien sensibiliser le personnel sur les relations et les convergences entre les trois systèmes : parties communes, distinctes et raisons de leurs différences.

- **La formation permanente**

On s'attachera notamment à montrer comment on peut assurer la cohérence du système intégré et son optimisation, en mettant en évidence la parenté des concepts et en utilisant des méthodes et outils communs de la qualité, de la sécurité et de l'environnement (résolutions de problèmes, AMDEC, etc.).

7

Les parties intéressées et leurs interactions

Nous avons vu au chapitre 2 que les enjeux d'un système de management intégrant la qualité, la sécurité et l'environnement consistent, pour un organisme, à satisfaire toutes ses parties intéressées.

Pour réussir une démarche de management intégré, il faut mobiliser les acteurs intéressés de l'organisme, afin de bâtir le système de management et le faire fonctionner ; mais il faut aussi trouver un terrain d'entente entre eux, et pour cela il faut les connaître et les écouter. Le but de ce chapitre est de réfléchir aux rôles et aux motivations de chacun des acteurs intéressés.

7.1 Les clients

Les clients sont les principaux acteurs de l'organisme, puisque le premier objectif du système de management est de satisfaire les besoins et attentes de ses clients. Pour ce qui est de la qualité, c'est bien l'esprit de l'approche processus des normes ISO 9000 : 2000 (§ 0.2) qui vise essentiellement « la satisfaction des clients par le respect de leurs exigences ».

Avec le développement actuel des attentes de toutes personnes en matière de sécurité et de protection de l'environnement, il convient d'identifier les exigences des clients non seulement pour la qualité, mais aussi pour la santé, la sécurité et l'environnement.

- **Les exigences pour la qualité**

Les clients sont bien sûr concernés par la qualité des produits et services, qu'ils jugent en valeur relative, en les comparant avec l'offre des concurrents. Mais si l'on veut progresser dans le sens de leurs attentes, il faut en premier lieu :

- identifier les clients,
- connaître leurs besoins et attentes,
- intégrer l'intérêt du client dans les valeurs, la politique et la planification stratégique de l'organisme,
- intégrer les besoins du client dans la conception des produits et prestations.

Il faut aussi en permanence :

- communiquer avec le client,
- piloter les processus selon des critères de satisfaction des clients,
- recueillir des informations sur le niveau de satisfaction des clients,
- mener toutes actions correctives relatives aux réclamations du client.

Enfin il y a lieu de déterminer si les clients attachent de l'importance à la certification des produits et à la certification ISO 9000 : la valeur du certificat obtenu joue-t-elle un rôle dans la décision d'achat du client ?

- **Les exigences du client pour la sécurité et pour les performances environnementales du produit**

En ce qui concerne la sécurité, il faut distinguer :

- la sécurité du produit acheté par le client : il s'agit de respecter des exigences qui font partie de la qualité du produit ;
- la santé et la sécurité au travail : les exigences correspondantes sont distinctes de celles du client, sauf dans le cas où le produit est un équipement concerné par la protection du personnel au travail ;

Dans ce dernier domaine, seules des considérations d'éthique peuvent inciter le client à choisir son fournisseur en fonction de son image en matière de sécurité.

En ce qui concerne l'environnement, les clients peuvent être concernés par les performances environnementales du produit :

- soit parce qu'ils ont par eux-mêmes des exigences de respect de l'environnement ; les consommateurs finaux ont ce type d'exigences : d'où les « produits verts » et les labels écologiques ;
- soit parce qu'ils sont eux-mêmes soumis à une réglementation environnementale : c'est le cas des entreprises, mais aussi des collectivités locales qui, en tant que donneurs d'ordre, peuvent émettre des exigences de ce type dans leurs appels d'offres.

Enfin la réglementation a créé un ensemble de besoins de produits et services spécifiques pour l'environnement, et c'est donc tout un secteur de l'économie qui est ainsi créé.

7.2 Le personnel

Dans le domaine de la qualité et de l'environnement, le personnel de l'organisme est un acteur qui va concourir à la réussite ou à l'échec de la démarche.Dans le domaine de la santé et de la sécurité au travail, il a également ce rôle, mais il a également le rôle de partie intéressée ,comme le client en qualité, dont les exigences doivent être prises en compte et satisfaites par la démarche.

On notera qu'il faut entendre le personnel au sens large, c'est à dire les salariés en CDI, en CDD, les intérimaires, les stagiaires, mais aussi les personnels sur les sites des entreprises et organismes, comme les sous traitants ou les visiteurs occasionnels, qui sont, par leur présence, susceptibles d'être soumis aux risques du site.

7.2.1 Le personnel acteur

L'expérience montre que le personnel est, en général, plus motivé – *a priori* – par le respect de l'environnement et par sa sécurité et sa santé au travail que par la qualité des produits à réaliser.

En effet, dans le domaine de l'environnement, c'est le citoyen qui se sent concerné. La protection de l'environnement peut donc être un terrain privilégié d'entente et de coopération entre le personnel, l'encadrement et la direction, un domaine où l'on partage les mêmes valeurs.

Dans le domaine de la santé et de la sécurité au travail, c'est sa propre intégrité physique qui est en jeu ainsi que celle de ses compagnons, notamment dans le cadre du travail en co-activité.

Il y a donc place ici, tant pour l'un que l'autre, pour une démarche participative. En effet, l'encadrement et le personnel sont les mieux placés et les mieux qualifiés, à partir d'une politique clairement énoncée, pour :

– définir les modes d'organisation et de travail les mieux adaptés ;
– les mettre en œuvre avec toute l'attention nécessaire ;
– déceler les risques de dysfonctionnement et les prévenir ;
– enregistrer les défaillances ;
– identifier les causes de défaillances et imaginer les solutions pour prévenir leur récurrence ;
– enfin, en fonction de ce qui précède et de l'expérience sur le terrain, pour améliorer les processus et rédiger les procédures et modes opératoires applicables.

Dans le domaine de la qualité, il est souhaitable aussi de favoriser la motivation du personnel qui permet d'améliorer la qualité des produits.

L'intérêt pour le personnel, acteur dans la démarche, d'une intégration des trois domaines qualité, sécurité et environnement est que celle ci permet d'économiser les efforts et de donner confiance dans la cohérence des politiques et des démarches de la direction.

En effet, il serait quelque peu irréaliste de demander à l'encadrement et au personnel, pour une même opération, de disposer de trois modes opératoires distincts : un traitant des risques pour la qualité, l'autre des risques pour l'environnement, et le troisième des risques pour la sécurité et la santé au travail. Il convient de faire tout cela de manière coordonnée et intégrée…

Il sera important pour la réussite de la démarche d'accompagner au maximum cette incitation à la participation du personnel par un gros effort de communication, d'information, de sensibilisation et de formation sur l'approche système d'amélioration continue et sur le contenu technique des trois domaines qualité, sécurité, et environnement.

7.2.2 Le personnel partie intéressée

Dans le domaine spécifique de la santé et de la sécurité au travail, le personnel, à travers sa santé et sa sécurité, est la finalité même des exigences du système de management.

Un certain nombre d'acteurs de l'organisme ou externes à l'organisme seront intéressés par la satisfaction de ces exigences :

- **Le CHSCT** (Comité d'hygiène et de sécurité et des conditions de travail). La spécification OHSAS 18001 a comme exigence que le personnel soit représenté. En France, c'est le CHSCT qui assure pour les entreprises de plus de 50 personnes (et les délégués du personnel pour les moins de 50 personnes) cette représentation du personnel dans le domaine de la santé et de la sécurité au travail. Ce comité de nature fonctionnelle a pour vocation première de donner son avis sur les questions d'hygiène, de santé, de sécurité et de conditions de travail, mais ses prérogatives s'étendent parfois à l'environnement. C'est ainsi que le décret n° 96-18 du 5 janvier 1996 stipule sa nécessaire consultation par l'exploitant pour une demande d'autorisation d'installation classée pour la protection de l'environnement (ICPE) dès l'ouverture de l'enquête, ainsi que sur le POI (Plan d'opération interne).
- Le CHSCT doit être consulté lors de la mise en place et au cours du fonctionnement du système de management de la santé et la sécurité au travail.
- Son rôle va en se renforçant, comme on peut le constater consécutivement à l'accident du 11 novembre 2001 à Toulouse.
- **Le médecin du travail** : Il peut être directement salarié de l'entreprise ou par des services médicaux spécialisés (exemple : les services médicaux inter-entreprises).
- À travers ses visites d'aptitudes médicales et son tiers-temps consacré à la prévention en santé sur les lieux de travail, il est une partie intéressée nécessaire au bon fonctionnement d'un système de management en hygiène et santé au travail, qui a des exigences à exprimer et des satisfactions ou insatisfactions à exprimer dans ce domaine.
- **L'inspection du travail**, appartenant à la DDTE (Direction départementale du travail et de l'emploi), garante de la bonne application des dispositions légales et réglementaires en matière d'hygiène, de santé et de sécurité au travail. Ses interventions sur sites et ses contacts avec les entreprises et organismes lui permettent également d'exprimer des exigences et insatis-

factions dont le système de management doit tenir compte.

- **L'INRS, les CRAM** (à travers leurs services prévention) et **l'OPPBTP** ainsi que leurs homologues de certains secteurs spécifiques (comme la Mutualité Sociale agricole – MSA) sont des organismes à finalité de prévention en santé et sécurité au travail. Ils appliquent aussi aux entreprises et organismes des exigences en matière de santé et de sécurité au travail, dont il doit être tenu compte dans le système de management.
- Les CRAM assument – en plus de leur rôle d'assurance du risque accident du travail et maladie professionnelle et de prescription – un rôle de conseil qui s'exerce vis-à-vis de l'évaluation et du traitement du risque, étape essentielle du management de la santé et de la sécurité au travail.
- **Tout ce qui concourt à la satisfaction des exigences du personnel** en matière de santé et de sécurité au travail. Ce peut être les constructeurs de machines concernés par la sécurité des machines à fabriquer. Ce peut être également les architectes concernés par la prévision d'une maintenance en sécurité d'un local de travail à construire. Ce peut être encore les organismes agréés par le Ministère du Travail et de l'Emploi pour vérifier la conformité à la législation des équipements et installations de travail (vérifications des installations électriques, des appareils de levage, du matériel de lutte contre l'incendie, etc.).

7.3 Les actionnaires

7.3.1 Les politiques de direction

Les propriétaires ont une responsabilité dans le choix des politiques de management. Ils doivent se poser les questions suivantes :

- Dans quelle mesure sont-ils motivés par des considérations à plus long terme que le profit immédiat, comme l'obtention d'une réputation de qualité ou d'une image flatteuse à travers son comportement éthique ou écologique ? Dans le cas d'un actionnariat dispersé, il revient aux responsables de l'entreprise de présenter les enjeux aux actionnaires et de les faire admettre.
- On peut citer certains grands fonds de pension américains qui classent, pour leurs actionnaires, les entreprises par ordre d'efficacité dans leurs actions pour le développement durable (*cf.* § 13.2), notamment en matière

de management de la qualité, de la sécurité, et de l'environnement. Le résultat n'est pas neutre pour le choix dans leurs portefeuilles de telle ou telle entreprise.

- Dans quelle mesure, une fois convaincus de l'importance des préoccupations relatives à la qualité, à la sécurité et à l'environnement, les actionnaires sont-ils prêts à admettre la nécessité d'une démarche managériale vis-à-vis de ces préoccupations ?
- Dans quelle mesure les actionnaires sont-ils prêts à admettre la nécessité d'une intégration des démarches qualité, sécurité et environnement ? Sur ce point, il ne faut pas compter sur une pression extérieure : les clients, comme les représentants de la société, n'ont pas de pouvoir de pression en la matière. C'est donc bien à la direction et aux propriétaires ou actionnaires qu'il revient de percevoir l'intérêt de l'intégration, dans l'optique de l'économie et de l'optimisation des moyens que cela représente.

7.3.2 Les investissements

Les propriétaires ont aussi un pouvoir de décision concernant les investissements. Or, ceux-ci conditionnent les performances de l'entreprise en matière de qualité, de sécurité et de respect de l'environnement.

Mais les accidents récents ont montré que c'est en matière de sécurité que les besoins en investissements (hommes et matériel) étaient les plus grands et les plus justifiés et que les compromis obtenus entre les budgets consentis et les besoins exprimés étaient les plus critiquables !

7.3.3 Le pouvoir des actionnaires sur la normalisation

Rappelons que les systèmes de normalisation et de reconnaissance des produits comme des systèmes de management ne sont pas sous la dépendance directe des pouvoirs publics, sauf dans le cas particulier du système européen de management environnemental et d'audit (SMEA). En effet, les organismes de normalisation sont des émanations des entreprises elles-mêmes :

- **Au niveau national**, les organismes de normalisation, comme l'AFNOR en France, ont pour vocation d'éditer des normes techniques ou organisationnelles et, pour certains produits, des labels de reconnaissance. Mais il s'agit toujours d'un travail de concertation entre les professionnels concernés sur les programmes de normalisation et le contenu des normes. Ce sont les professionnels des différents secteurs économiques qui définissent les règles à respecter pour telle ou telle catégorie de produit, même si l'autorité publique encourage et anime la démarche. Le dynamisme et le réalisme en matière de normalisation nationale dépend de la motivation des entreprises, donc de leurs actionnaires.

- **Au niveau international,** le danger était que les normes deviennent des instruments de protectionnisme. Il fallait donc élaborer des normes internationales facilitant les échanges et les reconnaissances d'aptitude au lieu de les restreindre. Le but a été atteint avec le succès des normes ISO 9001 pour la qualité et ISO 14001 pour l'environnement.
- Dans le cadre des systèmes de management, il ne l'est pas encore pour la sécurité, étant donné le poids des réglementations nationales existantes dans ce domaine, et la diversité des organismes concernés (*cf.* § 1.3.2). Par contre, la « nouvelle approche » des directives européennes permet de faire de la sécurité des machines un moyen d'exercer les principes de la libre circulation des biens.

7.4 Les fournisseurs et partenaires

7.4.1 L'ère du « gagnant-gagnant »

Il fût un temps où la relation client fournisseur se résumait à un jeu de dupes dans lequel le fournisseur partait toujours avec un handicap dû à sa position de demandeur. Ce temps là est révolu. Pour survivre les entreprises savent aujourd'hui que le « je gagne-tu perds », avec leurs fournisseurs ou sous-traitants, finit toujours par se retourner contre elles mêmes.

- **L'importance des achats**

Au travers des exigences des normes ISO, la fonction support achats tient une place privilégiée parmi les autres services supports. Ceci n'est pas un hasard, car nous savons l'importance des matières premières ou des composants de toute nature qui entrent dans la fabrication et le fonctionnement des produits toujours plus complexes actuels. Dans le même temps, la recherche de la compétitivité incite les entreprises à se recentrer sur leur cœur de métier.

La première conséquence de cet état de fait, est d'obliger les entreprises à s'appuyer sur un réseau réduit de fournisseurs de confiance, dont dépend souvent une part prépondérante leur propre performance.

La seconde conséquence est la nécessité d'intégrer les connaissances des fournisseurs dans les processus de conception et de développement, car la pluralité des technologies est telle, qu'il devient difficile pour un ensemblier de maîtriser seul, toutes les interactions entre les différentes fournitures entrant dans la composition de son produit.

Ainsi, l'ère du « gagnant-gagnant » ou partenariat tend à devenir le nouveau standard des relations entre professionnels, du moins pour toutes les composantes sensibles indispensables à la réalisation du produit.

- **L'extension des critères d'achats**

La notion de partenariat élargit le champ habituel des critères d'achats. Ce qui caractérise une relation mutuellement profitable entre partenaires pour un projet donné, c'est la capacité des différents acteurs à prendre en compte leurs objectifs réciproques et leurs valeurs. Le management total de la qualité et le concept de développement durable sur lequel nous reviendrons au chapitre 13, insistent beaucoup sur l'importance du partenariat. Cela consiste, pour les deux parties, à s'entendre sur des critères d'achats qui dépassent la seule définition des spécifications techniques. Concrètement ces critères complémentaires sont notamment liés aux conditions de :

- traçabilité des matières premières ;
- sécurité d'utilisation ;
- valorisation-recyclage post-utilisation du produit final ;
- acquisition des composants de base dans le cadre d'un commerce équitable avec les fournisseurs originels ;
- protection des écosystèmes pendant les phases de fabrication ;
- ...

Au travers de cette courte énumération, nous observons que ces nouvelles données d'achats sont cohérentes avec l'intégration qualité, sécurité, environnement. Mais est-ce réellement une surprise ?

7.4.2 Les fournisseurs de matières premières et composants

Les fournisseurs de matières premières et composants jouent un rôle important pour la qualité la sécurité et l'environnement. En ce qui concerne la qualité, ils jouent un rôle par les performances et le taux de conformité des produits livrés.

L'entreprise a besoin de ses fournisseurs pour mener à bien sa politique et atteindre ses objectifs. Dans un esprit de développement durable (*cf.* § 13.2) notamment, elle peut demander à son fournisseur de se préoccuper aussi, par l'analyse du cycle de vie, des impacts environnementaux des procédés d'extraction des matières premières, du transport, de la fabrication des composants...

Il est donc important de savoir dans quelle mesure les fournisseurs sont aptes à suivre l'entreprise dans ses démarches qualité, sécurité et environnement, et pas seulement par une adhésion de pure forme. Si les relations client-fournisseur ont la forme d'un partenariat pour la qualité, celui-ci doit intégrer les aspects sécurité et environnement, dans un but mutuel de satisfaction de toutes les parties intéressées.

7.4.3 Les fournisseurs de machines, équipements, installations

Les performances en matière de qualité, de sécurité et de respect de l'environnement sont conditionnées très fortement par celles des équipements, automatismes, installations industrielles, appareils de mesure... Pour assurer la qualité de ces acquisitions, il faut maîtriser les techniques de la conduite des projets, depuis les appels d'offres, le suivi de la conception, la formation du personnel, l'installation, etc., et prévoir contractuellement le respect des exigences correspondantes, légales et autres.

7.4.4 Les organismes de certification

La certification est, comme on l'a vu au chapitre 5, un service soumis à la loi de l'offre et de la demande. Les organismes de certification sont donc des fournisseurs. En conséquence :

- les démarches de certification ne relèvent pas de la loi : ce sont des démarches volontaires ;
- les organismes de certification délivrent des certificats plus ou moins crédibles selon leur forme de reconnaissance nationale ou internationale. Cette reconnaissance peut être obtenue :
  - d'une part, par une accréditation au niveau national, procédure par laquelle un organisme faisant autorité reconnaît formellement qu'un organisme ... est compétent pour effectuer des tâches spécifiques (ISO Guide 2) ;
  - d'autre part, par des accords de reconnaissance mutuelle entre organismes de certification de différents pays.

En France, l'organisme d'accréditation est le COFRAC (Comité Français d'Accréditation), qui a absorbé divers organismes publics tels que le RNE (Réseau National d'Essais), qui accréditait les laboratoires d'essais.

7.4.5 Les assureurs

Les assureurs interviennent pour couvrir les risques et les primes sont d'autant plus chères que le risque est élevé. Tout effort de maîtrise des risques doit donc se traduire par une baisse des primes d'assurance.

La figure 7.1 représente les principales relations entre les différents acteurs qui peuvent jouer un rôle dans la mise en place et le fonctionnement d'un système de management intégré qualité-sécurité-environnement.

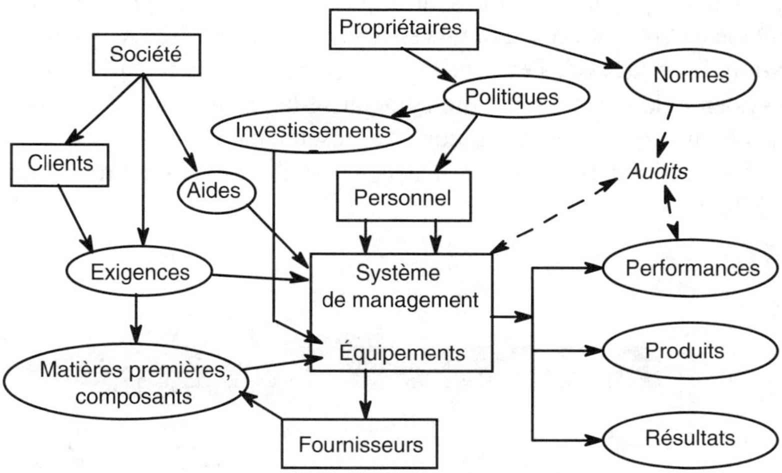

Figure 7.1 Les relations entre les acteurs dans la mise en place et le fonctionnement d'un système de management.

7.5 La société

7.5.1 L'évolution des attentes de la société

La société civile est de plus en plus intéressée à la performance qualité, sécurité et environnement des entreprises. Plusieurs raisons expliquent cet intérêt. La fiabilité en augmentation constante des produits et des services des entreprises conduit à tirer toujours plus vers le haut le niveau d'exigences des consommateurs.

La série d'accidents aux conséquences humaines et environnementales majeures de ces dernières années, amplifiée par la force des médias actuels, a renforcé la sensibilité des citoyens face aux risques qu'ils encourent. De plus, les entreprises sont souvent implantées en zone urbaine ou péri-urbaine, ce qui accroît le sentiment de vulnérabilité d'une majorité de personnes. La prise de conscience de la fragilité des grands équilibres écologiques planétaires, de l'interdépendance des aspects environnementaux, du recul de la biodiversité… de la part d'une proportion croissante de la population, notamment chez les plus jeunes, rend ces derniers plus attentifs aux impacts nocifs sur l'environnement infligés par les activités des entreprises.

Au niveau des pouvoirs publics, la traduction de cette préoccupation citoyenne se caractérise par le renforcement des interdits sous la forme de nouvelles lois et par l'introduction d'artefacts juridiques, comme l'obligation de sécurité et le principe de précaution. En fait, la société, via son système législatif, encadre la gestion des risques des entreprises à l'image de deux regards qui se croisent. Le système de management qui caractérise la prévention est le regard du présent sur un risque futur et le second, représenté par le droit de la responsabilité, est le regard du présent sur un risque qui s'est malheureusement réalisé (*cf.* Figure 7.2).

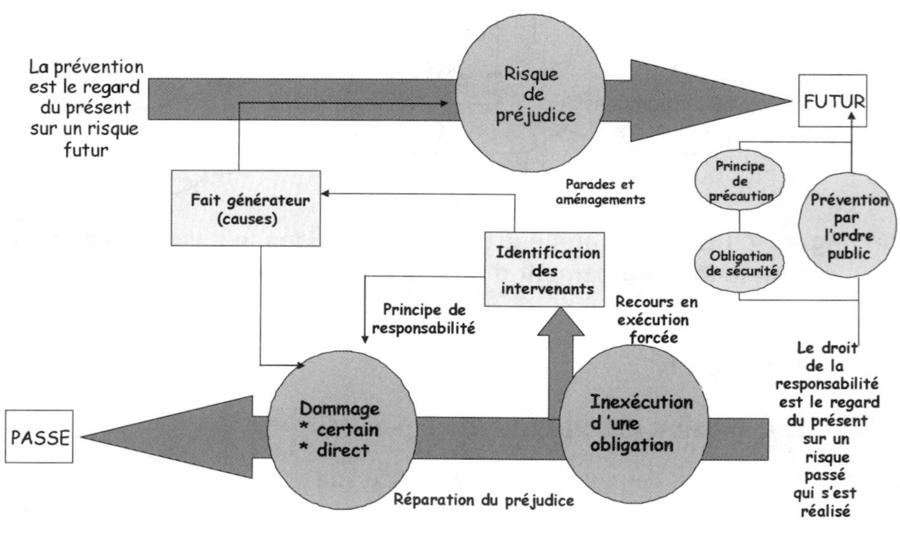

Figure 7.2 La prévention des risques et responsabilités juridiques.
(Source : direction juridique groupe Saur)

Devant de tels enjeux, pour être écoutées et crédibles les entreprises n'ont plus d'autres choix que d'améliorer leur capital confiance. Le développement des triples certifications qualité, sécurité, environnement est certainement une voie à explorer pour la plupart d'entre elles.

7.5.2 Les interlocuteurs de la société

En réaction vis-à-vis du comportement des entreprises, en matière de qualité des produits et de prévention dans le domaine de la sécurité et de la protection de l'environnement, il se crée un courant dans l'opinion publique, qui incite le législateur à faire des lois et règlements ; les pouvoirs publics prennent le relais pour faire appliquer ces lois par des autorisations, des inspections, mais aussi des aides. Il en résulte que l'entreprise est en présence d'un réseau complexe d'interlocuteurs.

Les associations : associations de consommateurs pour la qualité, associations de défense de l'environnement, etc. Celles-ci représentent, à un certain moment, l'état de l'opinion, et inversement elles sensibilisent l'opinion sur tel ou tel thème. Il est important de les identifier, et de définir avec elles un mode de coopération.

Les scientifiques : il détectent certains problèmes inaccessibles au jugement de l'opinion publique, concernant les produits ou installations comme l'effet de serre.

Les médias : spécialisés ou non, ils présentent les produits, les installations et évoquent les problèmes, de sécurité et écologiques.

Les élus locaux : municipalités, conseils généraux et régionaux. Sensibles aux préoccupations de leurs électeurs, ils interviennent dans les décisions d'implantations ou d'extension de nouvelles installations, mais aussi dans l'attribution des marchés publics.

Le Parlement et les autorités européennes : ils édictent des textes législatifs et réglementaires qui doivent être pris en compte dans le cadre du management de la qualité, de la sécurité et de l'environnement.

Les pouvoirs publics : ils sont chargés de faire appliquer la loi. Pour la France, ce sont notamment :

- Le Ministère de l'environnement et les DIREN (Directions régionales de l'environnement) ;
- Le Ministère de l'industrie et les DRIRE (Directions régionales de l'industrie, de la recherche et de l'environnement) ;

- Le Ministère de l'équipement et les DDE (Directions départementales de l'équipement) ;
- Le Ministère de l'agriculture, les DDAF (Directions départementales de l'agriculture et de la forêt) et les DSV (Directions des services vétérinaires) ;
- Le Ministère de la santé et les DDASS (Directions départementales des affaires sanitaires et sociales) ;
- Les préfectures et les Directions départementales des services incendie et des secours.

• **Les agences et organismes publics,** parmi lesquels :

- L'ADEME (Agence de l'environnement et de la maîtrise de l'énergie) ;
- Les Agences de l'eau ;
- L'ANVAR (Agence nationale pour la valorisation de la recherche) ;
- Le BARPI (Bureau d'analyse des risques et pollutions industrielles – Ministère de l'Environnement).
- L'AFNOR (Association française de normalisation), pour son rôle dans les systèmes de reconnaissance.

Plusieurs de ces instances interviennent auprès des entreprises par la recherche, le conseil et la prévention, en particulier par les aides au financement des investissements de protection de l'environnement. Ces aides sont distribuées sous forme de subventions pour études et travaux, prêts et avances à la réalisation de travaux, de primes ...

Au niveau national, on trouve des interlocuteurs spécialisés en sécurité et en environnement, ou non spécialisés. Parmi les interlocuteurs spécialisés, il y a notamment :

- L'INRS Institut national de recherche et de sécurité.
- L'INERIS Institut national de l'environnement industriel et des risques apporte une expertise et peut accompagner des entreprises souhaitant se lancer dans des démarches sécurité et environnement.
- Les Agences de l'eau, pour tout ce qui concerne l'eau, mais aussi les déchets. Chaque agence régionale a sa politique ; il vaut donc mieux s'adresser à celle dont on relève.
- L'ADEME, pour les économies d'énergie, mais aussi pour les déchets (cet organisme gère le Fonds de modernisation des déchets) et les pollutions atmosphériques.

Parmi les interlocuteurs non spécialisés, on peut citer la préfecture et la DRIRE, pour les FRAC (Fonds régionaux d'aide au conseil) et les FDAC, (Fonds départementaux d'aide au conseil).

L'Union européenne met en œuvre des programmes de recherche et développement impliquant plusieurs pays. Pour la France, il faut s'adresser à l'ANVAR ou la Direction générale des stratégies industrielles du Ministère de l'industrie.

La figure 7.3 illustre les relations complexes entre les acteurs concernés par la sécurité et l'environnement.

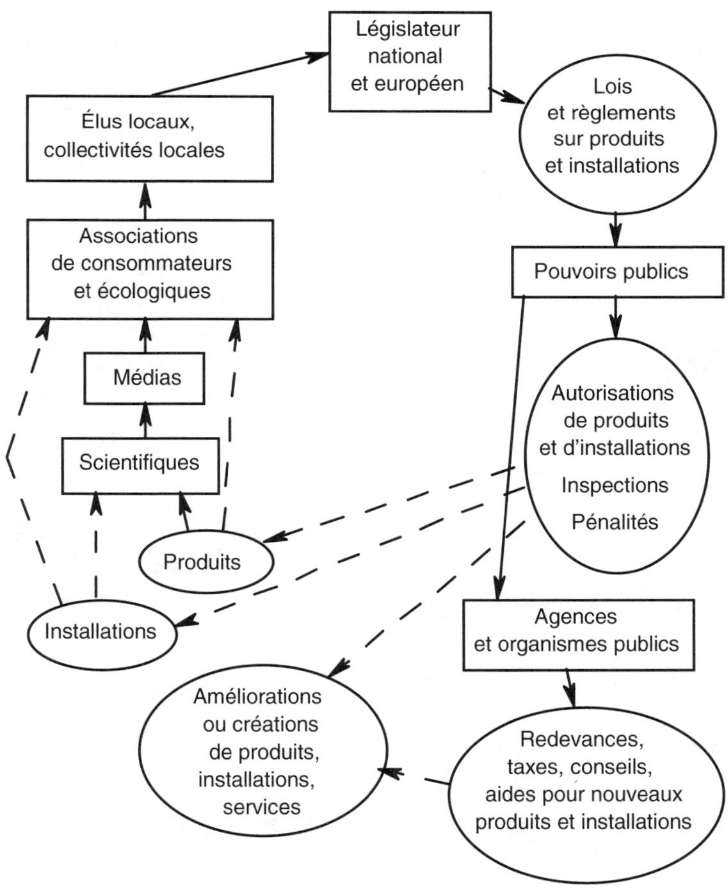

Figure 7.3 Les relations entre les acteurs concernés par la sécurité et l'environnement.

La démarche de construction d'un système de management intégré qualité-sécurité-environnement incite faire la synthèse, le plus en amont possible, des préoccupations qualité, sécurité et environnement des différents acteurs.

8

Le diagnostic initial

Un diagnostic qualité consiste à faire la description et l'**analyse de l'état d'un organisme**, ... en matière de qualité, réalisée à sa demande et à son bénéfice, en vue **d'identifier ses points forts et ses insuffisances**, et de proposer des actions d'amélioration en tenant compte de son « contexte technique, économique et humain » (FD 50-170).

En qualité, avant d'entreprendre une démarche, de définir une ou des politiques, il faut poser les problèmes, évaluer les enjeux et les moyens à engager avant de planifier une démarche de mise en place ou d'amélioration du système qualité. Il en est de même pour une démarche sécurité ou environnementale et plus encore pour une démarche intégrée qualité-sécurité-environnement. Nous verrons au chapitre 9 qu'un diagnostic initial est en général la première étape d'une démarche de construction d'un système de management intégré.

On remarquera à ce sujet que :

- en management de la santé et de la sécurité au travail, le « Passage en revue initial » est la première étape recommandée par la norme BS 8800 : 1996 (§ 4.0.2) ;
- en management environnemental la « Revue environnementale initiale » fait partie des recommandations de l'ISO 14004 (§ 4.1.3), dans le cadre de l'engagement et de la politique de la direction.

8.1 L'extension des concepts du diagnostic qualité

Nous partirons du diagnostic dans le domaine du management de la qualité, avant de proposer une synthèse adaptée au cas de la démarche intégrée.

8.1.1 Les buts et le contenu du diagnostic qualité

- **Le but du diagnostic**

Le diagnostic qualité et l'audit qualité sont deux outils d'évaluation qui ont des points communs, mais des buts très différents.

Alors que l'audit qualité est un examen systématique par rapport à un référentiel d'organisation imposé, sans mesure des résultats, le diagnostic est l'analyse d'un état qui n'implique pas nécessairement un référentiel, et qui comprend une mesure de résultats.

- **Le contenu du diagnostic qualité**

Le fascicule X 50-170 (§ 3.1) précise aussi que l'analyse de l'état de l'organisme comprend notamment :

- un examen méthodique ... de l'organisation et du fonctionnement de l'organisme ..., pour détecter les défauts de contribution et les manques de qualité ... ;
- une évaluation approchée des pertes dues aux manques de qualité.

Le « défaut de contribution », traité dans le fascicule X-50-180-1, est une « dégradation spécifique et mesurable du chiffre d'affaires ou des coûts, dégradation toujours imputable à un travail mal conçu ou mal exécuté ».

8.1.2 Le diagnostic appliqué au processus global

Le fascicule X 50-170 (§ 3.1) précise encore que : « l'état d'un organisme est caractérisé par l'ensemble de ses activités, ses moyens (matériels, humains et financiers), son fonctionnement, ses résultats (qualité des produits et services, efficacité économique), son système organisationnel, sa position sur le marché, sa stratégie et ses perspectives d'évolution ».

L'approche processus (*cf.* Chapitre 4) incite à représenter pratiquement de la même manière l'organisme dans son ensemble et les processus élémentaires qui le composent. Le diagnostic qualité d'un organisme peut donc être considéré comme l'évaluation d'un processus global de création de valeur ajoutée.

Le schéma d'un processus de base de la figure 4.2 a, étendu à l'entreprise, devient celui de la figure 8.1.

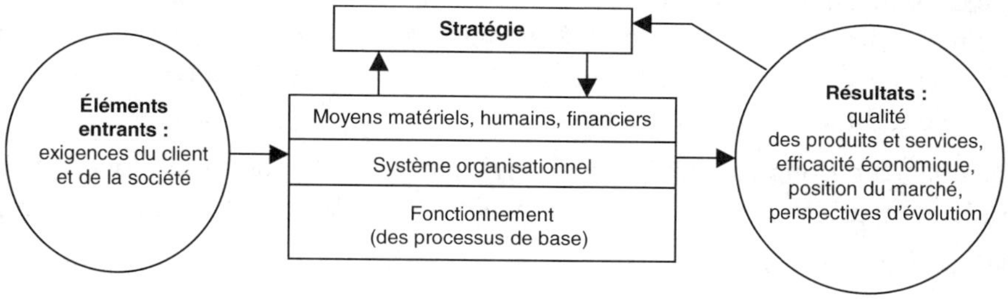

Figure 8.1 Le diagnostic qualité : évaluation d'une entreprise considérée comme un processus global.

Ce schéma montre que, sans retour d'information sur une certaine catégorie de résultats, le chef d'entreprise est aveugle à ce sujet. Il pilote avec le système d'information qu'il a, c'est-à-dire essentiellement le système comptable et financier. Si l'on veut un véritable management de la qualité, il faut un système d'informations sur les résultats. Ce système d'information est indispensable pour appliquer vraiment une stratégie.

Le diagnostic appliqué au processus global conduit à s'interroger sur les déficiences au niveau des facteurs :

- les moyens matériels, humains, financiers ;
- le système organisationnel ;
- les « éléments entrants » sont aussi un facteur explicatif : avec de mauvais fournisseurs, il y a des risques de mauvaise qualité ;
- la stratégie : c'est le facteur le plus important à prendre en compte pour expliquer les bons ou les mauvais résultats. C'est au niveau de chacun de des processus stratégiques ou clés (*cf.* § 4.3) qu'il faut rechercher les causes des défauts de contribution.

8.2 L'extension du diagnostic qualité au diagnostic intégré

8.2.1 L'extension du champ d'application et des objectifs

La norme ISO 14 001 : 1996 exige, de commencer par une « identification des aspects environnementaux ». Il n'est pas dit explicitement que cette identification doive aller jusqu'à la mesure, mais elle doit permettre de définir des objectifs et cibles « mesurables ». Il faut donc qu'ils soient chiffrés, mais, comme le dit l'annexe A 3.1 de l'ISO 14001, en prenant « en compte le temps et le coût nécessaires pour entreprendre l'analyse » (*cf.* IS0 14001, annexe A3), autrement dit, en fonction des possibilités.

Les considérations de management environnemental conduisent donc à étendre la comparaison entre les buts du diagnostic et de l'audit (*cf.* tableau 8.3).

De manière semblable la spécification OHSAS 18001 : 1999 exige « d'identifier les dangers, d'apprécier les risques ... », afin de « fournir des données d'entrée pour la définition des exigences relatives aux installations, l'identification des besoins en formation et/ou le développement de contrôles de fonctionnement ».

Les considérations de management de la sécurité et environnemental conduisent donc à étendre le champ d'application et les objectifs du diagnostic initial par rapport à ceux du diagnostic qualité comme le montre le tableau 8.1.

8.2.2 Le diagnostic intégré appliqué au processus global

L'approche processus conduit à prendre en comte dans le champ du diagnostic initial l'évaluation de tous les processus en ce qui concerne aussi bien les résultats intentionnels et non intentionnels, en particulier ceux qui sont liés à la sécurité et à l'environnement. On évaluera la satisfaction initiale de toutes les parties intéressées, en y intégrant notamment les données acquises relatives aux incidents, accidents et aux les impacts environnementaux suivant le schéma de la figure 8.2.

8.3 Les éléments du diagnostic intégré

Le diagnostic intégré consiste, sous la forme d'un état des lieux, a examiner simultanément l'ensemble des activités d'une entreprise par rapport à des critères d'évaluation en relation avec les exigences des normes du système de management QSE.

Le résultat de l'évaluation traduit un niveau de conformité et de performance potentielle qui ne présume pas de la performance réelle de l'entreprise. L'objectif du diagnostic intégré pour une entreprise est en effet d'identifier les macro-écarts du système de management, de manière à mieux programmer les priorités d'une politique de mise à niveau de son système de management intégré QSE.

Tableau 8.1 Comparaison des champs d'application et des objectifs des diagnostics qualité, sécurité et environnement.

Type d'évaluation	Type de démarche	Système de management évalué
Management de la qualité	*Diagnostic* : – Analyse d'un état (points forts, points faibles) – Mesure des résultats	Système de management avec considérations d'efficacité et d'efficience économiques (référentiels : ISO 9004, prix qualité, etc.)
Management de la santé et de la sécurité au travail	*Passage en revue initial :* – Identification des dangers – Classification des risques – Données pour la définition des exigences en ressources	Système de management de la santé et de la sécurité au travail (référentiels : BS 8800, et ses annexes, OHSAS 18001 et 18002...)
Management environnemental	– Identification des aspects environnementaux – Mesure des résultats en fonction des possibilités	Système de management environnemental (référentiels : ISO 14001 – SMEA...)

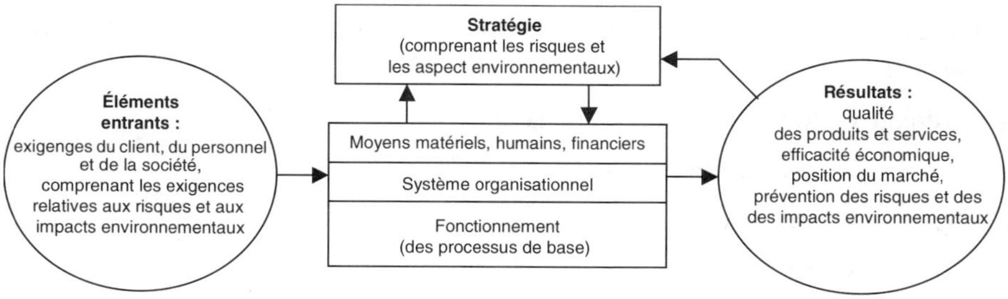

Figure 8.2 Le diagnostic qualité, sécurité et environnement : évaluation de l'état d'une entreprise considérée comme un processus global.

Pour garantir un maximum d'efficacité dans la réalisation d'un diagnostic intégré, il est recommandé de le faire précéder :

- d'un travail d'identification formelle des processus ;
- d'une analyse la plus complète possible des activités vis-à-vis des contraintes réglementaires applicables, des besoins et des attentes des parties intéressées ;

- d'une interprétation documentée par l'entreprise des différentes exigences des normes QSE ou référentiels pour chaque critère (des documents guide préétablis existent déjà).

Le diagnostic est un travail collectif réalisé si possible en interne lorsque l'entreprise dispose des compétences requises. Il favorise la prise de conscience des intérêts de l'intégration QSE et renforce la communication entre des parties prenantes supports (exemple : QSE et RH (ressources humaines)), qui n'ont pas toujours l'occasion de travailler ensemble.

Les différents niveaux de performance

Il est assez facile d'évaluer la maturité des processus d'un système de management pour chacune des disciplines du QSE en termes d'efficacité et d'efficience. Il suffit pour cela d'étudier le niveau de maturité du contenu précis de chaque critère générique des normes – responsabilité de la direction, management des ressources, réalisation du produit, mesure, analyse – en respectant une logique de progressivité qui va de la maîtrise élémentaire à l'excellence comparée. Ce qui intéresse l'entreprise c'est de connaître son niveau de performance globale actuel pour déterminer son niveau de performance désiré en relation avec ses enjeux actuels et futurs.

Le FD X 50-174 aide à définir les différents niveaux de maturité (voir Tableau 8.2 et 8.3) car elle spécifie des conditions précises pour chacun d'entre eux :

- Niveau **1** : fonctionnement de base ;
- Niveau **2** : défini, planifié, suivi ;
- Niveau **3** : maîtrisé ;
- Niveau **4** : optimisé ;
- Niveau **5** : excellent.

L'organisation du diagnostic intégré

Le temps passé pour la réalisation du diagnostic sera évidemment fonction de la taille de l'entreprise. D'une façon générale, un diagnostic doit concerner tous les processus importants d'une l'entreprise, néanmoins la durée des entretiens sera plus courte que lors des audits. En effet, il ne s'agit pas de recueillir et d'analyser des preuves tangibles mais simplement d'évaluer le niveau des processus sur la base des seuls éléments de réponses des interlocuteurs en relation un questionnaire guide préétabli.

Tableau 8.2 L'évaluation d'un critère QSE.
(Source : AFNOR FD X 50-174)

Critère	Fonctionnement de base	Défini, planifié, suivi	Maîtrisé	Optimisé	Excellent
Achat	Les fournitures sont commandées sur la base de spécifications minimales	Les fournisseurs sont évalués et les commandes sont documentées	L'évaluation des fournisseurs est réalisée à partir de critères objectifs et les spécifications des commandes sont établies en relation avec les risques encourus	L'avis des fournisseurs sensibles est pris en compte. Ils participent à la conception des nouveaux produits. Des audits sont régulièrement réalisés chez les fournisseurs.	Une politique de partenariat est systématiquement mise en œuvre avec les fournisseurs stratégiques

Tableau 8.3 Les différents niveaux de maturité.

N	Nom	Commentaire
1	**Fonctionnement de base**	L'ensemble des processus mis en œuvre à l'aide de ressources permet de réaliser le produit. Ceux-ci correspondent globalement aux besoins des seuls clients. Des non-conformités, dommages et accidents sont constatés et se traduisent par des réclamations et contestations. Ce niveau se caractérise par une instabilité des processus de réalisation et supports.
2	**Défini, planifié et suivi**	L'ensemble des processus mis en œuvre s'exécute de façon gérée avec une disponibilité de ressources planifiées et selon des objectifs définis. Des étapes de contrôle permettent d'assurer la conformité du produit à des exigences spécifiées. Les non-conformités, dommages et accidents sont plus rares et des actions correctives portent sur les processus. Ce niveau se caractérise par une stabilité des processus de réalisation et de supports, les réclamations des clients sont rares.
3	**Maîtrisé**	Le diagnostic traduit un effort permanent de l'organisme pour maîtriser l'ensemble des processus, ce qui permet d'adapter ses pratiques à la situation, à une demande spécifique du client et de quelques autres parties intéressées. Les processus sont constamment améliorés afin de produire des résultats permettant de satisfaire les clients.
4	**Optimisé**	Le diagnostic traduit le souci de l'ensemble de l'organisme de satisfaire durablement ses clients ainsi que l'ensemble des parties intéressées. L'ensemble des processus deviennent efficients, ce qui implique une recherche de performances économiques permettant d'obtenir les résultats avec un minimum de ressources consommées.
5	**Excellent**	L'organisme recherche constamment les meilleures performances en matière de qualité, de sécurité, de prévention de l'environnement et d'éthique, dans un esprit de développement durable, dans son domaine d'activité, pour améliorer durablement ses processus. Ceci peut s'obtenir par : • la remise en cause des processus afin de les maintenir à l'optimum, • l'observation des pratiques des meilleurs concurrents, • l'analyse des évolutions du marché, • l'anticipation des besoins du client. Ce niveau traduit une capacité de l'organisme à réagir rapidement, à anticiper.

9

Comment traiter les éléments d'un système de management intégré

Nous avons exposé au chapitre 6 les principes de l'intégration et donné des exemples de schémas d'intégration. À partir de ces principes, il faut faire des choix : quelle politique de management, quels objectifs, quel référentiel d'exigences à respecter, quelles dispositions prendre pour mettre en œuvre, maîtriser et optimiser les processus nécessaires pour atteindre les objectifs ?

Tous ces choix, toute la démarche qui s'ensuit relèvent du plus haut niveau de la direction de l'organisme. C'est de son *leadership* (*cf.* § 3.3.3) que dépend le succès de l'intégration.

9.1 La responsabilité de la direction

Il convient que la direction au plus haut niveau assume les principales responsabilités de la démarche d'intégration. Une démarche de construction d'un système de management intégré comprend généralement les étapes schématisées sur la figure 9.1.

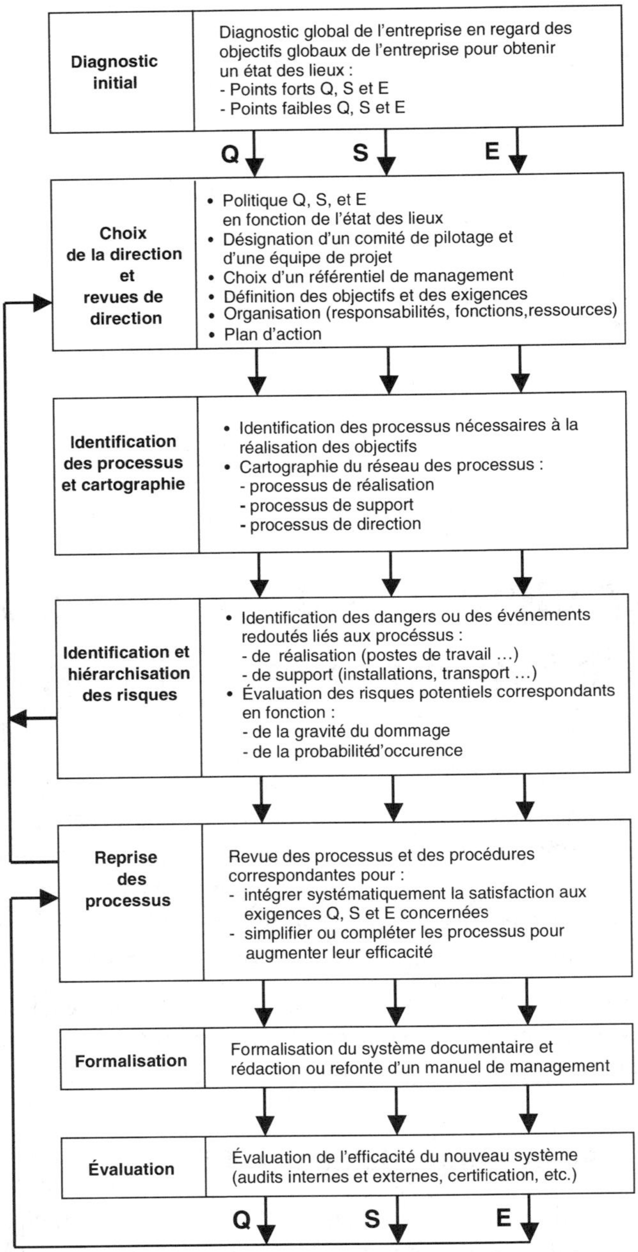

Figure 9.1 Les principales étapes d'une démarche de construction d'un système de management intégré.

9.1.1 Le diagnostic initial et l'état des lieux

La première étape d'une démarche de management intégré consiste à effectuer un diagnostic de l'organisme pour obtenir un état des lieux.

- **Le diagnostic**

Il s'agit de rechercher et de mettre en évidence les contraintes (exigences du client, de la réglementation, etc.), les points forts, les points faibles et leurs causes, à partir d'éléments d'observables, pour formuler des objectifs qualité, sécurité et environnement. Ce diagnostic peut être effectué par un ou plusieurs membres de la direction avec, s'il y a lieu, l'aide d'un expert externe. (*cf.* Chapitre 8).

- **L'état des lieux**

Le résultat du diagnostic doit mettre en évidence les aspects organisationnels, techniques, sociaux, éthiques et financiers, en regard des objectifs de l'organisme relatifs à la qualité, la sécurité et l'environnement.

Il peut comprendre une première identification des risques potentiels humains, matériels et financiers. Une évaluation plus approfondie suivra à partir de l'identification des processus (*cf.* § 9.1.4).

9.1.2 Le choix d'une politique de management

Les **principales options** qui peuvent être successives et progressives :

- **Pour la qualité**

- Politique limitée à la réponse aux **exigences du client** (ISO 9001 : 2000, avec certification en option) ;
- Politique de **management interne** visant l'amélioration des performances (ISO 9004 : 2000) ;
- Politique de **recherche de l'excellence** impliquant tout le personnel (management total de la qualité « TQM », avec en option, objectif de présentation à un Prix Qualité français ou européen EFQM.

- **Pour la santé et la sécurité au travail**

- Politique limitée à la réponse aux exigences légales (dispositions de contrôle limitant les risques) ;
- Politique de management visant la **prévention des risques** envers le personnel et la collectivité (à partir d'un référentiel de type BS 8800, ou OHSAS 18001, ou encore spécifique interne) ;

– Politique **de recherche de l'excellence** intégrée à celle de la qualité.

Note : Des accidents récents démontrent que la réglementation en matière de sécurité ne suffit pas à prévenir les risques. L'entreprise a l'entière responsabilité d'identifier les dangers et d'évaluer les risques dans son périmètre d'activités.

• **Pour la protection de l'environnement**

– Politique limitée à la réponse aux exigences légales (dispositions de contrôle limitant les risques juridiques, pénaux et financiers) ;
– Politique de management environnemental visant la satisfaction de toutes les parties intéressées par l'environnement (référentiel de type ISO 14001, avec, en option, certification ou enregistrement SMEA (*cf.* § 5.6).

• **Pour l'intégration qualité-sécurité-environnement**

Cette option correspond à l'intégration aussi complète que possible. Elle peut être complémentaire ou progressive pour conduire à un **management global** intégrant la qualité, la sécurité et l'environnement.

La figure 9.2 schématise sur trois axes les principaux leviers d'application de la politique d'intégration « SQE » (sécurité-qualité-environnement) d'Air Liquide – Grande Industrie Europe, sur lesquels s'appuie l'engagement unique de la Direction (*cf.* Témoignage d'Air Liquide). Les lettres (P), (D), (C) et (A) relie ces leviers au cycle d'amélioration continue PDCA (*cf.* § 3.2.2).

9.1.3 Le choix d'un type d'intégration

• **Politique d'intégration progressive**

C'est l'option la plus fréquente pour des groupes industriels ayant de multiples secteurs distincts : l'organisme construit un système sécurité ou environnemental en parallèle avec un système de management de la qualité existant (à titre expérimental, en vue d'une intégration progressive).

• **Politique d'intégration partielle**

– L'organisme adopte des politiques distinctes « Q » et « S-E » ou « Q-S » et « E », mais s'appuyant sur un certain nombre de procédures et de documents de travail communs.
– Politique intégrée « Q-S-E » limitée à certains sites ou secteurs industriels.

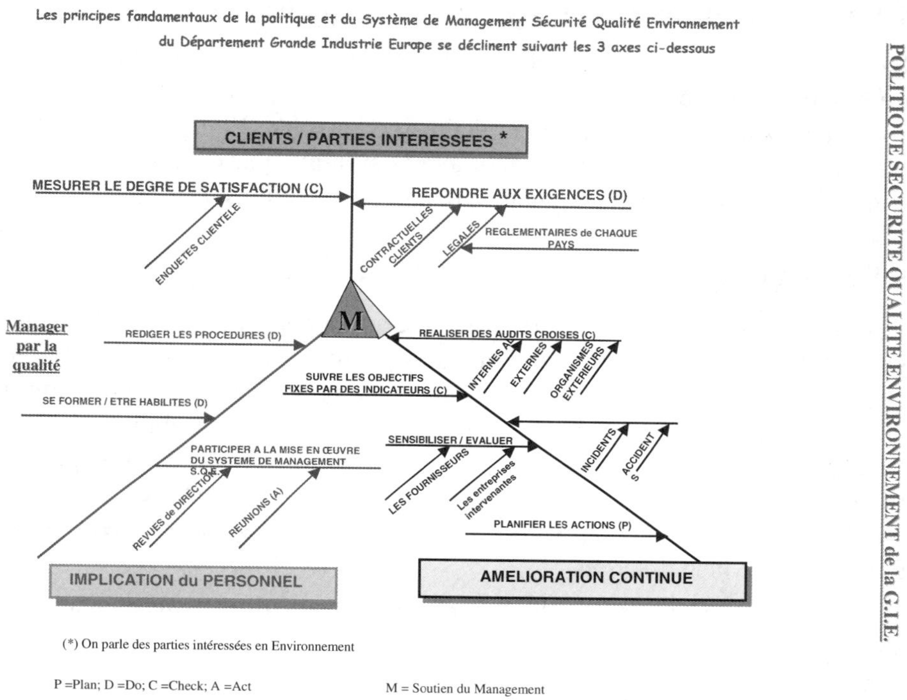

Figure 9.2 Les trois axes sur lesquels s'appuie l'engagement de la direction d'Air Liquide – Grande Industrie Europe et les principaux leviers de déploiement de la politique correspondante.

- **Politique d'intégration globale**
- Politique visant l'intégration « Q-S-E » à tous les niveaux et tous les secteurs, mais limitée à la réponse aux exigences des clients et aux exigences légales.
- Politique visant l'intégration « Q-S-E » à tous les niveaux ainsi que l'excellence, par l'implication de tout le personnel sur les objectifs de prévention et de maîtrise de tous les risques internes et externes (TQM étendu à la sécurité et à l'environnement – *cf.* Chapitre 1, figure 1.3).

Remarque : l'intégration progressive, partielle ou globale, peut correspondre à la mise en place de systèmes de management dits **harmonisés, combinés** ou **imbriqués**, ou d'un système unique dit **commun** ou **global** (*cf.* § 6.1.1).

9.1.4 La détermination du périmètre d'application

Il convient que la direction de l'organisme définisse bien au départ le périmètre d'application de son système de management intégré : produits, services concernés, zones géographiques et établissements, etc. Elle précisera également à quels types d'activités s'applique le système, par exemple en ce qui concerne les implantations nouvelles, fusions, acquisitions, etc.

9.1.5 La désignation d'un comité de pilotage

Dans le cas d'une démarche de mise en place d'un nouveau système de management, le responsable de l'organisme désigne souvent au départ un « comité de pilotage » constitué d'un ou de plusieurs membres du comité de direction et des collaborateurs appelés, par exemple, à prendre des responsabilités dans les fonctions qualité, sécurité et environnement à créer. Ce comité de pilotage participera à la définition des objectifs et du premier plan d'action. Ce comité se réunira périodiquement pour suivre la mise en place du système et réorienter, s'il y a lieu, le plan d'action.

Les premières revues de direction effectuées pour vérifier l'efficacité du nouveau système sont animées par le comité de pilotage en présence du directeur général.

9.1.6 L'expression de la politique et des objectifs

L'expression de la politique et des objectifs principaux peut prendre la forme :

- soit d'un texte unique intégrant des objectifs qualité, environnement et santé et sécurité au travail (exemple d'Air Liquide, Grande Masse Europe),
- soit de l'énoncé des valeurs fondamentales de l'entreprise (exemple de la « Vision Lexmark ») suivi de l'expression distincte des politiques et objectifs qualité, environnement, santé et sécurité au travail.

- **Exemples d'éléments de politique :**
  - Satisfaire aux attentes des clients et partenaires ;
  - Répondre aux exigences réglementaires (qualité, santé et sécurité au travail, environnement) ;
  - Agir en prévention :
    - prévenir la non-conformité,
    - anticiper la survenue de l'accident,
    - éliminer les sources de pollution, etc.

- Agir dès la conception des processus et produits ;
- Mobiliser les ressources humaines ;
- Accroître les avantages stratégiques et concurrentiels.

Il conviendra d'exprimer la politique dans un ou plusieurs manuels en la faisant précéder d'un **engagement du directeur général.** Cette politique sera, s'il y a lieu, reprise et complétée au niveau des différents secteurs en ce qui concerne spécifiquement la qualité, la santé et la sécurité au travail, l'environnement, et s'il y a lieu, d'autres aspects tels que la sécurité des installations et celle des transports par exemple.

On pourra ensuite – dans des plans et programmes – décliner des objectifs spécifiques à la qualité, à la sécurité et aux aspects de l'environnement.

- **Exemples d'objectifs :**

Objectifs de mise en place du système :

- Extension du management existant de la qualité au management de la sécurité et/ou de l'environnement.
- Construction simultanée d'un système intégrant la qualité, la sécurité et l'environnement (organisation et documents).
- Préparation à la certification du système de management.

Objectifs d'action :

- Sensibilisation, et formation du personnel (à la qualité, à la sécurité, à la protection de l'environnement, à l'audit, à l'amélioration continue, etc.).
- Mise en place de moyens de prévention des accidents.
- Qualification des équipements.
- Mise en place d'indicateurs (qualité, sécurité, environnement, etc.).

Objectifs opérationnels chiffrés :

- Taux de satisfaction des clients.
- Niveaux de performance des produits et services.
- Taux de fréquence et de gravité des accidents.
- Taux de rejets polluants dans l'eau et dans l'air.

9.1.7 Le choix d'un référentiel de management

Le choix du référentiel de départ – existant, cas d'une norme, ou créé spécifiquement par l'entreprise elle-même – est important, car il orientera par la suite toute la structure du système documentaire à mettre en œuvre.

Précisons tout d'abord que les rédacteurs de l'ISO 14001, parue en 1996, l'ont conçue comme susceptible de s'intégrer dans une autre norme. Ainsi lit-on dans l'introduction de cette norme : « qu'il n'est pas nécessaire que les exigences du système de management soient établis indépendamment d'éléments de système de management existants. Dans certains cas, il sera possible de se conformer aux exigences en adaptant des éléments du système de management existant... ».

Il s'agissait par exemple, en 1996, d'intégrer des exigences environnementales dans un référentiel ISO 9001 ou ISO 9002, bien que la structure correspondante ne soit pas, comme pour l'ISO 14001, de type « PDCA » (*cf.* § 3.2.2).La structure « PDCA » de l'ISO 9001 : 2000 facilite maintenant cette intégration.

- **Partir d'un référentiel existant ou innover ?**

Adapter un référentiel existant est une solution de facilité, non d'efficacité à long terme :

- Solution de facilité :
  - On garde une structure documentaire proche de l'existante, en intégrant par exemple des dispositions de sécurité et d'environnement dans les différents éléments du référentiel qualité.
  - La démarche d'intégration peut être partielle ou progressive.
  - Les auditeurs retrouvent plus facilement leurs exigences.
- Solution de moindre efficacité :
  - Manque d'adaptabilité aux évolutions futures des normes.
  - Manque d'adaptabilité aux processus spécifiques de l'entreprise : système souvent « plaqué » et imposé au lieu de « coller au terrain ».
  - Conséquence : l'adhésion du personnel n'est pas facilitée.

C'est cependant un cas fréquent pour les entreprises partant d'une certification qualité.

- **Choisir un référentiel existant en fonction du type de management**

Selon la situation de l'organisme au départ – un système qualité ou environnement est déjà en place, ou au contraire le système de management est à construire – on peut par exemple choisir entre les options ci-après.

Partir d'un référentiel reconnu de management de la qualité

On pourra choisir celui de l'ISO 9001 : 2000 ou ISO 9004 : 2000, et l'on intégrera les dispositions relatives à l'environnement dans les différents éléments de ce référentiel. C'est le cas le plus fréquent.

Partir d'un référentiel reconnu de management environnemental

On pourra choisir celui de la norme ISO 14001 pour couvrir des exigences intégrées qualité, sécurité et environnement. Dans toutes les situations, on pourra intégrer des dispositions relatives à la qualité – et encore plus facilement des exigences de sécurité – dans les éléments de ce référentiel en ajoutant, s'il y a lieu, des paragraphes spécifiques à la qualité.

Construire un système de management intégré propre à l'organisme

Il s'agit là d'un référentiel qu'une entreprise peut créer pour intégrer des dispositions relatives à la qualité, à la sécurité et à l'environnement. On peut partir d'un référentiel existant ou, de préférence, construire un référentiel en fonction de la nature spécifique des activités de l'organisme. Il convient alors :

- de choisir une structure, par exemple :
  - Structure de type PDCA (*Plan – Do – Check – Act*) : de type ISO 9000 : 2000, ISO 14001 ou OHSAS 18001 …
  - Stucture de type « Management/Processus/Résultats », proche du PDCA et semblable au modèle du Prix EFQM (voie d'une démarche TQM – *cf.* § 1.1.3).
  - Structure proche de celle de l'échelonnement des processus identifiés de l'organisme, notamment en ce qui concerne les processus de réalisation. Ce qui implique de s'appuyer sur la cartographie des processus. C'est la structure la plus intéressante à moyen et long terme, car elle favorise l'amélioration des processus par ceux-là même qui les décrivent et les mettent en pratique.

- d'intégrer les diverses exigences QSE au niveau des processus concernés :
  – Processus de pilotage ou de direction, par exemple : évaluation des risques, planification stratégique, programmes environnementaux et sécurité, revues de direction …
  – Processus de réalisation : études d'impact, de déchets, cycle de vie du produit ou échelonnement des activités ou prestations.
  – Processus de support : ressources humaines, installations, documentation, urgences et interventions, CHSCT.

9.1.8 L'engagement de la direction

L'engagement de la direction est une exigence commune des normes ISO 9000, ISO 14000 et BS 8800, ainsi que de la spécification OHSAS 18001. Cet engagement formel à appliquer la politique définie et atteindre les objectifs correspondants est tout à fait indispensable : il traduit l'implication de la direction générale dans une démarche managériale. Au delà du discours, il exprime un « leadership » (*cf.* § 3.3.3) – notion en exergue dans les prix qualité internationaux de type EFQM – c'est-à-dire un comportement de la direction et de l'ensemble du management qui détermine l'attitude de tout le personnel et sa contribution.

Dans le cas d'une politique intégrée qualité-sécurité-environnement, l'engagement de la direction pour cette politique doit être le point de départ de la démarche d'intégration.

9.1.9 L'organisation[1]

L'organisation des responsabilités

Quelle que soit la politique adoptée, tant en ce qui concerne la qualité que la sécurité et l'environnement, il convient que les missions, les responsabilités et l'autorité des personnes dont l'activité a une incidence sur l'obtention des résultats attendus soient définies par écrit, communiquées et tenues à jour.

C'est bien sûr une exigence commune des normes ISO 9001, ISO 14001, BS 8800 et de la spécification OHSAS 18001. Le plus simple et efficace est :

– de tenir à jour un **organigramme** qui permet de résumer et de faire comprendre l'organisation et le fonctionnement de l'entreprise ;

1. Pour plus de détails sur l'organisation des responsabilités, et les fonctions de management, on pourra consulter *Du manuel qualité au manuel de management, L'outil stratégique* – *cf.* Bibliographie.

- de distinguer sur cet organigramme les **liaisons hiérarchiques** (liaisons d'autorité sur le personnel) et les **liaisons fonctionnelles** (liaisons non hiérarchiques correspondant à des fonctions bien définies) ; ces dernières sont notamment très utiles pour décrire les relations de communication ou d'interaction spécifiques à la qualité, à la sécurité ou à l'environnement ;
- de tenir à jour des **définitions de fonction** intégrant les aspects qualité, sécurité et environnement, en précisant les responsabilités vis-à-vis de la prévention des risques et, s'il y a lieu, le rôle joué en situation d'urgence.

- **L'organisation des fonctions qualité, sécurité et environnement**

Il est important que la politique et les objectifs qualité, sécurité et environnement soient répercutés aux différents niveaux hiérarchiques appropriés et que les actions correspondantes soient animées, suivies et arbitrées par des **fonctions indépendantes des lignes opérationnelles**, mais reliées au directeur général.

Selon l'importance de l'entreprise, selon sa politique qualité-sécurité-environnement et selon la diversité de ses secteurs – certains sont plus soumis à des exigences de sécurité ou de protection de l'environnement que d'autres – différents types de responsables qualité, sécurité, environnement, ou sécurité-environnement, etc., sont placés en liaison hiérarchique avec la direction et en relation fonctionnelle avec les acteurs opérationnels. Ces personnes peuvent être des directeurs, des responsables, des chargés de mission qui agissent à temps partiel ou à temps plein. La relation fonctionnelle avec les opérationnels est souvent assurée par l'intermédiaire de correspondants qualité, sécurité ou environnement, agissant aussi à temps partiel ou à temps plein.

Les figures 9.3 a, 9.3 b, 9.3 c et 9.3 d fournissent des exemples d'organisation des fonctions qualité, environnement et sécurité dans une grande entreprise.

On remarquera que la fonction environnement est souvent associée à la fonction sécurité (des installations et de la santé au travail) et que certaines entreprises intègrent les fonctions qualité, sécurité et environnement au niveau de la direction.

Bien entendu, dans une PME, ou dans une petite implantation locale, la fonction qualité-sécurité-environnement, ou qualité-environnement, etc. pourra être assurée par une seule personne, qui fait appel, si nécessaire, à des intervenants extérieurs.

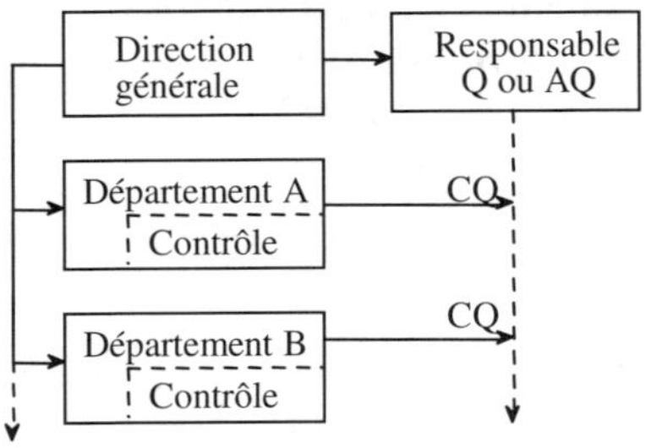

Figure 9.3 a Contrôle décentralisé et correspondants qualité en liaisons fonctionnelles avec un responsable qualité ou assurance qualité.

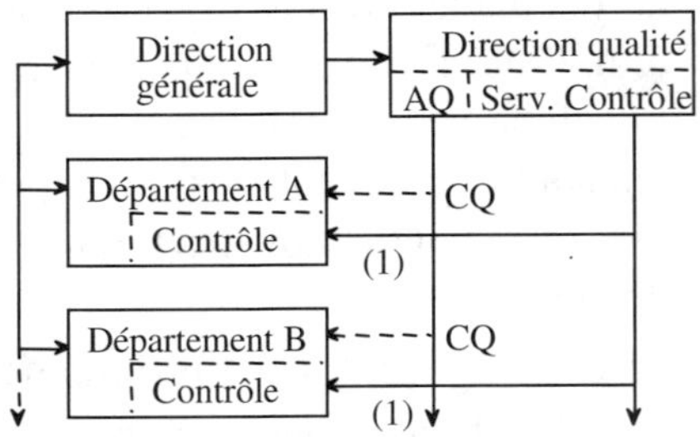

Figure 9.3 b Contrôle centralisé et correspondants assurance qualité en liaisons fonctionnelles avec les divers secteurs concernés.

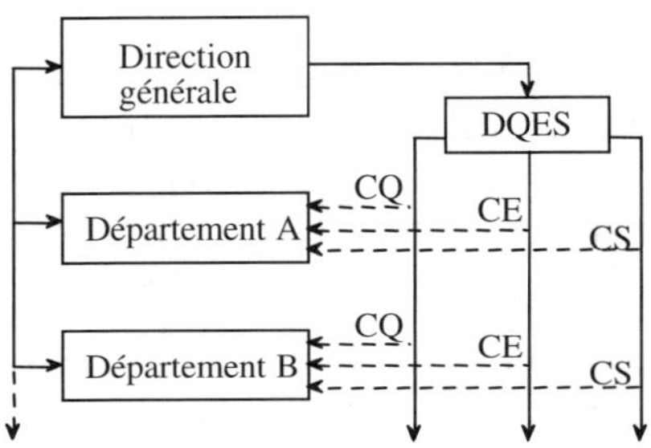

Figure 9.3 c Correspondants d'une direction qualité, environnement et sécurité en liaisons fonctionnelles avec les divers secteurs concernés.

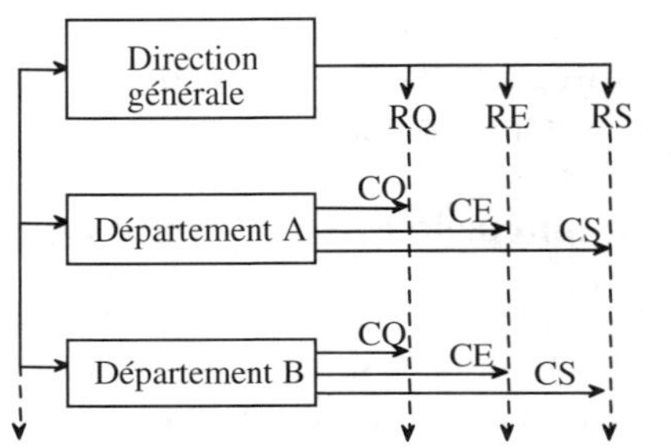

Figure 9.3 d Correspondants des départements en liaisons fonctionnelles avec trois responsables qualité, environnement et sécurité distincts.

⟶ Ligne hiérarchique (autorité sur le personnel et son activité)

- - -> Ligne fonctionnelle (liaison non hiérarchique définie par une mission)

(1) Autorité sur la conformité du produit (pas sur le personnel)

R = Responsable
C = Correspondant

Figure 9.3 Exemples d'organisation des fonctions qualité (Q) et environnement (E) et sécurité (S) dans une grande entreprise.

- **L'organisation des moyens**

Il conviendra d'ajouter aux moyens matériels et humains, qualifiés pour la bonne exécution des tâches, les moyens ayant une incidence sur la protection de l'environnement et la sécurité :

- moyens de prévention (dispositifs de détection et d'alarme, de protection individuelle et collective, etc.) ;
- services spécialisés (mesure des effluents, analyse des déchets, etc.) ;
- moyens spécifiques de formation du personnel.

- **L'organisation de la communication**

La communication est une activité de management qui n'était pas traitée dans les normes ISO 9000 : 94. Elle l'était par contre dans les normes ISO 14000 : 1996 et dans la spécification OHSAS 18001 : 1999. Il s'agit, aussi bien pour l'environnement que pour la sécurité de :

- faire connaître au personnel les exigences légales et les autres demandes externes qui les concernent ;
- assurer la communication interne et externe (avec le public et avec les autorités) ;
- tenir le personnel informé des résultats obtenus en matière, d'environnement et de sécurité.

L'ISO 9000 : 2000 contient à présent des exigences de communication interne pour l'efficacité du système de management et pour la communication avec le client. Sous l'angle d'un système de management, toutes ces exigences sont compatibles et complémentaires : elles pourront être intégrées dans les objectifs d'un processus commun.

9.1.10 Les ressources humaines

En management de la qualité, une des responsabilités de la direction est l'identification des besoins en formation et en qualification. C'est, bien sûr une exigence des normes ISO 9000, par exemple. C'est un facteur essentiel de réussite en management total de la qualité, lequel met l'accent sur la sensibilisation et la motivation du personnel du haut à la base de la hiérarchie.

C'est aussi une sensibilisation « à tous les niveaux et fonctions concernés » qui est exigée par la norme ISO 14001 (§ 4.4.2), notamment : « ...aux exigences du système environnemental ... aux impacts environnementaux significatifs ... à la prévention des situations d'urgence ... ».

Des exigences semblables sont formulées dans la spécification OHSAS 18001.

L'intégration dans le domaine des ressources humaines ne pose donc pas de problème : les mêmes procédures peuvent s'appliquer à l'identification des besoins de formation, à la sensibilisation et à la formation en matière de qualité, de sécurité et de protection de l'environnement. Les entreprises qui pratiquent déjà une politique de management total de la qualité y sont mieux préparées.

9.1.11 Les revues de direction

En management de la qualité, la revue de direction exigée par les normes ISO 9000 : 2000 est un examen qui permet de revoir le système de management pour « assurer qu'il demeure **pertinent, adéquat** et **efficace** ». Elle doit comprendre « l'évaluation des opportunités d'amélioration … ».

En management environnemental, l'exigence est très semblable pour « la direction à son plus haut niveau » (ISO 14000, § 4.6). Elle ajoute notamment que la revue « doit être faite ... dans le cadre de l'engagement d'une amélioration continue ». Les exigences de l'OHSAS 18001 sont très semblables

Dans le cadre d'un système intégré, il est important que la direction de l'entreprise « au plus haut niveau » (termes de l'ISO 14001 et de l'OHSAS 18001) se réunisse périodiquement avec le ou les responsables qualité, sécurité et environnement pour évaluer l'efficacité du système de management et décider des mesures correctives et préventives, tant en ce qui concerne la qualité, que la sécurité et l'environnement. La revue peut, selon la politique d'intégration de l'organisme, intégrer la qualité, la sécurité et l'environnement ou traiter séparément ces domaines.

L'ordre du jour comprendra notamment l'examen :
- des réclamations des clients ou des autorités externes ;
- des résultats des audits qualité internes et des audits ou inspections relatifs à la sécurité et à l'environnement ;
- des arbitrages éventuels concernant le respect des trois types d'exigences ;
- de la cohérence et de l'optimisation des efforts entre les trois démarches ;
- des différents indicateurs (non-qualité, accidents, maladies, rejets polluants etc.) ;
- des points qualité, sécurité et environnement intéressant le personnel ;
- l'avancement du ou des plans actions d'amélioration continue.

Les décisions prises, avec des dates cibles, figureront dans un compte rendu.

9.1.12 La planification

Les normes ISO 9000 : 2000, ISO 14000 : 1996, BS 8800 : 1996 et la spécification OHSAS 18001 : 1999 ont communément adopté une structure « PDCA » (*cf.* § 3.2.2). Les exigences correspondantes relatives à la planification sont très semblables : l'organisme doit mettre en place des dispositions pour assurer que les objectifs seront atteints. Il s'agit donc, maintenant, de voir comment on peut intégrer les différentes formes de planification qui comprennent l'établissement de plusieurs types de plans et de programmes.

- **La planification pour la qualité**

On distingue dans ce domaine :

- la **planification à caractère stratégique** : préparation de la mise en oeuvre de la politique qualité, définition d'objectifs qualité, création planifiée de nouvelles procédures, etc. ; le document correspondant peut prendre la forme d'un « plan qualité stratégique » ;
- la **planification pour un produit ou un processus** ;
- la **planification à caractère opérationnel**, qui correspond à des formes diverses de plans : plans de formation, plans de contrôle, plans d'audit (à distinguer du programme d'audit), etc.

Ces différentes formes de planification peuvent comprendre des dispositions pour l'amélioration de la qualité (amélioration du système, des processus, des produits ...).

- **La planification pour la santé et la sécurité au travail**

Les exigences de la norme BS 8800 (§ 4.3) en matière de planification comprennent :

- une évaluation du risque ;
- l'identification des exigences légales ;
- l'établissement de plans et objectifs généraux, de plans d'intervention d'urgence ...

Les exigences de la spécification OHSAS 18001 comprennent :

- l'identification des dangers, l'évaluation et la maîtrise du risque ;
- l'identification des exigences légales ;
- l'établissement des objectifs ;
- l'établissement et la tenue à jour d'un ou de plusieurs **programmes de management de la santé et la sécurité au travail.**

- **La planification environnementale**

Les exigences de la norme ISO 14001 (§ 4.3) en matière de planification comprennent :

- l'identification des **aspects environnementaux** ;
- l'identification des **exigences légales** et autres exigences ;
- l'établissement et le maintien des **objectifs et cibles** environnementaux ;
- l'établissement et le maintien d'un ou de plusieurs **programmes de management environnementaux.**

On remarquera encore que la norme ISO 14001 (§ 4.3.4) stipule que « le cas échéant, le ou les programmes doivent être amendés pour que le management environnemental puisse s'appliquer également à des projets concernant de nouveaux développements, ainsi qu'à des activités, produits ou services nouveaux ou modifiés ». Ceci rejoint la notion de plan qualité, appliqué, selon la norme ISO 9000, à un projet, un produit, un processus ou un contrat particulier.

Enfin signalons que, par l'intermédiaire de l'ADEME[2], le Ministère de l'environnement propose aux entreprises une démarche en trois phases, le **Plan Environnement d'Entreprise (PEE)** :

Phase I : Prendre conscience

1. Afficher la volonté de mener une démarche environnementale
2. Réaliser un état des lieux
3. Choisir les actions à engager
4. Approfondir la démarche

Phase II : Connaître pour progresser

5. Comprendre et orienter l'action
6. Organiser et planifier
7. Mettre en œuvre et suivre
8. Contrôler

---

2. ADEME : Agence de l'Environnement et de la Maîtrise de l'Énergie, 27, rue Louis Vicat – 75015 Paris.

Phase III : Se faire connaître

9. Communiquer en interne sur le P.E.E.
10. Évaluer le besoin en communication externe
11. Mettre en œuvre.

- **La planification intégrée stratégique ou opérationnelle**

Dans une simple démarche de type management de la qualité (voir figure 9.5 a), il convient de construire et d'améliorer le système qualité à partir d'un pré-audit ou à partir d'un diagnostic qualité, pour un management de la qualité prenant en compte les aspects économiques. Il convient encore que cette démarche comprenne une planification de mise en place et d'amélioration du système au sein des différents processus de l'entreprise. Cela implique l'établissement de plans d'actions (à caractère stratégique ou opérationnel) et, s'il y a lieu, de plans qualité pour certains projets, produits, processus ou contrats particuliers.

Dans une démarche de management intégré qualité-sécurité-environnement (*cf.* Figure 9.5 b), il convient de partir des résultats d'un **diagnostic qualité, sécurité et environnement**. De ces résultats découlent notamment les premiers éléments de définition :

- des **processus à identifier**, à traiter et à améliorer ;
- des objectifs et des **programmes sécurité et environnementaux** à mettre en place pour les atteindre ;
- des **plans qualité-sécurité environnement** à établir, s'il y a lieu, pour certains projets, produits, processus ou contrats particuliers.

Il convient aussi de mettre en place, dès le début de la de la marche, un **plan d'action** qui précisera les objectifs détaillés de mise en place des éléments du système, tels que la formation, la communication, l'organisation du système d'audit, les revues de direction, la mise en place des indicateurs, etc. Ce plan, à caractère stratégique ou opérationnel, pourra aussi prendre la forme d'un document de suivi des actions en cours et du respect des objectifs, ou encore la forme d'un **plan d'amélioration continue.**

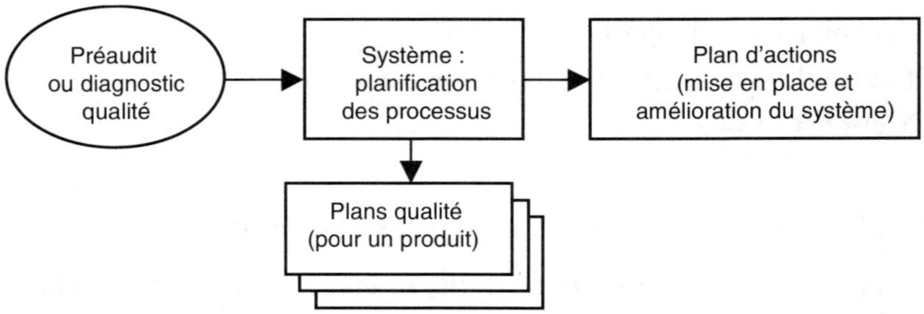

9.4 a Planification de type management de la qualité

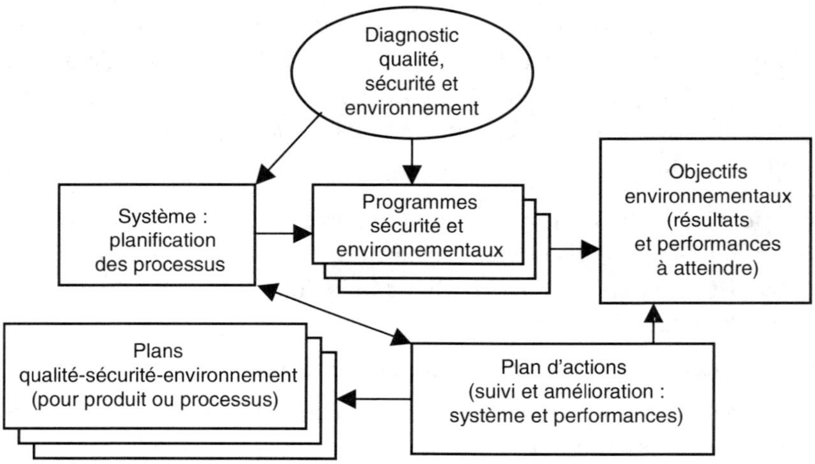

9.4 b Planification de management intégré qualité-sécurité et environnement

Figure 9.4 Exemple de démarche de planification intégrée qualité, sécurité et environnement.

La figure 9.5 donne un exemple de plan d'actions qualité-sécurité-environnement pour une grande entreprise.

Plan d'Actions S.Q.E du Département Grande Industrie Europe **(G.I.E) du Groupe Air Liquide** (mars 2002)			
S.Q.E.	**SÉCURITÉ (S)**	**QUALITÉ (Q)**	**ENVIRONNEMENT (E)**
Cibles à atteindre fixées en revue de direction	**Zéro accident avec et sans arrêt**	**Diminuer de 30 % le nombre d'incidents Qualité**	**Diminuer de 30 % le nombre d'incidents Environnement.**
Formation	• Former l'encadrement à l'audit type « Dupont de Nemours ». • Former le personnel aux risques majeurs. • Former le personnel à l'analyse des risques d'accident.	• Former le Comité de Direction, les responsables de sites, et les animateurs Qualité à la Norme ISO 9001 : version 2000.	• Former le personnel en démarche de certification à la Norme ISO 14001.
Manuel d'assurance	• S'appuyer sur la démarche processus réalisée en Qualité pour l'étendre en Sécurité. • (S)	• Travailler sur la démarche processus : • Cartographie à réaliser • Processus à déployer. • Manuel d'Assurance Qualité à réactualiser.	• S'appuyer sur la démarche processus réalisée en Qualité pour l'étendre en Environnement.
Audits	• Réaliser des audits de conformité. • Réaliser des audits « scénarii » : capacité du personnel à réagir suite à un accident simulé sur le site. • (S)	• Réaliser des audits « scénarii » capacité du personnel à réagir suite à une plainte client. • Réaliser des audits de management ayant pour but de vérifier l'efficacité / objectifs de la direction.	• Réaliser des audits de conformité, associés à des audits « scenarii » : capacité du personnel à réagir suite à une pollution simulée sur le site.
Dysfonctionnements	• Analyser les Incidents Potentiellement Graves (IPG), en rechercher les causes profondes et mettre en place des actions correctives. (S)	• Réaliser une enquête clientèle. • Analyser les Réclamations Potentiellement Graves (RPG), en rechercher les causes profondes et mettre en place des actions correctives.	• Analyser tous les dysfonctionnements suivant la méthode « Arbre des Causes ».
Revue de direction	• Réaliser une revue de direction S.Q.E. intégrée, harmonisée, sur chaque site, dans chaque réseau et au niveau de la G.I.E..		
Amélioration continue	• Gérer tout processus de la G.I.E. par le P.D.C.A. (*Plan - Do - Check - Act*) • Utiliser une démarche de type « six sigma » pour améliorer un projet cible, sélectionné par le Comité de Direction du Département Grande Industrie Europe.		
Communication	• Flash Sécurité mensuel diffusé dans toutes les entités.	• Flash Qualité mensuel diffusé dans toutes les entités.	• Flash Environnement mensuel diffusé dans toutes les entités.

Figure 9.5 Exemple de plan d'actions qualité sécurité environnement pour une grande entreprise.
(Source : Air liquide – Grande Industrie Europe)

- **Les plans pour un projet, un produit ou un contrat particulier**

Le plan qualité pour un projet, un produit ou contrat particulier est un document interne ou destiné à un client qui spécifie (*cf.* ISO 9000 : 2000) :

- les procédures qui doivent être appliquées,
- les ressources associées,
- qui doit les appliquer et comment.

Les procédures et documents associés comprennent généralement les exigences relatives au système de management et celles relatives aux processus de réalisation du produit. Un tel plan fait souvent référence à des parties concernées du manuel qualité.

L'objet d'un tel document peut facilement être étendu de la qualité à la la sécurité et à l'environnement en considérant les différents cas possibles.

Le contrat particulier. Il peut s'agir d'une commande spéciale, pour un client ayant des exigences spécifiques, ou posant des problèmes particuliers de qualité, de sécurité ou d'environnement. Dans tous les cas, il s'agit d'adapter le système qualité-sécurité-environnement, autant que nécessaire, aux exigences spécifiques du client et aux particularités du contexte, en précisant sur un plan « qualité-sécurité-environnement » : l'organisation prévue, les phases d'exécution, les procédures appliquées, les interventions à prévoir pour vérifier, par exemple, sur le produit le respect des exigences de sécurité et environnementales.

Le produit ou le processus nouveau. Il s'agit de conduire un projet et, dans le cadre d'un système intégré, il est tout à fait essentiel que les exigences qualité, sécurité et environnement soient intégrées à chaque phase d'exécution. En prenant successivement les différentes phases de la conduite d'un projet, on peut appliquer à chacune différents outils disponibles dans les domaines de la qualité et de l'environnement. Le tableau 9.1 en donne des exemples.

Tableau 9.1 Exemples de méthodes et d'outils applicables aux phases successives d'un plan qualité-sécurité-environnement.

Phases	Méthodes, outils qualité sécurité et environnement
Études de faisabilité	**Prendre en compte l'ensemble des besoins des parties prenantes :** – Étude des besoins des clients consommateurs ; – Étude de marché potentiel ; – Faisabilité technique prenant en compte l'analyse du cycle de vie et la sécurité des différentes options industrielles ; – Étude de la législation : sécurité du produit, substances chimiques autorisées, installation classée ? – Études d'impact, de danger, de déchets ; – Premier cahier des charges fonctionnel comprenant : • les fonctions de service exprimant les besoins ; • les contraintes environnementales liées au produit et au processus ; • les contraintes de sécurité du fait du produit ; • les contraintes de la sécurité du travail relatives au processus de fabrication ; – Revue de contrat passant en revue les aspects qualité, sécurité, environnement.
Conception	**Étudier le produit (pour toute sa vie) et aussi le processus :** – Ingénierie simultanée prenant en compte le produit et le processus ; – Conception en « coût global de durée de vie » ; – Analyse du cycle de vie plus approfondie qu'en faisabilité ; – Analyse de la valeur ; – AMDEC sur le produit et le processus ; – Essais ; – Revues de conception intégrant les aspects qualité, sécurité et environnement.
Achats	**Intégrer les exigences qualité, sécurité et environnement :** – Au niveau des appels d'offres ; – Dans l'évaluation et le choix des fournisseurs, avec s'il y a lieu des audits qualité, sécurité et environnement ; – Au niveau des contrats, en stipulant les responsabilités.
Processus	– Préparation ou installation des processus de production ; – Prévision de la vérification et de la maintenance des machines et moyens de contrôle ; – Prévision des processus d'urgence.

Tableau 9.1 Exemples de méthodes et d'outils applicables aux phases successives d'un plan qualité-sécurité-environnement (suite et fin).

Phases	Méthodes, outils qualité sécurité et environnement
Réalisation	**Intégrer les exigences qualité, sécurité et environnement dans :** – La mise au point des modes opératoires, des gammes de fabrication, comprenant le stockage, la manutention ; – La mise au point des moyens de contrôle, de maîtrise statistique du procédé (MSP), etc. ; – La formation des opérateurs ; – L'enregistrement et l'étude des incidents de fabrication ; – Les contrôles à la réception, en cours de fabrication et avant expédition ; – Les enregistrements.
Utilisation Exploitation	– Évaluation de la satisfaction des clients ; – Évaluation des impacts réels sur l'environnement ; – Évaluation des coûts réels d'exploitation, maintenance comprise.
Élimination du produit et du processus	– Action préventive contre la pollution ; – Études d'impact et des coûts réels ; – Recherche et mise en place de solutions.

9.2 Mise en œuvre, maîtrise et management des processus

Nous avons vu au chapitre 4 les principes de l'approche processus (§ 4.1) et de l'identification des processus (§ 4.3). Nous avons vu aussi en tête du présent chapitre qu'une des premières étapes d'une démarche de construction d'un système de management intégré consiste à identifier les processus nécessaires pour atteindre les objectifs. Cette étape est essentielle, car c'est au niveau de chacun des processus que l'on va intégrer les aspects qualité, sécurité et environnement. Et si l'on oublie un processus utile ou nécessaire, on risque en fin de démarche de ne pas assurer les respect de toutes les exigences définies.

Il ne faut pas non plus oublier que l'identification et le traitement des processus auxquels on procède lors de la mise en place d'un système de management sont **l'occasion d'améliorer ces processus**. Il convient aussi de garder en mémoire les facteurs qui agissent sur leur efficacité : le personnel, les ressources et les méthodes. (Figures 4.3 et 4.4). La maîtrise et l'efficacité d'un processus dépendent donc essentiellement de l'aptitude – en terme de qualité, nous dirons de la **qualification** :

- du personnel ;
- des ressources, c'est-à-dire le plus souvent des équipements de réalisation ;
- des méthodes appliquées.

Il convient donc d'identifier pour chacun des processus et chacun de ces trois facteurs :

- les **exigences externes** (celles des clients, celles des autorités ou de la réglementation) ;
- les **exigences internes** : celles résultant des objectifs qualité, environnement, et des impératifs de bonne gestion des coûts et délais ;
- les **risques** divers, à chaque stade des processus.

On remarquera que certaines exigences sont dites internes par rapport à l'ensemble de l'entreprise, mais elles peuvent être externes par rapport au processus lui-même, venant des processus voisins. C'est pourquoi il est bon d'identifier non seulement les processus, mais aussi, en interne, les relations client-fournisseur : chacun doit se considérer comme le client du processus amont, et donc lui exprimer ses exigences ; chacun est aussi le fournisseur du processus aval, et doit prendre conscience des impacts, intentionnels ou non, de son travail sur celui du suivant.

Nous présentons ci-après quelques suggestions pour le traitement des principaux processus ou éléments de système.

- **Les processus relatifs aux clients**

En partant de la norme ISO 9001 : 2000 (§ 7.2), on peut considérer :

- les exigences spécifiées par le client, y compris la sécurité du fait du produit et l'environnement ;
- les exigences relatives à la sécurité et à l'environnement définies par la législation (explicites) et d'autres à prévoir (implicites), concernant le produit et le processus ;
- l'aptitude à satisfaire le client sans déroger aux conditions normales de sécurité et environnementales.

- **Maîtrise de la conception**

En partant de la norme ISO 9001 : 2000 (§ 7.4), on considérera :

- dans la définition des interfaces entre les différents intervenants, les liaisons nécessaires avec les spécialistes de la sécurité et de l'environnement (à prendre en compte notamment dans l'ingénierie avec organisation par projet) ;
- les données d'entrée de la conception, en identifiant dès le début les exigences sécurité et environnementales ;
- au cours de la conception, le recours à des méthodes de sûreté de fonctionnement ;
- les revues de conception, en prévoyant, s'il y a lieu, des participants spécialistes de l'environnement ou des représentants des fonctions qualité et environnement ;
- les données de sortie de la conception, en n'oubliant pas d'identifier les caractéristiques de conception critiques pour le fonctionnement correct et en toute sécurité du processus et du produit (par exemple en matière d'exploitation, de stockage, etc., et de mise hors service), ainsi que les conditions anormales d'utilisation du produit et d'exploitation du processus.

- **Maîtrise des achats ou de la sous-traitance**

En partant des exigences de la norme ISO 9001 : 2000 (§ 7.4), on considérera :

- pour l'évaluation des sous-contractants, leur aptitude à respecter les exigences de sécurité et environnementales ;
- pour les données d'achat, bien entendu, les exigences de sécurité et environnementales, sans oublier celles relatives aux transports.

- **Les processus spéciaux**

Ce sont les processus qui ne peuvent pas être entièrement vérifiés par des contrôles et des essais du produit effectués a posteriori, qui donc nécessitent une pré-qualification de leur aptitude.

Sous l'angle de la sécurité et de la protection de l'environnement, il convient de vérifier si un processus ayant des incidences sur la sécurité ou l'environnement doit être dûment qualifié. Cela peut être le cas, par exemple, du soudage d'une tuyauterie de gaz sous pression (risque d'explosion), ou d'un procédé susceptible d'émettre des effluents nocifs.

- **L'exploitation d'une installation**

Il conviendra notamment d'inclure dans le système documentaire :

- l'inventaire des impacts de l'activité sur l'environnement ;
- l'évaluation des risques industriels ;
- les méthodes et moyens de mesure des niveaux de performances en sécurité et environnement ;
- les moyens prévus contre la matérialisation des risques :
  - formations spécifiques (secouristes, pompiers....) ;
  - moyens disponibles en hommes et matériel ;
  - les plans d'intervention, etc. ;
- l'information des autorités et du public ;
- les plans d'améliorations : objectifs, moyens, responsables, plannings.

- **Le développement de produits nouveaux**

On n'oubliera pas d'intégrer dans les documents d'organisation :

- le respect des obligations légales : cas des substances chimiques et dangereuses ;
- les méthodes d'analyse du cycle de vie ;
- la recherche de solutions alternatives pour les matières premières, le transport, le stockage, la récupération et le recyclage du produit et des emballages.

- **La mise au point de nouveaux processus de production et de logistique**

On n'oubliera pas :

- le respect des obligations légales : cas des installations classées ;
- le recours à l'ingénierie simultanée:
  - étude des risques et impacts de la production sur l'environnement dès la conception du produit ;
  - recherche des économies d'énergie, des matières premières, des prélèvements (d'eau, etc.) ;
  - recherche de solutions pour les déchets de production : épuration, récupération, recyclage.

9.3 Surveiller et mesurer les performances

Peut-être est-ce inutile de le rappeler : « sans mesure », il n'y a pas d'amélioration possible ! Il est important de souligner que la base même de l'amélioration continue des systèmes de management passe par la mise en œuvre des instruments de la maîtrise des processus, à savoir : les contrôles, les revues, les inspections, les audits, les indicateurs et les autres mesures pertinentes. L'analyse des données issues de ces pratiques de surveillance et de mesure (*cf.* Tableau 9.2) constitue le préalable à la mise en œuvre des actions correctives et préventives.

Tableau 9.2 Les types d'évaluations devant intégrer les aspects qualité, sécurité et environnement.

Objet de l'évaluation	Moment de l'évaluation		
	Avant la réalisation	Pendant la réalisation	Après la réalisation
Le produit	- Revue de conception intégrant la qualité, la sécurité et l'environnement, en fonction de l'ensemble des risques identifiés et évalués (*) - Essais - Analyse du cycle de vie	- Suivi des indicateurs - Inspections finales - Contrôles en cours	- Contrôle des produits finis (par rapport aux spécifications) - Validation (par rapport au besoin de l'utilisateur)
Les processus - Efficacité	- Diagnostic - Identification des dangers et évaluation des risques sécurité - Identification des aspects environnementaux et impacts - Étude relative aux aux divers impacts et risques et à la gestion des déchets	- Revues de processus - Inspections de sécurité - Inspections de sécurité - Inspections environnementales - Suivi d'indicateurs	- Inspections de sécurité - Inspections de sécurité - Inspections environnementales - Suivi d'indicateurs
- Efficience	- Coûts de la qualité - Coûts de la sécurité - Coûts de la protection de l'environnement	- Coûts de la qualité - Coûts de la sécurité - Coûts de la protection de l'environnement - Suivi des indicateurs	- Coûts de la qualité - Coûts de la sécurité - Coûts de la protection de l'environnement - Retour sur investissement
Le système	- Pré-audit	- Audit	- Audit - Autoévaluation
	(*) La revue de conception porte sur l'ensemble de processus de conception identifiés ayant un impact évalué sur la satisfaction des parties intéressées tout au long du cycle de vie du produit		

- **Les contrôles**

Si les contrôles et tests ne constituent plus les seuls moyens de la surveillance des procédés et processus, ces derniers demeurent indispensables dans tous les secteurs d'activité et à toutes les étapes de la réalisation d'un produit. La caractéristique première d'un contrôle est qu'il doit être réalisé et exploité par un collaborateur qualifié capable d'en apprécier le résultat.

- **Les contrôles réglementaires**

Les contrôles obligatoires imposés par le code du travail : installations électriques, appareils à pression, chariots automoteurs, appareils de levage, matériels de lutte contre l'incendie permettent, à travers les rapports des organimes agréés, d'identifier les écarts de conformité entre les mesures prescrites et les dispositifs ou dispositions mises en œuvre.

Des contrôles réglementaire portant sur le respect des exigences environnementales – notamment celles figurant au programmes de management environnement exigés par les normes ou référentiels – sont menés de manière semblable.

- **Les inspections sur le site**

Des inspections ou visites de sécurité peuvent être menées, soit en interne par l'entreprise elle même, soit par des organismes extérieurs. En interne, c'est le plus souvent le CHSCT, l'animateur sécurité, le médecin du travail (à travers son tiers temps) qui procéderont à des visites sur sites pour évaluer les risques et proposer des actions de prévention. En externe, en plus de l'inspection du travail déjà mentionnée au paragraphe 4.3, les agents des services prévention des CRAM visitent les entreprises et les aident à identifier et évaluer les différents risques : mécaniques, électriques, chimiques, d'ambiance (bruit, poussières, ...) susceptibles d'entraîner des accidents ou des maladies et à proposer des solutions techniques ou organisationnelles visant à supprimer ou réduire ces risques.

Des prélèvements d'échantillons de produits ou des phénomènes (rayonnement, bruit, ...) suspects font l'objet d'une métrologie et d'une identification précises par les laboratoires de physique et de chimie des CRAM et viennent en complément : dosages, examens biologiques et médicaux faits par le médecin du travail.

Des inspections portant sur le respect des exigences environnementales sont menée de manière semblable. Dans le cadre d'un système QSE, ces inspections sont souvent jumelées.

- **Les audits internes**

Quel que soit le référentiel qualité, sécurité, environnement, la pratique de l'audit interne constitue l'élément clé de l'évaluation de la performance des processus. L'intégration des systèmes permet l'organisation d'audits conjoints ou mixtes qui agrègent les exigences des trois référentiels. Dans ce cas la constitution de l'équipe d'audit devra prendre en compte les compétences requises (critères de qualification spécifiques) pour une appréciation pertinente des engagements, de l'application des réglementations et des exigences propres aux trois disciplines. Mise à part cette précaution de fond, la conduite de l'audit est similaire. L'objectif de l'évaluation par l'audit intégré est de déterminer à partir de l'analyse des risques QSE, la conformité, l'efficacité et la capacité des processus à atteindre les objectifs et cibles

Il convient de préciser également que les audits doivent être réalisés en référence à un système de management, lui même conçu en référence à une norme guide. Dans le cas du démarrage d'une démarche, la pratique du diagnostic qualité, sécurité ou environnement qui vise simplement à mesurer les grands écarts structuraux par rapport à un norme de référence peut s'avérer suffisant. L'analyse des écarts servant à déterminer les priorités dans la définition du futur système de management.

- **Remarques relatives à aux audits sécurité**

Il est regrettable qu'en matière de sécurité, l'utilisation de l'audit interne pour donner confiance dans l'efficacité de l'organisation de la sécurité dans l'entreprise reste encore peu répandue.

L'absence d'un référentiel faisant l'objet d'un consensus très large et susceptible de se traduire par une norme (comme les normes de la série ISO 9000 en qualité ou ISO 14 000 en environnement) est un handicap majeur pour voir se généraliser ce type d'évaluation.

Cependant quelques secteurs de pointe comme la chimie, ou certains grands groupes, ont déjà entrepris des démarches d'audit selon un référentiel prédéfini.

Enfin, il est important de ne pas confondre les inspections (voir plus haut – pratiquées surtout par les administrations) avec les audits. Les inspections dans leur approche sont plus proches des contrôles réglementaires que des audits de système. L'objectif de l'inspection c'est avant tout la conformité des dispositifs de protection : inspection des installations classés (respect du code de l'environnement), inspection du travail (respect du code du travail).

- **L'auto-diagnostic par niveau de progrès**

L'auto-diagnostic par niveau de progrès est un examen collectif et complet de l'ensemble des activités de l'entreprise et de ses résultats par rapport à des critères d'évaluation.

Les critères d'évaluation peuvent être basés sur :

- les facteurs clés de réussite, définis par l'équipe dirigeante de l'entreprise.
- des dispositions présentées dans des référentiels tels que les normes de management de la qualité de la série ISO 9000, les normes de management environnemental de la série ISO 14000, la spécification OHSAS 18001 sur le management de l'hygiène et la santé au travail ou les critères de prix d'Excellence tels que l'EFQM, le prix Malcolm Baldrige, le Prix Français de la Qualité, etc.

La finalité d'un auto-diagnostic vise à déclencher une dynamique d'amélioration continue :

En effet, l'auto-diagnostic consiste à mesurer l'atteinte d'une performance par l'identification de l'effort accompli à un moment donné, des moyens effectivement déployés et des résultats obtenus par une entreprise. En positionnant cette performance sur une échelle de progrès segmenté en cinq niveaux, il permet de se situer et d'évaluer le chemin à parcourir pour progresser.

Les cinq niveaux de progrès proposés pour décrire la performance d'un système de management sont ceux définis par le FD X 50-174 :

- Niveau **1** : fonctionnement de base ;
- Niveau **2** : défini, planifié, suivi ;
- Niveau **3** : maîtrisé ;
- Niveau **4** : optimisé ;
- Niveau **5** : excellent.

Les résultats de l'auto-diagnostic permettent :

- d'évaluer **l'efficacité et l'efficience** du système de management existant, certifié ou en cours de construction,
- de disposer grâce aux niveaux de progrès (*cf.* Figure 9.6) de points de repère par rapport aux exigences des référentiels (ISO 9001/ISO 9004, version 2000, ISO 14001, OHSAS 18001, critères des prix d'Excellence…).

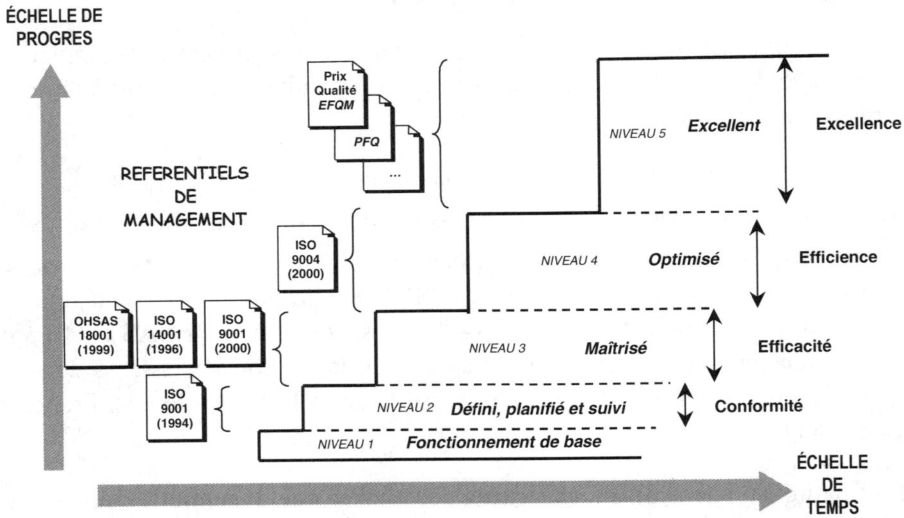

Figure 9.6 Démarche de progrès dans le temps applicable à la qualité, à la sécurité et à l'environnement.

L'outil pour pratiquer l'auto-diagnostic est une grille de progrès qui permet d'apprécier un critère d'évaluation (ligne) selon un niveau de progrès (colonne). Les cellules définies par l'intersection des colonnes et des lignes se présentent sous forme de situations, de faits ou de résultats observables que l'entité chargée de l'évaluation peut constater aisément.

Un exemple de grille de progrès, présenté ci après, (*cf.* Tableau 9.3) propose des critères d'évaluation basés sur les dispositions du modèle de processus défini dans le couple de normes internationales ISO 9001 et ISO 9004, version 2000. Ils sont donc structurés selon les 4 blocs principaux du « modèle de processus » :

A. Responsabilité de la direction

B. Management des Ressources

C. Réalisation du produit

D. Mesure, analyse et amélioration

Tableau 9.3 Exemple de grille de progrès pour pratiquer un auto-diagnostic applicable à la qualité, à la sécurité et à l'environnement.

Critères	Fonctionnement de base	Défini, planifié et suivi	Maîtrisé	Optimisé	Excellent
A. Responsabilité de la direction					
A.1 Analyse initiale et écoute	L'analyse initiale et l'écoute sont embryonnaires.	Des actions particulières d'analyse initiale et d'écoute sont menées dans des contextes précis.	Un processus d'analyse initiale est établi et systématique.	L'analyse initiale permet d'identifier les besoins actuels et d'aniciper les besoins futurs des clients et des autres parties intéressées.	L'analyse initiale et l'écoute sont permanentes et source d'innovations.
A.2 Identification des exigences légales	Les exigences légales sont identifiées de façon ponctuelle et incomplète.	Les exigences légales sont identifiées lorsque cela est explicite.	Les exigences légales sont systématiquement identifiées.	Une veille réglementaire est organisée au sein de l'entreprise.	La citoyenneté de l'entreprise est reconnue.
A.3 Politique et objectifs	L'engagement de la direction existe : il n'est ni formalisé, ni communiqué.	Une politique est formalisée, déclinée en objectifs et revue de façon périodique.	L'engagement de la direction s'appuie sur une politique affirmée et les objectifs sont déployés à chaque niveau approprié.	L'engagement de la direction prend en compte les besoins des parties intéressées et les objectifs sont orientées vers la recherche d'efficience.	La direction a sa vision de l'avenir de l'entreprise et la prends en compte au niveau de sa politique.
A.4 Planification	La planification est empirique.	L'entreprise définit la manière dont les exigences sont satisfaites.	L'entreprise identifie et planifie les actions et ressources nécessaires pour atteindre les objectifs.	La planification intègre les besoins et attentes de toutes les parties intéressées.	La planification est intégrée dans la stratégie de l'entreprise.

Tableau 9.3 Exemple de grille de progrès pour pratiquer un auto-diagnostic applicable à la qualité, à la sécurité et à l'environnement (suite).

Critères	Fonctionnement de base	Défini, planifié et suivi	Maîtrisé	Optimisé	Excellent
A Responsabilité de la direction					
A.5 Approche processus	Les processus sont vécus sans être identifiés ni partagés.	Les processus sont identifiés mais ne sont pas complètement pilotés.	Les processus sont identifiés, décrits, analysés et pilotés.	Les processus sont optimisés et les ressources sont rentabilisées.	Prévention active à tous les niveaux : les processus sont « agiles ».
A.6 Responsabilité et autorité	Les responsabilités et l'autorité sont définies pour quelques fonctions.	Les responsabilités et l'autorité sont définies pour toutes les fonctions ayant une incidence sur la qualité, l'environnement ou la sécurité.	Les rôles, responsabilités et autorité de tout acteur sont définies et communiquées.	Les responsabilités sont définies de façon à ce que chacun soit acteur du système de management.	La culture de l'amélioration continue est intégrée dans les responsabilités de chacun.
A.7 Communication interne	La communication est ponctuelle et occasionnelle.	Certains résultats de performance sont communiqués de façon systématique.	Le système de management intègre un dispositif de communication interne et externe.	La communication interne et externe intègre les données et résultats liés aux clients et parties intéressées.	L'entreprise évalue et améliore l'efficacité de sa communication.
A.8 Revue de direction	Des revues informelles sont déclenchées de temps en temps.	Des revues de directions sont planifiées et impliquent des décisions.	Les revues de direction s'inscrivent dans un processus d'amélioration du système de management.	Les revues de direction intègrent toutes les données des parties intéressées.	La revue de direction est un outil stratégique pour la Direction.

Tableau 9.3 Exemple de grille de progrès pour pratiquer un auto-diagnostic applicable à la qualité, à la sécurité et à l'environnement (suite).

Critères	Fonctionnement de base	Défini, planifié et suivi	Maîtrisé	Optimisé	Excellent
B. Management des ressources					
B.1 Management des compétences	Les ressources humaines sont essentiellement gérées sur le plan administratif.	Les ressources humaines sont, centrées autour de la définition des responsabilités et de la formation.	Les ressources humaines sont gérées comme un processus en soi et favorisent une responsabilisation du personnel.	Les ressources humaines s'inscrivent dans une logique de développement du capital humain.	La contribution du personnel dans l'amélioration permanente du système est managée.
B.2 Management de l'information	L'information est détenue par quelques individus clés.	Les informations essentielles sont partagées.	Les informations sont gérées comme un processus en soi.	Le système d'informations est enrichi par les retours d'expérience et des bonnes pratiques observées sur le marché.	L'entreprise est « apprenante ».
B.3 Management des ressources matérielles	L'allocation des ressources matérielles n'est pas organisée au sein de l'entreprise.	L'allocation des ressources matérielles est planifiée. Les modalités de décision et les conditions d'entretien sont connues.	L'adéquation des ressources matérielles aux objectifs des processus est recherchée.	Les processus et les ressources sont définis simultanément.	Les processus et les ressources sont définis simultanément.
B.4 Environnement de travail	L'environnement de travail n'est pas une préoccupation en soi.	La prise en compte de l'environnement de travail permet de répondre aux exigences.	L'environnement de travail garantit la conformité du produit et la protection du personnel.	L'environnement de travail contribue à la satisfaction du personnel.	L'entreprise est exemplaire en matière d'éthique sociale.

Tableau 9.3 Exemple de grille de progrès pour pratiquer un auto-diagnostic applicable à la qualité, à la sécurité et à l'environnement (suite).

Critères	Fonctionnement de base	Défini, planifié et suivi	Maîtrisé	Optimisé	Excellent
C. Réalisation du produit					
C.1 Planification opérationnelle	La planification est improvisée	La planification permet de répondre aux exigences spécifiées contractuellement	La planification permet de répondre aux exigences (client, réglementation, entreprise coopérative)	La planification permet de répondre aux exigences des parties intéressées	La planification est intégrée
C.2 Processus relatifs aux clients	Les activités du processus commercial se déroulent selon les pratiques usuelles	Les activités du processus commercial visent la conformité aux exigences explicites du client	Le processus commercial vise la satisfaction du client	Le processus commercial vise la fidélisation du client et la prise en compte des exigences des autres parties intéressées	Les processus commercial visent à renforcer les caractères distinctifs et avantages concurrentiels de l'entreprise
C.3 Processus de conception	La conception repose sur quelques personnes	Les processus de conception visent la conformité du produit aux exigences du client	Les processus de conception intègrent complètement les exigences client	Les processus de conception intègrent les parties intéressées	Les processus de conception intègrent complètement les besoins actuels et futurs du marché
C.4 Processus d'achats	Les méthodes de sélection des fournisseurs ne sont pas définies	Les principaux fournisseurs sont sélectionnés de façon méthodique	Les relations avec les fournisseurs visent la satisfaction de l'entreprise et de ses clients	Les relations avec les fournisseurs s'inscrivent dans une logique de partenariat	Le fournisseur est un acteur de la stratégie de l'entreprise

Tableau 9.3 Exemple de grille de progrès pour pratiquer un auto-diagnostic applicable à la qualité, à la sécurité et à l'environnement (suite).

Critères	Fonctionnement de base	Défini, planifié et suivi	Maîtrisé	Optimisé	Excellent
C.5 Processus de production	« Les choses se passent ».	Les processus de production sont définis, formalisés et connus des personnes concernées.	Les processus de production sont stabilisés et conduisent à des produits conformes aux objectifs.	Les processus de production sont optimisés en termes de temps de cycle, de coût et de performance.	Les processus de production sont constamment améliorés.
C.6 Identification et traçabilité	Quelques produits sont identifiés.	Les produits sont systématiquement identifiés et la traçabilité est assurée lorsque cela est exigée.	La traçabilité concerne des produits ciblés et permet de retrouver l'origine et la destination du produit et de ses composants.	La traçabilité concerne des produits ciblés et permet de retrouver les conditions de réalisation du produit.	La traçabilité apporte une garantie totale pour toutes les parties intéressées sur le produit et l'environnement dans lequel il a été réalisé.
D Mesures, analyse et amélioration					
D.1 Contrôle et surveillance	Les contrôles et la surveillance sont limités à quelques produits.	Les contrôles et la surveillance assurent : – que le produit est conforme aux différentes étapes de réalisation – que les processus se déroulent tels que définis et planifiés.	Les contrôles et la surveillance ont pour objet la maîtrise du déroulement du processus, la conformité des produits aux exigences et la satisfaction durable de nos clients.	Les contrôles et la surveillance ont pour objet l'optimisation de l'ensemble des processus.	Les contrôles et la surveillance ont pour objet la cohérence permanente à la stratégie de l'entreprise.

Tableau 9.3 Exemple de grille de progrès pour pratiquer un auto-diagnostic applicable à la qualité, à la sécurité et à l'environnement (suite et fin).

Critères	Fonctionnement de base	Défini, planifié et suivi	Maîtrisé	Optimisé	Excellent
D.2 Performance du système	Notre performance est inconnue.	Notre performance garantie la conformité aux exigences.	Notre performance est efficace.	Notre performance est efficiente.	Notre performance est excellente.
D.3 Amélioration continue	Les améliorations sont essentiellement curatives et concernent uniquement les produits.	Les améliorations visent à détecter rapidement les non conformités des produits et à éviter de nouvelles occurrences.	La prévention des non conformités est opérationnelle. L'efficacité des actions correctives et préventives est évaluée.	Le déploiement des actions d'amélioration est général et permanent au sein de l'entreprise. L'amélioration des performances des processus est recherchée.	Un plan d'amélioration appliqué à toutes les composantes de l'entreprise est conduit par le management.
D.4 Prévention des situations d'urgence et gestion de crise	Les accidents sont systématiquement subis.	Les principales situations d'urgence sont définies à partir d'accidents vécus.	Les situations d'urgence sont identifiés à partir d'accidents vécus et potentiels et sont maîtrisées.	La prévention des situations d'urgence intègre la gestion de crise.	La prévention est totalement intégrée dans la culture de l'entreprise.

- **L'auto-audit à l'usage des PME**

L'Office des publications officielles des Communautés européennes a publié en 1995 un *Manuel d'auto-audit à l'usage des PME - sécurité et santé sur le lieu de travail.*

La Commission européenne a décidé ainsi d'aider les responsables de PME en leur proposant un outil d'évaluation et d'aide à la décision dans les domaines de la sécurité et de la santé au travail.

D'une durée moyenne de 4 heures, cet auto-audit constitue le point de départ d'un plan d'actions dans le domaine des conditions de travail.

Sans nécessairement apporter des solutions à des obligations légales (qui varient d'un pays à l'autre), ce manuel peut être consulté à chaque fois qu'un problème de sécurité ou de santé se présente.

Un questionnaire pré-défini de 119 questions traite des thèmes suivants :

1 – Vos capacités à maîtriser les risques

2 – La politique de prévention

3 – Circulation, risques horizontaux et verticaux

4 – Protection des machines

5 – Bruits et vibrations

6 – Température et renouvellement de l'air

7 – Éclairage

8 – Incendie, explosion et risques électriques

9 – Matières dangereuses

10 – Protections collectives et individuelles

11 – Transport de charges lourdes

12 – Travail de maintenance

13 – Organisation des premiers secours

14 – Adhésion de vos collaborateurs

Chacun de ces thèmes fait l'objet d'une liste de questions formulées de façon ouverte. Chaque question fait l'objet d'une évaluation sur une échelle chiffrée de 0 à 5.

Dans une partie « auto-bilan général », une synthèse permet de classer les points forts et les points faibles de l'entreprise en matière de sécurité et de santé au travail et d'analyser les caractéristiques suivantes :

- « L'individu » (les besoins individuels des personnels-formation, information, … doivent être pris en considération).
- « Le matériel » (le matériel inclut les installations, les équipements, aussi bien que les produits).
- « L'organisation » (l'organisation fait référence à la responsabilité et à la communication).
- « L'environnement » (l'environnement recouvre à la fois le cadre de travail et l'environnement extérieur à l'entreprise).

- **Les revues**

La revue est une pratique formalisée qui vise notamment à vérifier que :

- les opérations planifiées ont bien été réalisées ;
- les points critiques et d'arrêts ont bien été respectés ;
- les contrôles internes et externes prévus ont bien été effectués et qu'ils sont conformes aux attentes ;
- les relations d'interface entre parties prenantes sont correctement gérées ;
- les outils de la boucle d'amélioration sont efficaces ;
- le retour d'expérience est utilisé ;
- les données et la structure documentaire propres aux processus sont adaptées aux enjeux ; les résultats de l'analyse de risques demeurent pertinents ;
- les compétences mises en œuvre sont conformes aux compétences requises ;
- les indicateurs de suivi, d'avancement, d'activité et de performance montre les tendances attendues ;
- les prévisions budgétaires sont respectées.

Plusieurs types de revue de finalités différentes cohabitent dans une organisation. Les revues du processus, de conception, de direction ont des domaines d'application distincts mais visent le même objectif, celui de la vérification de l'adéquation des ressources à l'atteinte des objectifs.

9.4 L'amélioration continue

L'amélioration continue est une exigence des référentiels supports du QSE. Mais le progrès ne décrète pas, il s'organise et les améliorations ne se perçoivent pas, elles se mesurent. Si l'intuition est une qualité rare propre aux managers visionnaires, trop de subjectivité dans l'appréciation des performances finit par décrédibiliser ceux qui en abusent. En d'autres termes, l'approche système élimine le confortable mais inefficace management « émotionnel » au profit du management par les faits.

C'est le cycle PDCA (*Plan, Do, Check, Act*) du célèbre Deming qui explique le mieux le principe de l'amélioration continue des processus et donc de l'entreprise. La structure des normes ISO 9001, ISO 14001 et OHSAS 18001 est conçue à partir de ce principe. Cependant, force est de constater que les 4 étapes du cycle sont rarement équilibrées. En effet, la dernière étape est souvent oubliée car le constat d'un écart entre performance attendue et performance réalisée demande un certain courage politique. Néanmoins, c'est bien la mise en œuvre effective de la correction ou « Act » (*cf.* Figure 9.7) qui génère in fine l'amélioration.

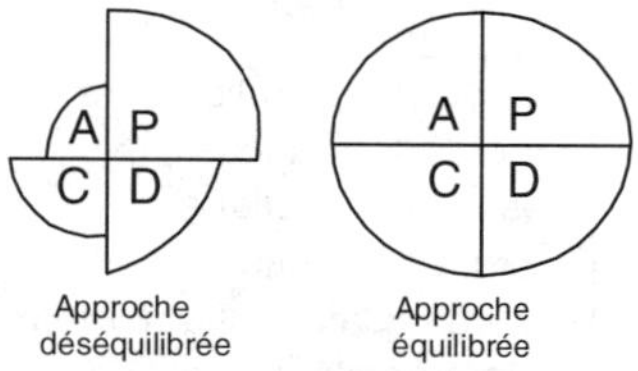

Figure 9.7 La roue de Deming

La démarche Six Sigma

Au début de l'année 2002, on constate en France que de nombreuses entreprises se sont lancées dans la démarche Six Sigma, et parmi elles : Air France Industrie, Air Liquide, Kodak, etc.

L'approche Six Sigma s'appuie sur une méthodologie basée sur l'utilisation des statistiques. Les outils traditionnels de la qualité : le diagramme de Pareto, le diagramme d'Hishikawa, le diagramme des affinités sont également ponctuellement utilisés pour améliorer la pertinence dans la recherche des causes des dysfonctionnements. L'objectif du Six Sigma est de réduire la variabilité des processus pour améliorer leur fiabilité. Elle contribue non seulement à l'amélioration d'un système de managent QSE, mais la démarche peut-être utilisée par toutes les fonctions de l'entreprise (achats, finances etc.) pour répondre avec efficacité aux besoins de leurs clients externes et internes.

Cinq étapes-clés se déclinent suivant les lettres DMAIC :

1. Définir le problème et mesurer l'enjeu économique (D, comme définir).
2. Mesurer : avoir des données pour travailler sur le sujet à traiter (M, comme mesurer).
3. Analyser les données (A, comme analyser).
4. Améliorer la situation en établissant un plan d'actions correctives (I, comme *Improvment* en anglais).
5. Vérifier l'efficacité des actions correctives (C comme *Check* en anglais, ce qui signifie contrôler, maîtriser).

Les preuves de l'amélioration

Dans toute entreprise il existe trois paramètres de bases qui permettent de mesurer l'évolution de l'amélioration d'un système de management : les outils de l'approche système, les données relatives aux processus et les données relatives aux produits.

Tableau 9.4 Les leviers de l'amélioration continue.

Approche système	Processus	Produit
– l'utilisation des actions correctives et préventives – la conduite des audits internes – l'organisation de revues de direction	– le suivi des indicateurs de performances – le suivi statistique des processus – l'organisation des revues de processus	– le suivi des indicateurs de conformité – l'organisation des revues de conception

L'utilisation pertinente des leviers listés dans le tableau 9.4 permet – à condition que les tendances soient positives en ce qui concerne les indicateurs – d'apporter une réponse factuelle à l'exigence d'amélioration continue.

Cependant, il existe de nombreux autres moyens de démontrer la progression d'une organisation en dehors des aspects financiers et part de marché :

La révision des résultats de l 'écoute client faisant ressortir de nouveaux besoins exprimés ou latents et la baisse des réclamations.

- La prise en compte de nouveaux besoins dans le processus de conception est une preuve que l'entreprise progresse en apprenant de ses clients.
- L'accomplissement des plans qualité ou des programmes environnementaux et sécurité, puis l'atteinte des objectifs cibles.

- La détection rapide et la réduction des non-conformités (effet de la sensibilisation).
- La réduction progressive des nuisances, des consommations d'énergie, des rejets et des rebuts.
- L'augmentation mesurée du recyclage et de la revalorisation des déchets,
- La diminution des indices d'insatisfaction clients et collaborateurs.
- La non-réapparition des non-conformités, dommages et accidents due à des actions correctives efficaces.
- La réduction du potentiel de risques de l'entreprise, caractérisée par le recul des seuils de criticité économique, juridique et médiatique, due à la mise en œuvre de solutions financières, juridiques, technologiques et organisationnelles adéquates.

9.5 Valeurs et bonnes pratiques

9.5.1 Les Valeurs essentielles en management de la santé et de la sécurité au travail

La définition et la mise en œuvre d'une politique de maîtrise des risques repose avant tout sur le respect d'un certain nombre de valeurs essentielles et l'application de bonnes pratiques de prévention. Elles prennent tout leur sens si on considère que les salariés sont non seulement les acteurs mais également les bénéficiaires de cette politique.

Le partage de ces valeurs constitue un élément décisif dans une démarche pérenne de progrès et de maîtrise des risques.

La DRP (Direction des Risques Professionnels) de la CNAMTS a élaboré et présenté à la CAT (Commission des Accidents du Travail et des Maladies Professionnelles) en novembre 2001 un document énonçant les valeurs de la prévention des risques professionnels (*cf.* Tableau 9.5).

Tableau 9.5 Les valeurs de la prévention.
(Source : CNAMTS)

Les valeurs de la prévention des risques professionnels – La personne – La transparence – Le dialogue social

- **La réduction des accidents et maladies professionnelles dans le respect de la personne**

La personne est une valeur essentielle de l'entreprise. Les méthodes de management utilisées doivent être compatibles avec une éthique du changement respectant la personne.

La volonté de réduire rapidement le nombre d'accidents du travail, le souci d'un retour financier rapide ne doivent pas conduire à privilégier le résultat au détriment de la valeur que représente la personne.

Ne pas oublier que l'objectif numéro 1 est de supprimer, ou au moins de réduire, véritablement les atteintes à la santé et à la sécurité au travail. Le souci de réduction des conséquences financières de ces atteintes ou la volonté d'améliorer l'image de l'entreprise, ou le souci de satisfaire les exigences du donneur d'ordres ne doivent pas aller à l'encontre de cet objectif.

Certaines pratiques ayant pour effet de culpabiliser le salarié accidenté sont donc à éviter. Par exemple, il ne faut pas amener l'entreprise à faire des sous-déclarations d'accidents ou de maladies professionnelles aux organismes de sécurité sociale, notamment pour réduire les statistiques et les coûts de cotisation accidents du travail, en faisant pression sur le salarié pour ne pas déclarer l'accident.

Exemple : Certaines entreprises organisent des challenges sécurité par équipes. Il ne faut pas que ces challenges amènent les individus à occulter ou minimiser leurs déclarations d'accident pour ne pas pénaliser leur équipe.

Pour éviter ces dérives, il est conseillé de faire valider le processus d'enregistrement d'accident par le médecin ou l'infirmière du travail ou par les structures représentatives du personnel (CHSCT ou délégués du personnel).

- **La transparence dans la conduite des actions**

L'adhésion du personnel est une valeur clé dans la mise en place du système de management. Cette adhésion repose sur la confiance dans l'équipe de management, elle-même conditionnée par la transparence dans la conduite des actions.

Cette transparence implique pour le chef d'entreprise et l'encadrement :

- La clarté de l'objectif principal visé ;
- L'engagement et l'exemplarité ;
- La prise en compte de la réalité des situations de travail et non du seul travail prescrit ;
- Une communication active, impliquante et pérenne.

- **Le dialogue social : associer le personnel et les instances représentatives (CHSCT et délégués du personnel)**

Le système de management de la sécurité mis en place ne pourra donner sa pleine efficacité et assurer sa pérennité que si l'ensemble du personnel se sent véritablement associé et s'approprie la démarche. Cela passe par une véritable communication dans le cadre d'un management global participatif et par la promotion et la transparence du projet dans l'entreprise.

Les structures représentatives du personnel seront nécessairement associées aux étapes clés de la mise en place et du suivi de la démarche (comité de pilotage, groupes de travail, auditeur interne…).

Il faut prendre en compte que la démarche de management de la santé et de la sécurité au travail peut amener des modifications dans leur fonctionnement en redistribuant les rôles.

Parfois, bien qu'initialement prévus pour être fonctionnels, ils ont dans certaines entreprises été amenés à avoir un rôle opérationnel.

Ce rôle opérationnel est maintenant donné à la ligne hiérarchique.

Le tableau 9.6 donne un exemple de rôle du CHSCT dans une entreprise certifiée OHSAS 18001.

Par contre, les CHSCT doivent jouer pleinement leur fonction d'organismes de consultation et de contrôle et être obligatoirement associés à la validation d'étapes clés comme l'examen de la politique sécurité et du programme annuel d'actions.

Ils doivent aussi être informés des bilans et rapports d'audit.

9.5.2 Les bonnes pratiques en management de la santé et de la sécurité au travail

- **Privilégier le fonds plutôt que la forme**

Comme en matière de qualité et de protection de l'environnement, l'objectif de certification OHSAS 18001 ne doit pas, pour des raisons d'image de marque, se faire en privilégiant la forme (la rédaction des procédures) au détriment du fond (participation des opérateurs et appropriation des outils) ce qui à terme nuirait à l'efficacité du système.

Tableau 9.6 Exemple du rôle du CHSCT dans une entreprise certifiée OHSAS 18001.
(Source : Labso Chimie Fine)

Relations avec le CHSCT

- Le CHSCT est consulté pour approbation sur les procédures S & ST du système sécurité, en particulier sur la méthodologie d'évaluation du risque.
- Le CHSCT donne son approbation aux mises à jour de l'évaluation des risques faites par les secteurs.
- Le CHSCT est intégré dans la procédure d'audit interne où il est systématiquement interviewé.
- Le CHSCT est consulté systématiquement sur tous nouveaux projets concernant des nouveaux matériels ou des nouveaux procédés.
- Le CHSCT donne son accord sur les grandes modifications qui ne peuvent pas être traitées par la ligne hiérarchique (investissement élevé, actions transversales à caractère général..).
- Une réunion spécifique annuelle est faite avec le CHSCT pour retenir l'évaluation du risque qui conditionnera le programme d'actions annuel définitif.
- Le CHSCT donne son avis sur les priorités retenues et sur les choix de solutions de prévention.

Résultats :

- Peu de changements pour l'entreprise dans le fonctionnement quotidien du CHSCT.
- Un meilleur climat plus constructif et participatif des membres du CHSCT qui se sentent partie prenante d' une démarche d'entreprise.

• Un engagement véritable de la direction

En plus de la rédaction de la politique sécurité, l'engagement de la direction au plus haut niveau doit être perceptible par tous les salariés et autres parties prenantes (sous traitants, fournisseurs...).

Cela implique que l'organisation choisie doit refléter cette importance accordée à la S & ST : par exemple, la position dans l'organigramme de l'animateur sécurité ou la formation initiale et la compétence de la personne choisie pour cette fonction.

Cela implique aussi la nécessité d'exemplarité au quotidien de la direction et de l'encadrement (port de protections individuelles et respect des consignes).

L'importance et le choix des moyens dédiés à la sécurité seront également un reflet de cet engagement véritable.

La DRP (Direction des risques professionnels) de la CNAMTS a également édité ses principes de bonnes pratiques de prévention des risques professionnels (*cf.* Tableau 9.7).

Tableau 9.7 Les bonnes pratiques de prévention.
(Source : CNAMTS)

– Intégrer la gestion de la santé et de la sécurité au travail dans toutes les fonctions de l'entreprise. – Harmoniser la politique santé sécurité avec les autres politiques de l'entreprise. – Développer l'autonomie de l'entreprise en matière de prévention. – Favoriser une approche pluridisciplinaire. – Faire de l'identification et de l'évaluation *a priori* des risques un élément majeur de la politique santé et sécurité au travail. – Intégrer la prévention dès la conception des lieux, des équipements, des postes et des méthodes de travail. – Analyser les accidents du travail et les maladies professionnelles en remontant aux causes les plus en amont. – Améliorer la politique de maîtrise des risques et faire évoluer les valeurs de base de l'entreprise.

NB : On peut préciser certain de ces points notamment :

Assurer la cohérence globale

Comme une action qualité (exemple : prélèvement d'un échantillon sur une machine en marche) ne doit pas générer des risques d'accident du travail et/ou de pollution accidentelle, inversement la mise en place de mesures permettant d'améliorer la S & ST et la protection de l'environnement, ne doit pas créer des problèmes majeurs pour la qualité de la production. L'intégration du management de la santé et de la sécurité au travail dans toutes les fonctions de l'entreprise, comme l'harmonisation des différentes politiques permettront de renforcer cette cohérence.

Agir dès la conception

Une prévention sera d'autant plus efficace que la réflexion est menée en amont, le plus tôt possible dans la conception (il est plus facile et efficace d'agir sur la planche à dessin que sur un bâtiment ou un matériel existant).

9.5.3 Les bonnes pratiques d'un management intégré qualité sécurité et environnement

À l'heure de mettre en place et de faire vivre un système de management intégrant la qualité, la sécurité et l'environnement, de nombreuses questions se posent :

- Quels sont les pré-requis nécessaires avant le lancement d'une démarche de système de management intégré ?
- Quelle démarche/méthodologie faut il retenir pour mettre en place un système de management intégré ?
- Jusqu'où faut il aller dans l'intégration ?
- Quels sont les thèmes qu'il faut impérativement intégrer ?
- Quels sont ceux qu'on peut facilement intégrer ?
- Quels sont ceux qu'il faut garder spécifiquement ?
- Quels sont les modes de fonctionnement à retenir ?
- Faut il intégrer progressivement ou en même temps la qualité, la sécurité, l'environnement ?
- Quels sont les choix en matière d'organisation dans un système de management intégré ?
- Comment créer un système ouvert et évolutif ?

Il n'y a évidemment pas une recette unique universelle pour répondre à ces questions. L'historique de l'entreprise, les spécificités de son personnel et de son organisation ainsi que son domaine d'activités amèneront des réponses « sur mesure ». L'expérience montre, par exemple, que le fait d'avoir un fonctionnel de sécurité-environnement et un fonctionnel qualité va se traduire souvent par une intégration plus forte entre sécurité et environnement qu'entre qualité et sécurité ou qualité et environnement.

Celui qui a décidé de se lancer dans une démarche d'intégration des systèmes de management a besoin de repères. Pour répondre à ce besoin général, l'AFNOR et l'ADQSE[3] ont décidé de joindre leurs efforts pour identifier à partir des expériences d'entreprises déjà engagées dans ces démarches les bonnes pratiques, celles qu'il faut recommander tant par la qualité des résultats

3. ADQSE Association pour le Développement du management Qualité-Sécurité-Environnement, 44/46, rue Queyret – 33200 Bordeaux – *www.adqse.com*

obtenus que par leurs avantages opérationnels (rapport coût/efficacité par exemple) ou éthiques.

Ces bonnes pratiques seront publiées fin 2002, sous la forme d'un « Accord AFNOR ». Ce nouveau type de document normatif de référence est élaboré de façon collective et consensuelle par des entreprises qui ont une expérience significative en matière de système de management intégré qualité, environnement et sécurité.

L'Accord AFNOR sur les « systèmes de management intégré – retours d'expérience et bonnes pratiques » propose le sommaire suivant (*cf.* Tableau 9.8).

Tableau 9.8 Sommaire de l'« accord AFNOR » sur les systèmes de management intégré.

0	**Introduction**
1	**Domaine d'application**
2	**Références normatives**
3	**Termes et définitions**
4.	**Recommandations**
4.1	**Prérequis avant le lancement d'un système de management intégré**
4.2	**Fonctions, organisations et modes de pilotage dans un système de management intégré**
4.3	**Voies d'intégration et structures possibles pour un système de management intégré**
4.4	**Approche processus, vecteur d'intégration**
4.5	**Prise en compte des valeurs dans un système de management intégré**
4.6	**Politiques et planification**
4.7	**Mise en œuvre et fonctionnement**
4.8	**Évaluation de la performance**
4.9	**Amélioration**
Annexes	

10

Le système documentaire

Le système documentaire est un élément clé de la mise en œuvre réussie du système de management d'un organisme. Il joue un rôle essentiel pour :

- énoncer et faire connaître la politique et les objectifs ;
- décrire les éléments du système de management et faire connaître les responsabilités à tous les niveaux ;
- préciser les manières de faire, de vérifier et d'améliorer ce qui a été fait ;
- conserver les connaissances acquises.

Pour que le système de management soit efficace, mais économique, il faut **construire un système de volume nécessaire et suffisant**, c'est-à-dire adapté à la dimension de l'organisme, à ses besoins et à la complexité des tâches et des méthodes utilisées.

À partir d'un système documentaire existant pour la qualité, l'intégration de la sécurité et de l'environnement dans ce système consistera à utiliser autant que possible les mêmes documents, et à créer à bon escient les documents spécifiques nécessaires pour la sécurité et l'environnement.

10.1 La structure documentaire[1]

Dans le cas d'un système de management de la qualité, il est le plus courant et considéré comme le plus efficace que le système documentaire soit constitué d'une hiérarchie de documents souvent représentés sous forme d'une pyramide qui comprend trois ou quatre niveaux (*cf.* Figure 10.1) :

- au sommet, le manuel qualité ;
- au dessous, les procédures écrites du système qualité ;
- au dessous, les instructions de travail, les formulaires et documents divers.

On place parfois les enregistrements encore en dessous (quatrième niveau).

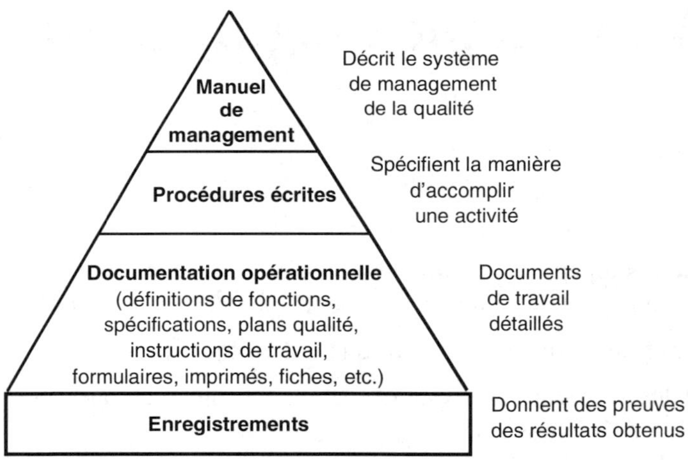

Figure 10.1 La pyramide des documents qualité.

Pour constituer un système intégré qualité-sécurité-environnement (QSE), on a un choix à faire en ce qui concerne le manuel ou les manuels. En effet, selon l'importance de l'organisme et la diversité de ses secteurs, sa politique

1. Pour plus de détails sur la structure documentaire et sur le choix du titre et de la structure d'un manuel de management, on pourra consulter *Du manuel qualité au manuel de management 1. L'outil stratégique* – Voir Bibliographie.

(§ 9.1.2), l'organisation choisie pour les fonctions Q, S et E (§ 9.1), on pourra choisir par exemple :

- **Un seul manuel QSE**

Ce manuel énonce la politique, les objectifs et les éléments du système intégré QSE choisi. Il fait référence au système documentaire qui peut comprendre des procédures générales, communes à Q, S et E, et des procédures spécifiques aux dispositions prises dans ces trois domaines, suivant l'exemple de la figure 10.2.

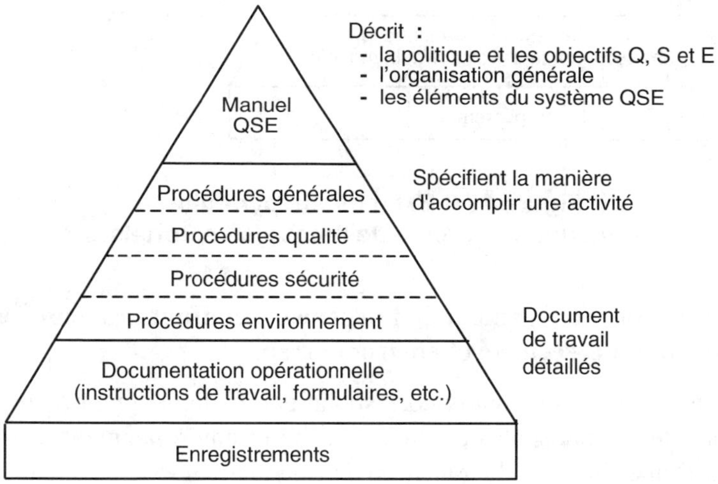

Figure 10.2 Exemple de pyramide à un seul manuel intégrant la qualité, la sécurité et l'environnement.

- **Un manuel QSE coiffant plusieurs manuels ou plans qualité sectoriels**

Cette organisation documentaire peut convenir pour un organisme ayant des secteurs ou établissements ou encore des activités distincts. Le manuel commun énonce la politique et les objectifs Q, S, et E, fait référence aux procédures générales applicables à l'ensemble de l'entreprise et à la structure documentaire sectorielle. Chaque manuel sectoriel intégré QSE décline la politique générale en fonction de ses activités en précisant les objectifs spécifiques. En variante, chaque secteur établit des plans qualité, sécurité et environnement distincts. Un exemple d'une telle structure documentaire est donné par la figure 10.3.

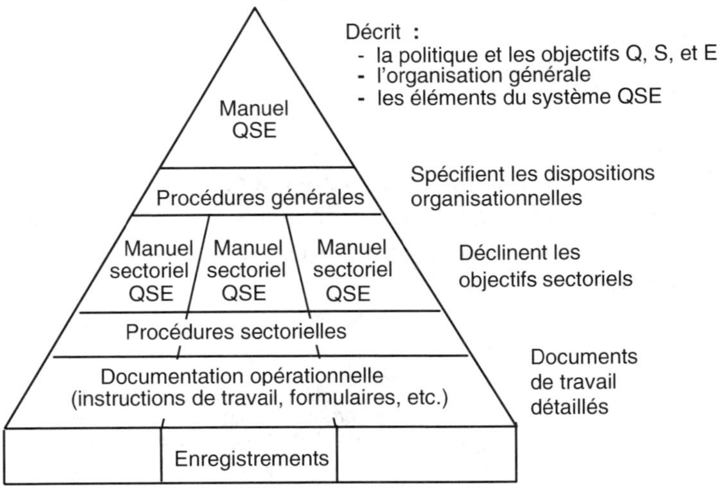

Figure 10.3 Exemple de pyramide avec une hiérarchie de manuels sectoriels.

- **Un manuel de management de l'organisme coiffant des manuels distincts qualité, sécurité et environnement**

Cette organisation documentaire correspond par exemple à un organisme qui a opté pour des responsables qualité, sécurité et environnement distincts. Il peut s'agir d'une situation de transition dans laquelle il existe un manuel qualité que l'on ne veut pas modifier en expérimentant parallèlement un système de management de la sécurité ou environnemental.

La figure 10.4 donne un exemple de pyramide à deux manuels distincts qualité et environnement-sécurité coiffés par un manuel de management intégrant la qualité, l'environnement et la sécurité.

Au deuxième niveau on distingue horizontalement les procédures et documents opérationnels :

– spécifiques à la qualité,

– communs à la qualité, à l'environnement et à la sécurité,

– spécifiques à santé et à la sécurité au travail.

À la base, on distingue horizontalement les enregistrement spécifiques à la qualité, communs à la qualité, à l'environnement et à la sécurité.

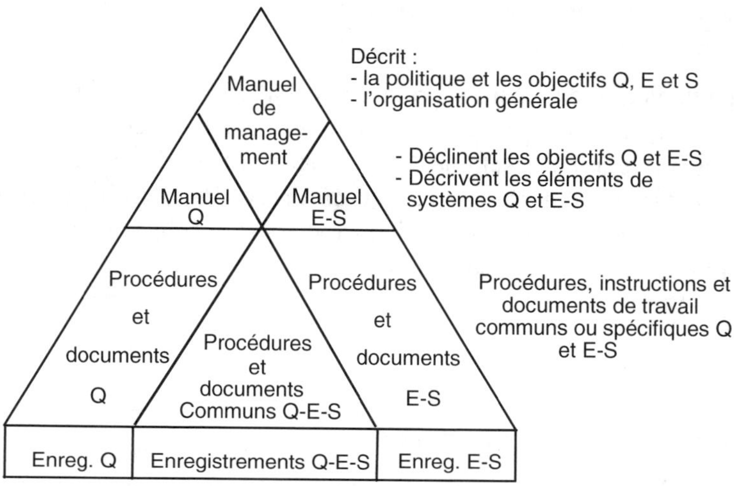

Figure 10.4 Exemple de pyramide intégrant la qualité, l'environnement et la sécurité.

La figure 10.5 donne un autre exemple dans lequel le manuel au sommet énonce la politique et les objectifs Q, S et E, fait référence aux procédures générales applicables à l'ensemble de l'organisme et aux manuels distincts qualité sécurité et environnement.

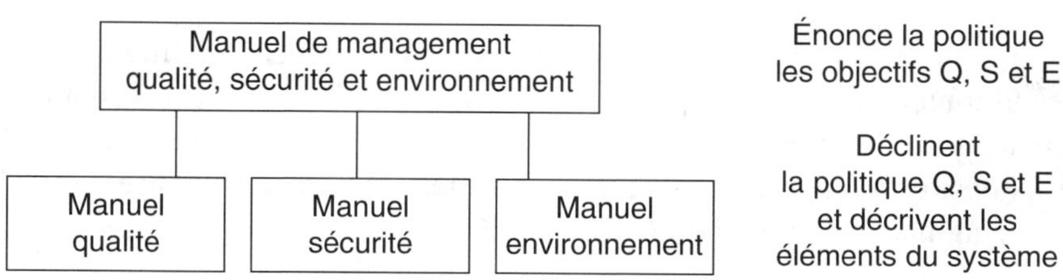

Figure 10.5 Exemple de structure documentaire comprenant des manuels qualité, sécurité et environnement distincts.

- **Un manuel qualité complété d'annexes sécurité et environnement**

Il peut s'agir d'une situation transitoire : le manuel qualité existe et il n'y a pas intérêt à le modifier avant d'y voir plus clair sur les possibilités d'extension du système de management à un système QSE (cas par exemple où il est certifié). La pyramide reste semblable à celle de la figure 10.2 ; les procédures générales « se nourrissent » progressivement de dispositions S et E et des procédures spécifiques à S et E apparaissent en tant que de besoin.

- **Un manuel sécurité, environnement ou sécurité-environnement parallèle à un manuel qualité existant**

Enfin on peut, dans une démarche progressive, bâtir un projet de manuel sécurité ou environnement, ou les deux, parallèlement à un manuel qualité existant, en attendant d'intégrer l'ensemble (*cf.* Figure 10.3) ou de le coiffer par un manuel ou document général au sommet (*cf.* Figure 10.5). Ce manuel pourra s'appuyer sur les procédures qualité. L'essentiel est qu'il n'y ait pas de documents contradictoires ou redondants.

10.2 Le manuel

10.2.1 Le choix du titre du manuel

Quel que soit l'objet d'un manuel il, convient de lui donner un titre qui soit le reflet de son contenu.

- **Les titres en usage pour la qualité**

En matière de qualité, il y a des usages bien établis, le plus courant, en France, étant : **manuel assurance qualité** ou **manuel qualité**. Les normes ISO 9000 utilisent par simplification et homogénéité des textes le terme générique de manuel qualité.

Les entreprises ou organismes divers choisissent en général un titre en rapport avec le contenu du manuel, qui dépend lui-même de la maturité de la démarche de management : limitée à l'assurance de la qualité en réponse à : l'ISO 9001, ou extension à l'aspect économique du management (efficience), ou plus encore au management total de la qualité

Enfin il convient de préciser que le « manuel assurance qualité » – établi souvent en ne répondant qu'à des exigences contractuelles – peut être un extrait d'un manuel de management plus complet ou contenant des éléments confidentiels.

- **Les titres possibles pour la sécurité et l'environnement**

Dans ce domaine les usages sont moins établis ; on peut choisir par exemple les titres suivants (sachant que la notion d'assurance liée à l'environnement n'existe pas actuellement) :

- manuel sécurité ou assurance sécurité (MS ou MAS) ;

– manuel environnemental ou de management environnemental (ME ou MME) ;
– et encore les diverses combinaisons :
  - manuel qualité-sécurité ou manuel assurance qualité-sécurité (MQS ou MAQS) ;
  - manuel qualité-environnement (MQE) ;
  - manuel qualité-sécurité-environnement ou management qualité-sécurité-environnement (MQSE ou MMQSE) ;
  - etc.

La figure 10.6 donne un exemple de combinaison de titres de manuels multiples pour une grande entreprise, à rapprocher de l'exemple de la figure 10.5.

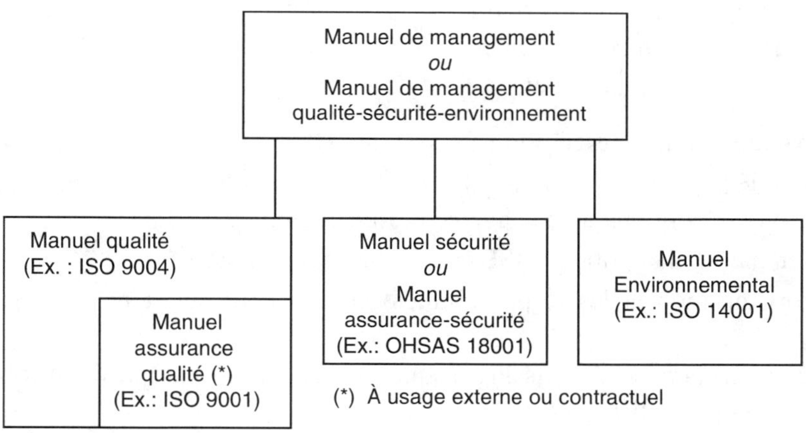

Figure 10.6 Exemple de combinaison de titres de manuels multiples pour une grande entreprise.

10.2.2 Le choix de la structure du manuel

Il s'agit du plan ou de la table des matières à adopter pour la rédaction du manuel. Ce plan est important pour donner une image claire de l'organisation de l'entreprise :

– en interne, afin que l'ensemble des acteurs de l'organisme s'impliquent dans la mise en œuvre de la politique qualité, sécurité et environnement adoptée ;

– en externe, pour les clients de l'entreprise, qui peuvent le demander, pour les auditeurs extérieurs, s'il y a lieu (pour le compte d'un client ou pour la certification du système de management, ou encore pour certaines autorités (sécurité ou environnement).

La structure peut prendre des formes très diverses selon la nature de l'entreprise (grande entreprise ou PME), la politique choisie et l'organisation des fonctions qualité, sécurité et environnement.

On distinguera le plus souvent, par exemple :

Première partie : rubriques introductives :

- Sommaire
- Déclaration d'engagement du chef d'entreprise
- Objet et domaine d'application
- Terminologie et abréviations
- Présentation de l'organisme
- Gestion du manuel, etc.

Deuxième partie : description du système QSE :

Il s'agit de la partie essentielle qui explicite les dispositions prises pour mettre en oeuvre la politique de management. Elle comprend :

– l'énoncé de la politique QSE et des objectifs généraux ;
– l'organisation et les responsabilités prévues pour atteindre les objectifs QSE ;
– les divers autres éléments du système choisi en tenant compte des différents processus identifiés (*cf.* § 4.3).

Selon la nature de l'organisme et l'objet et domaine d'application du manuel on peut adopter pour le plan plusieurs options :

- **Option 1 : plan des rubriques de l'une des normes ISO 9001 ou 9002 : 1994**

Dans le cas où il existe un « manuel qualité », ou « assurance qualité » ayant adopté la structure de l'ISO 9001 ou 9002 : 1994, l'organisme peut l'adapter pour répondre à des exigences contractuelles ou en vue d'une certification selon les exigences d'une autre norme. Rien oblige à refondre la structure pour adopter celle de l'ISO 9001 : 2000, car **l'ordre des rubriques n'est pas obligatoire.** Il suffit d'enrichir le sommaire en ajoutant les rubriques répondant aux exigences complémentaires de l'ISO 9001 : 2000. Dans le cas de l'ISO 9002, il faudra ajouter la conception et le développement, à moins de justifier que les exigences correspondantes « n'affectent pas l'aptitude de l'organisme à fournir un produit conforme aux exigences... » (ISO 9001 : 2000).

Un auditeur ne doit pas refuser un plan différent de celui de la norme ; il convient cependant de faciliter la lecture en ajoutant en fin de manuel une **table de correspondance** entre les rubriques du manuel et celles de la norme.

- **Option 2 : plan des rubriques de la norme ISO 14001 : 1996**

Il s'agit d'un plan adapté à un objectif de certification du système de management environnemental. Il peut aussi être adapté pour répondre à des exigences de management de la sécurité, par exemple à celles de la spécification OHSAS 18001. L'adaptation aux exigences de l'ISO 9001 (2000) est aussi possible en ajoutant les rubriques nécessaires.

- **Option 3 : plan des rubriques de la spécification OHSAS 18001 : 1999**

Il s'agit d'un plan adapté à un objectif de certification du système de management de la santé et de la sécurité au travail. Étant donné la similitude des structures de l'ISO 14001 et de l'OHSAS 18001, cette option est équivalente à l'option 2.

- **Option 4 : plan des rubriques de la norme ISO 9001 : 2000**

C'est un plan adapté pour répondre à une exigence contractuelle ou en vue d'une certification selon les exigences de l'ISO 9001 : 2000. Il permet de répondre sans oubli à toutes les exigences de la norme concernée et facilite la tâche de l'auditeur, mais, comme pour les autres options, rien oblige à adopter la structure de la norme appliquée. Il est souvent plus instructif ou constructif pour l'efficacité ultérieure du système de suivre l'ordre des activités de l'organisme (option suivante).

- **Option 5 : ordre de la suite logique des activités**

C'est la plus recommandable : l'intérêt de cette option est la clarté de la description des activités de l'organisme, notamment à partir des résultats de **l'identification des processus**. Elle permet de répondre à diverses normes de management, et par exemple, d'intégrer facilement la qualité, la sécurité et l'environnement dans les secteurs d'activité les plus divers : production, prestations de service, administration, etc. Il s'agit alors d'intégrer la réponse aux diverses exigences au niveau de la description de chaque processus.

- **Option 6 : ordre d'un modèle spécifique de système de management**

Cette option consiste à adopter pour le management de la qualité un schéma conceptuel spécifique à l'organisme dérivé du modèle de l'approche processus des normes ISO 9000 : 2000 et pouvant intégrer sans difficultés des exigences diverses relatives à la qualité, à la sécurité ou à l'environnement.

Les éléments de système de management peuvent par exemple être présentés en trois parties principales distinctes :

- **Management** : éléments de systèmes génériques (communs à toutes les phases du cycle de vie).
- **Processus** : éléments de système dans l'ordre du cycle de vie (de la création d'un produit) ; cet ordre peut être adapté à l'activité spécifique de l'organisme.
- **Mesures et Résultats** : autres éléments de systèmes génériques.

On remarquera que cette structure est analogue à celle adoptée par l'EFQM (*European Foundation for Quality Management*) pour le « Prix Qualité Européen ».

Quelle que soit l'option choisie, si le manuel est présenté en référence à une ou plusieurs normes, il convient d'ajouter en fin de manuel une **table de correspondance** entre les rubriques du manuel et celles des normes concernées.

10.3 Les procédures et documents opérationnels

Dans le cadre du management de la qualité, la procédure écrite est « une manière spécifiée d'accomplir une activité ou un processus » (*cf.* norme ISO 9000 : 2000).

En général, les procédures relatives à la qualité sont regroupées ou seulement référencées dans un manuel qualité en distinguant, s'il y a lieu :

- les procédures générales à l'ensemble de l'organisme ;
- les procédures spécifiques, soit aux différents secteurs de l'entreprise, soit aux différents produits ou contrats, soit encore aux aspects autres que la qualité.

Il n'y a pas de raison de ne pas suivre les mêmes principes pour la sécurité et l'environnement, si l'on veut aboutir à une organisation homogène pour le management de la sécurité et de l'environnement, bien que les référentiels correspondants soient moins directifs que les ISO 9000 dans ce domaine.

Cependant, notamment si le système de management est appelé à être certifié, il faut tenir compte des exigences plus ou moins contraignantes des référentiels appliqués.

10.3.1 La comparaison des exigences

- **Management de la qualité**

La version 2000 de l'ISO 9001 limite les exigences de procédures écrites afin de privilégier l'efficacité des dispositions prises sur la manière dont ces dispositions sont décrites. En audit de certification, l'auditeur s'intéressera en premier lieu à la réalité des dispositions prises et aux preuves de respect des exigences, avant de vérifier la conformité des documents.

D'autre part, les exigences de l'ISO 9001 en matière de description des interactions entre les processus – qui ne figurent pas de manière semblable dans l'ISO 14001 et l'OHSAS 18001 – peuvent cependant être avantageusement appliquées à l'environnement et à la sécurité.

- **Management de l'environnement, de la santé et de la sécurité**

Les référentiels ISO 14001 et OHSAS 18001 sont plus contraignants en matière de procédures écrites que l'ISO 9001 : 2000. Ils exigent un certain nombre de procédures et documents spécifiques destinés à identifier les risques, à établir des objectifs et cibles et à maîtriser les opérations correspondantes.

- **Management intégré**

En matière de système documentaire, les exigences des trois référentiels considérés ne sont jamais contradictoires, mais complémentaires. Dans une démarche de management intégré, l'organisme pourra construire un système documentaire intégré ou harmonisé en appliquant sans contradictions les exigences documentaires spécifiées pour la qualité, la sécurité, l'environnement, etc. La majorité des documents correspondants pourront être communs.

10.3.2 Les procédures générales

Les procédures générales sont applicables à l'ensemble de l'entreprise. Elles correspondent en général aux processus de pilotage (ou de direction) et aux processus de support identifiés dans l'entreprise (*cf.* § 4.3). Elles doivent pouvoir intégrer facilement les trois aspects qualité, sécurité et environnement. En cas d'exigences particulières à la qualité, la sécurité et l'environnement, ces exigences pourront être mise en évidence sur le logigramme attenant ou dans une annexe.

Si l'on prend pour exemple la maîtrise de la documentation, on doit pouvoir édicter les mêmes règles générales pour la vérification et l'approbation, l'archivage, de tous les documents, quelques cas mis à part.

10.3.3 Les procédures spécifiques ou sectorielles

Lorsque des procédures ne s'appliquent que spécifiquement à un secteur de l'organisme, nous pouvons dire que c'est une « procédure sectorielle », ce qui n'empêche pas que certaines soient des procédures applicables à l'ensemble du secteur, et d'autres spécifiques à un produit, processus ou contrat particulier du secteur. Si le secteur concerné fait l'objet d'un manuel sectoriel (cas de la Figure 10.3), ces procédures seront référencées dans ce manuel. Certains secteurs peuvent être concernés par les aspects sécurité ou environnement, pas d'autres. Certaines procédures sectorielles pourront ne concerner que les aspects sécurité ou environnement relatifs à un secteur déterminé.

10.3.4 Les procédures spécifiques à différents produits

Si l'entreprise a prévu des plans qualité spécifiques à ces produits, c'est dans ces plans qu'elles seront référencées. Les exigences qualité, sécurité et environnement qui concernent ces produits y seront intégrées, en application de ce qui est prévu dans ces plans.

Il peut aussi exister des programmes sécurité et environnementaux pour répondre à certaines exigences ; ils font référence aux procédures spécifiques correspondantes.

10.3.5 Les documents opérationnels divers

Nous n'entrerons pas dans le détail de ces documents qui peuvent être très divers : instructions de travail, modes opératoires, consignes, spécifications ou cahiers des charges, programmes et plannings, etc., et tous les formulaires appelés par les procédures ou instructions. Il convient de les rendre, autant que possible, applicables communément aux aspects qualité sécurité et environnement.

La figure 10.7 donne un exemple de fiche de poste commune aux aspects qualité, sécurité et environnement.

Fiche de poste ...

● QUALITE - ■ SECURITE - ▲ ENVIRONNEMENT

Intitulé du poste : Oxydation anodique sulfurique

Travail à effectuer : Elimination des boues alcalines en fosse

	OPERATIONS	RISQUES	MOYENS DE PREVENTION
1	Supprimer le volume de liquide (pompage vers station)	---	---
2	Ouverture de la trappe d'accès à la fosse	■ douleur lombaire ■ chute ■ brûlure chimique ■ asphyxie ▲ pollution atmosphériq.	■ adopter une bonne position ■ s'équiper de protections individuelles: - combinaisons intégrales (pieds-mains-tête) - pantalons égouttiers - masque respiratoire isolant à air libre - lampe frontale ■ ▲ vérifier le bon fonctionnement du captage des vapeurs
3	Mise en place du tuyau d'aspiration des boues (relié au camion)	■ ▲ ● fuite sur le tuyau	■ ▲ ● vérifier le bon état du tuyau
4	Descente du tuyau en fosse	■ douleur lombaire ■ projection	■ adopter une bonne position

Figure 10.7 Fiche de poste commune aux aspects qualité, sécurité et environnement.

La figure 10.8 donne un exemple de fiche d'incident commune aux aspects qualité, sécurité et environnement.

Centrale :	**FICHE INCIDENT** **INCIDENT QUALITE / INCIDENT ENVIRONNEMENT / ACCIDENT**	Fiche n°

Rédacteur — Incident ou Accident, constaté le :

Incident Qualité		☐	Code ☐			Fluide :	☐
Accident	Quasi	☐	Sans Arrêt ☐	Avec Arrêt ☐		Nbre de jours d'arrêt :	☐
Incident Environnement		☐	Code ☐				

Lieu ou Installation concernée	Clients ou Personnes concernés :

Description succinte :

Conséquence pour les clients ou personnes concernées :

Causes Milieu ☐ Méthode ☐ Conception ☐ Facteur humain ☐ Matériel ☐	Actions immédiates :

Suivi du Comité Technique Centrale du

Description de l'action : — Ouvrir fiche de modification ☐

Responsables de l'action demandée : — Délai :

Solde de l'action et vérification de celle-ci : l 'action a -t-elle été efficace ? oui ☐ Non ☐

Commentaires :

Action soldée le : ....../......./..... — Par :

Recommandation du Comité Technique du Département G.M.E.

Description de l'action :

Délai : — Responsable : — Actions soldées le ..../......../...... — Par :

Ce document est la propriété d'AIR LIQUIDE Grande Masse Europe. Toute communication, reproduction, publication, même partielle est interdite sauf autorisation préalable et écrite du propriétaire.

Figure 10.8 Exemple de fiche d'incident commune aux aspects qualité, sécurité et environnement.

11

Les méthodes, les outils et les logiciels associés

11.1 Les méthodes communes

Le tableau 11.1 rassemble les principales méthodes et démarches les plus usuelles en qualité, sécurité et environnement.

- **Les méthodes d'analyse des risques**

Il n'est pas possible dans ce chapître de décrire de façon détaillée chacune des méthodes utilisées en analyse des risques, mais de donner un panorama non exhaustif d'un certain nombre d'entre elles, afin de montrer leur diversité, leur complémentarité et de montrer aussi qu'elle peuvent souvent être utilisées dans chacun des domaines : qualité, sécurité ou environnement.

- **Les contrôles et vérifications**

Qu'ils soient utilisés pour une vérification de conformité à une réglementation, en sécurité et environnement ou, en qualité, à des exigences explicites ou implicites du client, les contrôles et vérifications restent très présents dans les pratiques de terrain. Ces pratiques *a posteriori* ont encore leur utilité, quand le système de management ne suffit pas pour garantir que les résultats attendus seront conformes aux exigences (*cf.* § 9.3).

Tableau 11.1 Liste (non exhaustive) de méthodes et outils susceptibles d'être utilisées dans une démarche de management intégré.

Méthodes, approches, outils	Applicabilité
Contrôles et vérifications	QSE
Analyse de postes/méthodes ergonomiques	S
Approches statistiques • Diagamme de Pareto • MSP (Maîtrise statistique des procédés)	 QSE Q
Approches socio-techniques • DSF (*diagnosis-safety-form*) • ATC (analyse des tâches critiques) • « Conditions de travail, mode d'emploi » • Arbre de défaillances • SDQ (*safety diagnosis questionnaire*) • MOSAR (méthode organisée systémique d'analyse des risques) • MORT (management oversight and *risk tree*) • diagramme d'Ishikawa	 S QSE S QSE S SE QSE QSE
Sécurité des systèmes • APR (analyse préliminaire des risques) • AMDEC (analyse des modes de défaillance, de leurs effets et de leur criticité) • AE (analyse par arbre d'évènements) • ADD (analyse par arbre des défauts)	 QSE QSE QSE QSE
Sécurité du produit • HACCP (*Hazards Analysis Check Critical Points*)	
Voisinage conceptuel • Référentiels SMQ (système de management de la qualité) • Référentiels SMS (système de management de la santé et sécurité au travail) • Référentiels SME (système de management environnemental)	 Q S E

- **La méthode de l'arbre des causes**

La méthode de l'arbre des causes permet également une analyse *a posteriori* des risques. Ces risques peuvent à la fois toucher le produit (en qualité) ou le personnel (en sécurité). La méthode est un outil d'aide à l'évaluation de ces risques, très efficace, mettant en lumière aussi bien des causes d'ordre technique qu'organisationnel.

- **L'analyse des postes ergonomiques**

Les analyses de poste ergonomiques sont utilisées en santé et sécurité au travail . Il s'agit d'une approche globale du poste de travail de l'opérateur avec son environnement.

Cette démarche sera d'autant plus efficace qu'elle sera menée de façon collective, pluridisciplinaire et globale.

On s'aperçoit, par exemple, que le risque de trouble musculosquelettique examiné sous l'angle de l'ergonomie ne peut pas être limité à un aspect biomécanique de répétition de certains gestes, mais met aussi en cause l'organisation du travail, le stress, etc.

Surtout utilisée en santé et sécurité au travail, cette méthode contribue pourtant à une meilleure efficacité de l'entreprise, à une meilleure qualité et productivité.

- **Les approches statistiques**

Les méthodes statistiques

Des méthodes statistiques, comme le diagramme de Pareto, appelé parfois « analyse ABC » ou « loi 80/20 » permettent de montrer que, souvent, environ 20 % de la population étudiée représente environ 80 % des enjeux auxquels on s'intéresse.

Cette méthode peut être utilisée aussi bien vis-à-vis du choix de priorité de traitement des risques qualité pour le produit, sécurité pour l'opérateur ou environnemental pour la société.

La MSP (maîtrise statistique des procédés) est une méthode qui vise à piloter un procédé à l'aide des statistiques. Surtout utilisée en qualité, elle peut trouver des applications chaque fois que la loi des grands nombres s'applique, donc aussi en sécurité et environnement.

Les taux de fréquence et de gravité en matière d'accident du travail

Les statistiques nationales et régionales d'accidents du travail et de maladies professionnelles permettent d'évaluer *a posteriori* des tendances dans les évolutions des conséquences de certains risques. Ces résultats peuvent être mis sous forme d'indicateurs de sécurité. Les plus connus sont les les taux de fréquence et de gravité :

- Taux de fréquence = Nombre d'Accidents du Travail $*10^6$/Effectif*Nombre d'heures travaillées
- Taux de gravité = Nombre de jours d'arrêt $*10^3$/Effectif*Nombre d'heures travaillées
- Indice de fréquence = Nombre d'accidents pour 1 000 salariés.

Certaines corrélations peuvent exister avec d'autres indicateurs du tableau de bord général de l'entreprise, par exemple la corrélation entre les accidents et l'absentéisme.

- **Les approches socio-techniques**

Il existe de nombreuses approches socio-techniques.

La méthode MOSAR (méthode organisée et systémique d'analyse de risque), encore à la portée d'un non spécialiste, permet de faire le tour d'un problème de sécurité d'une installation ou d'un site .

Elle est basée sur un jeu de synoptiques permettant de visualiser de manière synthétique chaque source de danger et des organigrammes donnant la marche à suivre. Son domaine s'étend à la sécurité et à l'environnement.

- **Les méthodes inductives et méthodes déductives**

Les méthodes inductives ont pour objet d'analyser les conséquences éventuelles d'un fait initiateur appelé cause, alors que les méthodes déductives ont pour but la recherche des combinaisons des causes possibles conduisant à un événement redouté.

L'AMDE : analyse des modes de défaillance et de leurs effets (et de leur criticité dans le cas de l'AMDEC). Cette méthode inductive permet permet de mettre en évidence des défaillances susceptibles de conduire à un ou plusieurs évènements redoutés et s'élabore à partir d'un diagramme fonctionnel. L'événement redouté peut être un dysfonctionnement qualité ou sécurité ou environnemental. La logique de la démarche est la même.

L'arbre des causes : un arbre des causes (méthode déductive) est un graphe arborescent représentant au moyen d'opérateurs (et, ou...) les combinaisons d'états logiques susceptibles de conduire à l'occurrence d'un événement redouté (sommet de l'arborescence). L'arbre des causes est établi à la suite d'un dysfonctionnement important et grave (accident grave, voire mortel) dans le but, à partir de l'analyse de faits, .d'identifier les faits dont la suppression permettra à l'événement redouté de ne pas se reproduire.

Là aussi, on voit que l'application se fait dans les trois domaines qualité, sécurité et environnement. Pour un dysfonctionnement donné, par exemple qualité, les faits générateurs sont souvent communs à deux ou à trois domaines.

- **La méthode HACCP**

On ne peut passer sous silence, quand on évoque le management intégré, la méthode HACCP (*Hazards Analysis Critical Check Points*), méthode qui détermine dans le processus les points critiques pouvant avoir des conséquences graves sur le produit et la satisfaction des parties intéressées.

Très utilisée dans l'industrie agro-alimentaire notamment, elle est souvent le premier contact avec une démarche de type qualité, avant de s'engager dans des démarches de management.

11.2 Les logiciels supports et l'internet-intranet

À l'heure du tout informatique, il est surprenant de constater le relatif retard des entreprises dans l'informatisation des éléments de leurs systèmes de management qualité-sécurité-environnement. Bien sûr, les dossiers partagés en réseau puis l'intranet sont depuis longtemps utilisés pour notamment gérer et mettre à disposition les procédures, les instructions et autres documents d'organisation. Mais ce n'est que depuis la fin des années 90 que les entreprises ont poussé les éditeurs à s'intéresser au marché des logiciels supports au service des systèmes de management. De plus en plus conscientes de la richesse des données véhiculées par les documents et enregistrements issus de la mise en oeuvre des systèmes de management ISO, les entreprises investissent progressivement dans l'achat de suites de logiciels intégrés destinés à mieux faire partager l'information associée à l'organisation du management.

- **Les managers utilisateurs**

Les logiciels supports des systèmes de management sont principalement destinés aux personnes qui, dans l'entreprise, ont soit un pouvoir de décision, soit le besoin d'une assistance ponctuelle dans la réalisation de leurs tâches. En ce qui concerne le premier cas, il est probable que l'orientation processus – qui a tendance à réduire le nombre des niveaux de structures, à renforcer l'autonomie et la polyvalence – va accroître le nombre de collaborateurs ainsi « mis en pouvoir d'être cause de quelque chose » (*empowerment*). D'une façon générale, les personnes qui ont prioritairement besoin d'accéder à ces nouvelles applications logiciels sont les :

- cadres dirigeants ;
- propriétaires des processus clés et leurs éventuels relais « terrain », dans le cas d'activités transversales disséminées géographiquement ;
- responsables des processus supports ;
- collaborateurs du département R&D et du marketing ;
- auditeurs internes ;
- les collaborateurs en ce qui concerne les documents formalisant l'organisation.

- **L'hétérogénéité de l'origine des données**

Les principaux processus associés aux systèmes de management QSE d'une entreprise et qui génèrent des informations ou des données sont les :

1. éléments organisationnels (procédures, instructions et consignes…) ;
2. audits internes et tierces parties ;
3. résultats de l'écoute client, des analyses environnementales et de dangers ;
4. traitements des non-conformités, dommages environnementaux et accidents du travail ;
5. actions correctives ;
6. actions préventives ;
7. matrices de compétences ;
8. simulations et reconfigurations de processus ;
9. auto-diagnostics et auto-évaluations ;
10. suggestions des collaborateurs ;
11. retours d'expérience et réclamations des clients ;
12. bonnes pratiques opérationnelles et organisationnelles.

12

L'évolution vers le management de l'excellence

12.1 Le management total de la qualité (TQM)

Les expressions « management total de la qualité » et « management de l'excellence » sont pratiquement synonymes. Dans la littérature spécialisée, le terme de management par la qualité totale (*Total Quality Management* : TQM) est également très souvent employé[1]. Dans tous les cas, ces différentes désignations réunissent un ensemble de principes (*cf.* Figure 12.1), de méthodes organisés et intégrés dans la stratégie globale d'une entreprise. Ces principes et ces méthodes – qui tiennent une place prépondérante dans les normes qualité, sécurité et environnement – visent à mobiliser tous les salariés, pour obtenir la meilleure satisfaction des clients, au moindre coût, en améliorant sans cesse les processus et les systèmes de l'entreprise.

1. L'expression « qualité totale » vient du terme anglais TQC (*Total Quality Control*) traduit en français par « maîtrise de la qualité totale » au lieu de « maîtrise totale de la qualité ». Pour plus de détails sur les concept et la terminologie du TQC et du TQM, on pourra se reporter aux § 1.1.1 et 1.3.3.

L'entreprise « TQM » considère le changement comme partie intégrante de sa culture et promeut la persévérance, parce qu'un idéal ne peut jamais être atteint, le but réel demeure donc dans sa quête et non dans sa réalisation.

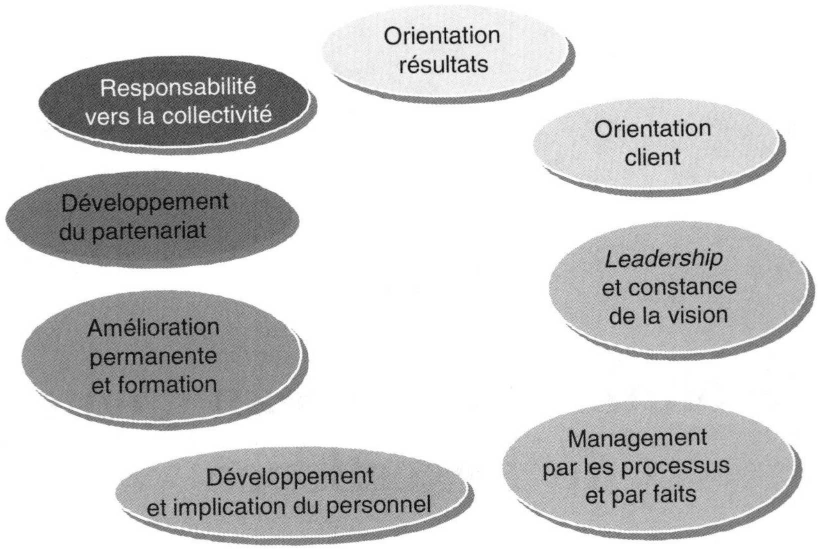

Figure 12.1 Les huit principes fondamentaux pour tendre vers l'Excellence.

Mais ce qui caractérise surtout le TQM, c'est la philosophie du management qu'il véhicule. Ainsi que nous le verrons au paragraphe suivant pour le développement durable, le TQM est avant tout une manière d'être et de penser l'entreprise. En fait, avec le TQM, c'est moins le management de la qualité qui compte que la qualité du management pour produire de la valeur !

Bien entendu, les huit principes de management de la figure 12.1 énoncés notamment dans la version 2000 des normes ISO 9000 (*cf.* § 3.2.3) s'appliquent avec profit au management intégré QSE.

12.1.1 L'équation de la valeur

C'est l'explication de l'équation de la valeur qui résume le mieux la philosophie du TQM. Dans une entreprise qui adhère par ses actes aux principes fondamentaux de l'excellence, la pleine satisfaction des collaborateurs constitue à la fois le préalable et le miroir de la pleine satisfaction des clients.

La fidélité des clients et les profits associés sont la résultante de cette satisfaction. Les profits engendrent à leur tour la satisfaction des actionnaires, condition indispensable aux investissements qui profitent d'abord aux collaborateurs, ainsi la boucle est-elle bouclée.

Le caractère un peu simpliste de cette équation masque la grande difficulté de sa résolution. En effet, beaucoup de manager utilisent dans leur discours « le vocabulaire » du TQM sans en apprécier la signification réelle. En fait, la contribution principale du TQM est avant tout d'ordre social. Il participe du mouvement qui, au sein du management, attribue de plus en plus d'importance aux personnes. Collaborateurs, clients et les autres parties intéressées sont considérés avec le même respect. L'une des difficultés dans la compréhension de la philosophie se situe essentiellement à ce niveau, qui procède naturellement du changement de paradigme opéré (*cf.* Tableau 12.1).

Enfin, le TQM intègre la majeure partie des innovations sociales introduites depuis longtemps déjà :

- il fait appel à la dynamique des groupes, c'est-à-dire qu'il forme des ensembles de collaborateurs ou de collaborateurs-clients pour résoudre des problèmes organisationnels ;
- il met l'accent sur la formation continue à tous les niveaux de l'entreprise ;
- il adhère à des principes humanistes et considère que les personnels doivent avoir la possibilité de s'épanouir dans leur travail ; il les motive et les responsabilise dans ce but.

12.1.2 L'entreprise apprenante

Le TQM aide, en améliorant l'efficacité des processus, à surmonter les mutations, et facilite de la même façon la mise en œuvre d'une organisation en apprentissage permanent. La survie d'une entreprise dépend de son aptitude à apprendre plus vite que les autres. Cet apprentissage concerne tous les niveaux de l'entreprise, tous les personnels, en particulier les équipes. De plus, l'apprentissage prend toutes les formes possibles et se développe en interaction avec le monde extérieur à l'organisation. Il doit être créatif, continu ou permanent, collaborant et non-répétitif, connecté et non pas déconnecté, collectif et non pas individuel.

L'organisation en apprentissage permanent appelle des modifications culturelles au sein de l'entreprise et nécessite des changements structurels importants. Aplatir la structure organisationnelle, décentraliser les processus décisionnels,

Tableau 12.1 Comparatif entreprise classique et entreprise TQM.

Entreprise classique	Entreprise TQM
• Organisation pyramidale et cloisonnement des services, des fonctions et des territoires.	• Organisation par processus.
• Primauté de la structure.	• Primauté du service rendu au client.
• Traitement du symptôme là où il apparaît.	• Anticipation des problèmes par l'utilisation des actions préventives.
• Management centré sur les résultats et conséquences.	• Management centré sur les causes et la prévention.
• Multiplicité des indicateurs et tableau de bord orienté gestion.	• Indicateurs essentiellement centrés sur le client final et partagés par tous.
• Perspective du court terme.	• Perspective du moyen/long terme.
• Progrès dus aux innovations technologiques.	• Dito + progrès issus de l'amélioration continue.
• Récompense individuelle.	• Récompense et reconnaissance individuelle et collective.
• Planification, prévision.	• Réaction à l'environnement.
• Besoins du client définis par une vision interne.	• Besoins du client définis par le client lui-même et anticipation des besoins latents.
• Pouvoir de droit.	• Pouvoir de compétence.
• Logique de l'exécution, de la conformité, de l'obéissance.	• Logique de la responsabilité, de l'autonomie, de l'initiative.
• Logique de performance individuelle qui valorise les dimensions : quoi, combien, court terme.	• Logique de compétences qui met l'accent sur : pourquoi, pour quoi (enjeux), comment, moyen/long terme.
• Raisonnement par objectifs dans les services.	• Raisonnement par projets transverses et par approche système.
• On met l'accent sur l'expertise technique rattachée à un poste.	• On valorise l'initiative, l'autonomie et la capacité à transformer en actions un savoir livresque.

accroître les responsabilités à la base et développer des relations transversales sont autant de ces mutations essentielles. Certains facteurs sont inhérents au processus d'apprentissage et doivent être assumés ; citons par exemple : la prise de risques, le droit à l'erreur, le partage de l'information, la récompense et le soutien aux réseaux informels comme aux équipes, la valorisation de l'initiative et de l'innovation, la comparaison entre entreprises, l'utilisation de nouvelles méthodes de management et de résolution de problèmes, ne plus se concentrer uniquement sur le travail à accomplir, mais sur les résultats à atteindre.

12.1.3 Le leadership comme moteur pour l'Excellence

Le principe fondamental concerne le *leadership*. Le TQM affirme la nécessité de former des leaders visionnaires capables d'inspirer, de motiver collaborateurs et équipes de travail par une vision ambitieuse et des missions claires – et non par des prescriptions et des régulations – plutôt que des managers dont la principale compétence est de « savoir faire des choses justes ».

L'approche processus, qui est un autre des grands principes du TQM et de l'ISO 9004, stimule l'implication des collaborateurs dans des groupes de travail interfonctionnels en bannissant les hiérarchies verticales (silos) par fonction. Les propriétaires des processus assurent alors la cohérence entre ces équipes de collaborateurs plus qu'ils ne les dirigent, ils facilitent leur travail.

12.1.4 Le client : une préoccupation omniprésente

Il est désolant de constater à quel point certaines entreprises sont entièrement tournées vers elles-mêmes. C'est-à-dire que l'essentiel des problèmes posés sont issus des seuls jeux de pouvoirs internes et conséquemment fort éloignés des préoccupations des clients. L'orientation client est le principe du TQM qui sous entend que les prestations et la gestion sont repensées en fonction de la satisfaction du client. Le client devient le dernier et le seul juge de la qualité produite, celle-ci étant désormais la préoccupation permanente et omniprésente.

En fait, dans une entreprise réellement orientée client, il s'agit de considérer l'entreprise non plus de l'intérieur, mais de l'extérieur avec les yeux du client. Malheureusement, la prise de conscience du caractère crucial du respect des exigences explicites et implicites des clients, survient souvent trop tard pour nombre d'entreprises prises de court par l'ultra concurrence issue de la mondialisation en cours.

12.1.5 Le « modèle d'excellence » de l'EFQM

L'*European Foundation for Quality Management* (EFQM) a été créé en 1988 par un ensemble de grands groupes industriels avec la collaboration de la Commission Européenne, afin de promouvoir la qualité des sociétés européennes. Sa mission est d'être une force motrice pour ces organisations au travers de l'identification et la récompense de leur performance. Pour faire cela, l'EFQM s'appuie sur un « modèle d'excellence » (*cf.* Figure 12.2) à partir duquel les entreprises de toutes tailles peuvent d'abord se comparer en pratiquant l'autoévaluation, puis éventuellement concourir pour une obtenir une distinction.

Ce modèle est basé sur certains concepts fondamentaux, dont l'attrait principal est qu'il exprime les relations et les interdépendances (5 critères de facteurs pour 4 critères résultats) d'une organisation dont la caractéristique est d'être orientée vers la compétitivité. Des points sont attribués pour chaque critère et l'ensemble du modèle représente 1000 points.

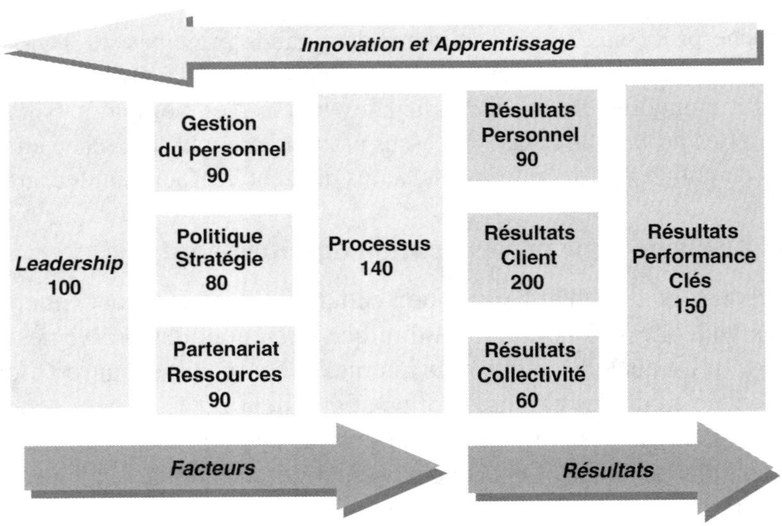

Figure 12.2 Les huit principes fondamentaux pour tendre vers l'Excellence.

12.1.6 Le TQM et les normes de système de management

Nous avons vu que le TQM est une philosophie de management qui s'appuie sur des méthodes et des outils. En fait, le modèle EFQM doit être considéré comme une extension de l'ISO 9004 qui fournit les lignes directrices pour la construction d'un système de management. Les normes ISO et autres référentiels similaires fournissent un cadre pour l'enregistrement des systèmes de management. Le modèle EFQM fait référence aux normes ISO ainsi qu'à beaucoup d'autres outils d'analyse et de résolution de problème. Loin d'être en opposition ces normes, méthodes et outils sont les éléments constitutifs du management de l'excellence. Ils correspondent aux meilleures pratiques actuelles en matière de management et c'est pour cela que les entreprises les plus performantes les utilisent.

12.2 Le développement durable

12.2.1 Définition et principe

Le développement durable est un concept qui vise à « répondre aux besoins des générations actuelles, sans compromettre ceux des générations futures ». Paru en 1987 dans un rapport rédigé par l'ex-premier ministre norvégien, Monsieur Brundtland, le terme développement durable s'est peu à peu érigé en concept.

Si on en croit les articles de presse abondants qui paraissent à propos du développement durable, cette nouvelle idée, très humaniste, connaît un succès grandissant. Son principe est simple, il sous-entend qu'une entreprise ne peut être réellement évaluée qu'au travers sa triple performance : économique, sociale et environnementale. Il n'existe pas encore de normes guides qui traduiraient, sous la forme d'exigences universelles, les besoins et les attentes des parties prenantes en matière de développement durable.

En revanche, il existe des recommandations élaborées par des communautés volontaires (GRI, WBCSD…)[2] qui donnent des règles, des critères et des indicateurs à suivre. Il est probable, compte tenu de l'importance des zones de recouvrement de ces différents standards, que ces derniers serviront, à terme, de base à une normalisation internationale de type ISO.

2. GRI : *Global Reporting Initiative*, WBCSD : *World Business Council for Subtainable Development*.

12.2.2 Les normes de système de management et le développement durable

Les objectifs du développement durable ne sont pas fondamentalement différents de ceux des normes ISO qui traitent des systèmes de management ou encore des modèles d'excellence comme celui de l'EFQM. Pour chacun de ces référentiels, il s'agit de faciliter la mise en œuvre d'un système de management qui renforce :

- la pérennité et la compétitivité de l'entreprise ;
- la maîtrise des risques globaux notamment environnementaux ;
- la satisfaction des parties intéressées.

Qui permet d'atteindre, pour le produit ou le service, la qualité requise d'une manière économiquement efficace. Toutefois, le développement durable adopte une pondération différente, vis-à-vis des les critères d'appréciation des entreprises, que vis-à-vis des modèles d'excellence. Par exemple, dans le modèle de l'EFQM, le poids donné à la performance sociétale (sociale et environnementale) de l'entreprise est minoré par rapport à la performance économique, dont les premiers bénéficiaires sont les clients et les actionnaires. En fait, le développement durable rééquilibre les enjeux de l'entreprise en plaçant sur un même plan les résultats économiques, sociaux et environnementaux. Cela semble d'ailleurs logique car le client est aussi un citoyen du monde !

Une autre différence est l'importance donnée à la communication externe, à l'éthique et au partenariat avec les organismes externes issus ou proches des mouvances environnementalistes et sociales. En effet, le développement durable exige des entreprises une transparence absolue dans leurs opérations de production et l'acceptation d'être observée de l'intérieur, ce qui marque une rupture nette avec le culte du secret adopté par nombre d'entreprises.

12.2.3 La satisfaction totale des parties intéressées

Nous avons vu, précédemment, qu'il n'y a pas d'opposition entre le développement durable et le management total de la qualité. Au contraire, le développement durable peut même être considéré comme le prolongement naturel d'une démarche d'excellence basée sur les critères des prix mondiaux. En raison de son caractère plus centré sur l'humain et son environnement naturel, il est fort probable que le développement durable devienne moins difficile « à vendre » en interne que le management total de la qualité.

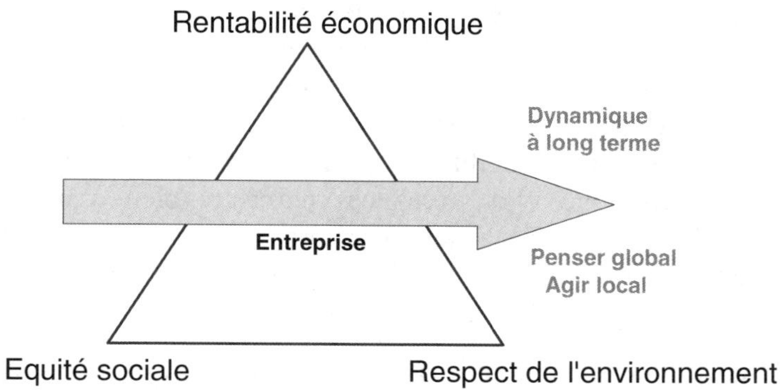

Figure 12.3 Les trois pôles du développement durable.

Compte tenu des défis antagonistes que les entreprises ont maintenant à relever, il s'avère de plus en plus inéluctable que leur devenir dépendra de leur capacité à surmonter l'antinomie entre la satisfaction des parties prenantes et les intérêts qui leur semblent de prime abord opposés. Dans la réalité, ces intérêts ne sont plus du tout opposés mais plutôt interdépendants lorsqu'on les regarde avec le filtre du temps. Il est souhaitable, pour l'avenir de la planète, qu'une majorité d'entreprises le comprennent suffisamment tôt. Pour les y aider, l'utilisation simultanée des normes des séries ISO 9000, 14000 et OHSAS 18001 est une opportunité à saisir pour accélérer leur apprentissage.

12.3 L'intégration qualité, sécurité, environnement et le développement durable

12.3.1 Des solutions spécifiques à des exigences universelles

Nous verrons un peu plus loin que, parmi les paramètres du changement nécessaires à une véritable amélioration continue des performances, il en existe un relatif au savoir faire en termes d'outils et de méthodes. C'est précisément ici que se rejoignent le développement durable et l'intégration qualité-sécurité-environnement. Pour toute entreprise, la meilleure façon de durer c'est d'abord d'assurer la fidélisation de ses clients en leur apportant le produit ou le service qui correspond le plus possible à leurs besoins et attentes du moment. In fine, l'ISO 9000 : 2000 et les autres normes contractuelles relatives à l'environnement et la sécurité n'ont pas d'autre but que de fournir un cadre aux entreprises pour qu'elles renforcent en continu l'efficacité de leurs processus, tout en accroissant la satisfaction (mesurée) de leurs parties intéressées.

Pour y parvenir, les entreprises n'ont pas d'autre voie que de rechercher en permanence de nouveaux produits et de réduire les coûts et les délais. Mais avoir de bons produits fiables et peu chers n'est plus suffisant pour assurer sa pérennité. Encore faut-il s'enquérir de l'origine des matières premières, de leur innocuité, de leur traçabilité, de leur non dangerosité dans certaines conditions d'utilisation... Pour tous ces points et bien d'autres encore, l'ISO 9001 : 2000 exige des solutions appropriées au contexte, en même temps qu'elle propose un schéma (le PDCA) pour analyser les données produites, puis améliorer le système de management.

Une autre condition pour assurer sa pérennité est de mettre tout en œuvre pour être le plus possible en harmonie avec les écosystèmes. Dans ce cas, c'est l'ISO 14001 qui offre le cadre le plus adapté. Les exigences contenues dans cette norme sont en phase avec le critère environnement du développement durable. Il n'est donc pas surprenant de constater que l'une des premières actions concrètes mises en œuvre par les entreprises qui décident d'adhérer au concept du développement durable est de définir, au minimum, des systèmes de management de l'environnement conformes à l'esprit de l'ISO 14001.

Le volet social du développement durable est, quant à lui, couvert en partie par les exigences de deux référentiels, la SA 8000 pour la responsabilité sociale et l'éthique, et surtout l'OHSAS 18001 pour la sécurité et la santé au travail.

Un système de management intégré qualité-sécurité-environnement et, de surcroît certifié par un organisme indépendant, constitue assurément la partie prépondérante de la réponse des entreprises au concept du développement durable. Cela est certes insuffisant, mais l'entreprise qui obtient cette triple reconnaissance est certainement sur la bonne voie pour renforcer la confiance de parties prenantes, qui acceptent de moins en moins une gestion séquentielle des risques QSE, mais plutôt une approche systémique des enjeux.

De la prise de conscience « Développement Durable » à l'action concrète

L'émergence des grands concepts managériaux a toujours été en liaison avec les phénomènes sociopolitiques. Pour autant, le management traditionnel hiérarchique par fonction ou territoire, hérité du modèle militaire, est encore solidement ancré dans la culture d'une écrasante majorité d'entreprises ou d'organismes publics. L'ouverture des marchés et l'accroissement de la compétition qui l'accompagne sont en train, doucement mais inéluctablement, d'éroder ce schéma très conservateur qui privilégie le pouvoir de droit contre celui des compétences. Cependant, il ne faut pas se faire d'illusion : adhérer au fond et à la forme des normes ISO contractuelles, des modèles d'excellence ou du concept de développement durable n'est pas chose facile pour nombre d'entreprises… encore très campées sur leurs certitudes. L'histoire a montré que les changements de paradigme en matière de management étaient associés à deux paramètres incontournables. Le premier est la peur de mourir qui se manifeste notamment lorsque les résultats sont catastrophiques. Le second est la capacité du plus haut responsable de l'entreprise à exercer, dans la durée, un « *leadership* rupturiste » susceptible d'avoir un impact sur le changement des méthodes de travail, des comportements et des attitudes.

En attendant, il reste encore tentant pour les entreprises qui ne répondent pas encore à ces deux conditions, de se donner bonne conscience à partir de quelques bonnes actions « vertes et sociales » disséminées ici et là, mais dénuées de principes directeurs. Toutefois, il est probable que les organismes indépendants de cotation sociétale de type ARESE[3], chargés d'évaluer les résultats des entreprises en matière de développement durable, distinguent assez facilement celles qui conduisent une véritable politique fondée sur des valeurs de celles qui pratiquent le « zapping » management.

Fort de ce constat, il sera prudent de mettre en garde les entreprises qui auraient la faiblesse de croire qu'elles ont depuis toujours fait du développement durable, puisqu'elles sont toujours là aujourd'hui ! Cela n'est pas sans rappeler la célèbre phrase du début des années « ISO » (1988-1995) concernant la qualité : « La qualité, mais on en fait déjà depuis 20 ans ! ». Et la qualité du management ?

Les conditions du changement

Au-delà du concept managérial, de la même façon que le management total de la qualité, le développement durable ne portera ses fruits que si les entreprises adoptent la philosophie véhiculée par ces référentiels, en même temps qu'elles utiliseront les les meilleures pratiques en termes d'outils et de méthodes. La prise en compte et la conjugaison de ces deux facteurs permettront de réunir les conditions pour un véritable changement, synonyme d'amélioration continue.

3. ARESE : Agence de *rating* social et environnemental sur les entreprises. Les conditions d'évaluation volontaires et involontaires sont à demander à l'Agence.

En d'autres termes, pour qu'il y ait réellement changement, six paramètres devront être réunis :

Paramètres conditionnels	Conséquences en cas de défaillance
• *Leadership*	• doute, perte de confiance
• vision et valeurs	• confusion, perte de la culture
• planification	• stagnation
• ressources	• frustration, démotivation
• savoir-faire (méthodes et outils)	• anxiété, stress et inefficacité
• reconnaissance et récompense	• résistance passive

À l'évidence, il suffit qu'un seul paramètre ne soit pas opérant pour que le changement résultant de l'amélioration continue ne produise pas les effets escomptés. Éviter qu'un ou plusieurs paramètres manquent devrait donc être le devoir de vigilance de toute entreprise.

12.3.2 Démarche volontaire ou contrainte

Enfin, nous exprimons le vœu que les entreprises pourront rapidement embrasser seules et sans (trop) de contraintes extérieures (lois, directives et décrets...) les principes du développement durable. Dans le cas contraire, le danger sera de voir apparaître des démarches stéréotypées qui ne viseraient que la stricte conformité aux règles et finalement tueraient dans l'œuf les initiatives innovantes. Nous souhaitons également que la certification ISO par tierce partie, intégrée ou pas, s'obtiendra toujours à partir de démarches volontaires de la part des entreprises, pour les mêmes raisons que précédemment.

Les entreprises doivent donc accélérer leur apprentissage de l'excellence durable (fusion du management total de la qualité et du développement durable) pour anticiper l'émergence de ces pratiques minimales, telles que les textes de la nouvelle loi sur la régulation économique (NRE) commencent à le laisser entendre. Le risque d'une réglementation trop dirigiste, dans une problématique aussi complexe, serait d'engendrer une harmonisation par le bas des solutions décidées par les entreprises.

Conclusion

Nous avions, en 1998, dans d'un premier ouvrage, *Qualité et Environnement Vers un système de management intégré*, rappelé que l'histoire du management de la qualité et celle de l'environnement était très similaires et montré que ces formes de management étaient complémentaires. Depuis la publication de la version 2000 de l'ISO 9001 et l'émergence d'une nouvelle spécification en matière de système de management de la sécurité et de la santé au travail, nous constatons que nous sommes progressivement passés, pour des raisons diverses pour les trois disciplines qualité-sécurité-environnement, d'une approche centrée sur le contrôle vers une approche centrée sur la prévention.

Dans ce premier ouvrage, nous avions montré en détail que les liens conceptuels entre le management de la qualité, celui de l'environnement et celui des différents aspects de la sécurité étaient si étroits que de plus en plus d'entreprises grandes ou petites estimaient avoir intérêt à s'engager vers un système de management intégré, harmonisé ou encore global.

Que s'est-il passé entre 1998 et 2002 ?

Tout d'abord les normes et référentiels de management se sont développés et rapprochés dans leur structure. La publication de l'OHSAS 18001 pour la santé et la sécurité au travail et la nouvelle configuration de la version 2000 de la norme ISO 9000 compatible avec l'ISO 14001 de 1996, semble avoir définitivement scellé un rapprochement nécessaire à la cohérence d'un système de management.

Au travers des pages de ce nouvel ouvrage inspiré par les meilleures pratiques actuelles en matière d'intégration, nous espérons avoir convaincu le lecteur qu'il a à présent tous les éléments pour appliquer les principes essentiels recommandés ou exigés par les référentiels de système de management les plus universels. L'intégration, qui ne signifie pas fusion, sous-entend que le système de management ainsi architecturé sera plus efficace pour satisfaire toutes les parties intéressées de l'organisme ou de l'entreprise.

On peut constater avec satisfaction que de plus en plus d'entreprises en France et dans le monde entier sont convaincues de leur intérêt à long terme d'appliquer les principes d'intégration qui sont présentés dans cet ouvrage, avec pourquoi pas, l'ambition un jour de faire enregistrer la conformité de leur système par un organisme de certification.

Le management intégré qualité-sécurité-environnement se révèle être aujourd'hui le meilleur système de management applicable dans le cadre d'une politique qui devra de plus en plus s'inspirer des fondements – émergents mais déjà incontournables – du développement durable.

Des entreprises (petites et grandes) témoignent

ADA ACIÉRIE DE L'ATLANTIQUE

De la fougue de la jeunesse

Créée fin 1995, la société ADA Aciérie de l'Atlantique est une jeune entreprise de la métallurgie de 260 personnes située à Boucau sur les rives de l'Adour. Son activité est la fabrication et l'expédition d'acier sous forme de billettes à partir de ferrailles dont la clientèle est majoritairement : le groupe en Espagne et des clients du marché Espagnol et Marocain.

Elle appartient depuis novembre 2001 au groupe ARCELOR (ACERALIA – ARBED – USINOR) N° 1 mondial de l'acier (110 000 personnes).

- **Historique de la démarche de management**

L'âge du personnel est en rapport avec l'âge de la société : moyenne d'âge de 30 ans environ, cadres et opérateurs confondus.

Rapidement, cette entreprise a été fortement incitée à aller vers des démarches de management QSE. C'est d'abord le groupe UCIN qui lui a demandé d'aller vers une certification ISO 9002 : 1994, qu'elle a obtenue en août 1998.

Suite à de mauvaises performances en sécurité lors de son démarrage et des problèmes délicats de voisinage, car en zone fortement touristique dépourvue d'industrie lourde, l'entreprise s'est lancée rapidement dans des démarches de management de la santé et de la sécurité au travail et environnemental. Elle a obtenu la certification OHSAS 18001 : 1999 en mars 2001 et ISO 14001 : 1996 en juin 2001.

Elle vise maintenant la certification ISO 9001 : 2000 pour juillet 2002.

Elle reconnaît que des délais aussi courts ont pu être obtenus grâce à l'adhésion et à la jeunesse du personnel, mais aussi grâce à l'engagement fort de la direction.

Compte tenu de l'ambition des objectifs qu'elle s'était fixée et de son manque d'expérience initial, l'entreprise a dans un premier temps traité de façon séparée les trois domaines qualité, sécurité et environnement et les intègre progressivement dans un management commun, sachant que chacun de ces domaines possède son propre animateur.

- **L'étendue de l'intégration QSE**

Certains domaines comme la formation sont totalement intégrés QSE.

Par contre, le système de management comprend trois politiques Q, S, E, trois manuels Q S et E, des procédures Q, S, E, ou QSE et des instructions QSE.

Une réflexion est engagée pour n'écrire qu'une politique générale incluant l'engagement de la direction, les grandes lignes de l'amélioration continue et la prévention de tous les risques Q, S, E. Par contre, seraient annexés de façon individualisée les objectifs Q, S et E qui seraient harmonisés (actuellement, certains sont fixés au niveau des secteurs d'autres par département).

Les programmes Q, S, E séparés aujourd'hui sont en cours d'intégration dans un programme commun de management pour chaque département, ce qui est jugé nécessaire par la direction et l'encadrement.

Un point jugé intéressant par l'entreprise est « la demie-heure sécurité » : réunion périodique, par petits groupes de quatre à six personnes, au poste de travail qui traite d'informations descendantes (bilan des performances en particulier), d'un sujet spécifique, et de remontées d'informations. Ce système utilisé pour S va être étendu à QSE. Cette 1/2 heure glisse progressivement vers les chefs d'équipe qui se chargent de l'animer (intégration).

- **Le système documentaire**

L'entreprise gère environ 30 procédures qualité, 10 procédures sécurité et 10 procédures environnement. Classées initialement dans des classeurs séparés, elles sont en cours d'intégration (réalisé à 50 %) dans un classeur unique, ce qui permettra de faciliter la recherche des opérateurs. Le maître mot est la simplicité pour ne pas alourdir le système, pour le rendre flexible et durable, et la globalité pour faciliter l'appropriation par chacun.

Par exemple le nombre d'indicateurs est volontairement limité : 3 en qualité et 1 en sécurité et en 1 environnement en moyenne.

- **Les audits internes**

Six auditeurs internes sont QE (Qualité Environnement) et trois sont E (Environnement). Aujourd'hui il n'y a pas d'auditeur interne S, c'est pourquoi l'entreprise fait appel à des auditeurs externes.

Pour l'avenir, l'entreprise forme des auditeurs QSE en essayant d'intégrer tous les niveaux hiérarchiques.

- **Les revues de direction**

Actuellement, il y a trois revues de direction plus un bilan global avec tout l'encadrement.

À l'avenir, il n'y aura qu'une seule revue de direction avec une partie commune et des spécificités Q, S ou E.

AIR LIQUIDE (Grande Industrie Europe)

Un système de management harmonisé sécurité-qualité-environnement

La Sécurité étant depuis sa création (100 ans en 2002) la préoccupation majeure du Groupe AIR:LIQUIDE, la volonté de la Direction est de parler d'un système de management sécurité-qualité-environnement (S.Q.E.), mettant en avant le sécurité, plutôt que d'un système de management qualité-sécurité-environnement, comme cela est le cas dans de nombreuses entreprises.

1 Le Système de Management S.Q.E harmonisé du département Grande Industrie Europe

Le Système de Management S.Q.E. du département Grande Industrie Europe du Groupe AIR LIQUIDE est un système harmonisé et ceci dans un souci de simplification et d'efficacité. Cela concerne :

1.1 L'Engagement de la Direction

Un seul engagement et une même politique qui s'appuie sur :
- la satisfaction des clients et/ou des parties intéressées ;
- l'implication du personnel ;
- l'amélioration continue.

1.2 La revue de direction

Elle mobilise toute une journée le Comité de Direction. Cette revue annuelle traite successivement des trois systèmes sécurité, qualité et environnement suivant une trame identique, le but étant à la fin de la réunion d'avoir fixé pour chaque système :
- les objectifs de l'année à venir ;

– les cibles à atteindre ;
– les indicateurs de suivi ;
– les moyens pour atteindre les objectifs.

1.3 Le système de gestion documentaire qui est commun aux trois systèmes

Ce système, sur lequel une importante réflexion a été menée, est constitué d'Instructions Techniques Grande Industrie Europe (ITGIE) qui se décomposent en :

– Procédures Générales d'Organisation (PGO) ;
– Recommandations (R) ;
– Instructions Techniques (IT), strictement applicables.

1.4 Le Manuel de Management S.Q.E

On trouve dans la première partie de ce document tous les points communs aux référentiels : OHSAS 18001 - ISO 9001 et ISO 14001.

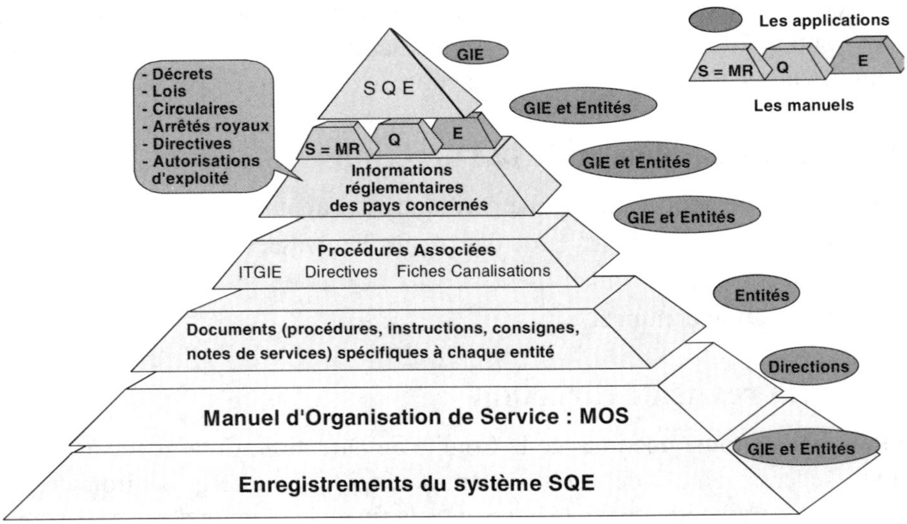

La pyramide des documents sécurité-qualité-environnement d'Air Liquide (Grande Industrie Europe).

1.5 Les audits

La mise en place de la norme qualité ISO 9001 : version 2000, a permis à Air Liquide de décrire le processus d'audit qui est commun aux trois systèmes S.Q.E., ainsi qu'une fiche d'évaluation commune.

On distingue 3 types d'audits :

a) **Les audits de conformités aux référentiels**, qui après quelques années, sont devenus routiniers tant pour les auditeurs que pour les audités.

   De ce fait, Air Liquide a évolué progressivement vers les audits de management qui sont décrits ci-après.

b) **Les audits scénarios** qui permettent de tester la capacité à réagir du personnel :

   - Face à des magistrats, suite à un accident simulé en cours d'audit S)
   - Face à des clients mécontents, suite à un incident simulé en cours d'audit Q)
   - Face à une administration ou des riverains, suite à une pollution simulée en cours d'audit E).

Ces audits vont bien au-delà de ce que les normes ISO demandent. Ils intéressent le personnel qui s'implique, car ils le mettent face à une situation qui pourrait avoir lieu. Ces audits donnent l'occasion de comprendre les normes sans pour autant les connaître. Le personnel comprend alors ce qu'elles exigent et la nécessité d'avoir une traçabilité, permet de prouver ce qu'on avance.

c) **Les audits de management** ou à valeur ajoutée, qui permettent de vérifier que les objectifs stratégiques de la Direction sont pris en compte, et qui permettent de mesurer l'efficacité du système.

1.6 L'amélioration continue

Elle concerne les trois systèmes, en utilisant :

– L'approche P.D.C.A. bien connue des qualiticiens
– Plan = planifier
– Do = Réaliser
– Check = Vérifier
– Act = Améliorer

– L'approche Six Sigma, qui utilise les outils de la qualité et les outils statistiques, est une démarche structurée d'amélioration, qui s'attaque aux écarts par rapport à l'optimum, au sein de toutes les fonctions du département Grande Industrie Europe, afin de mieux répondre aux attentes des clients, qu'ils soient internes ou externes.

  Parmi les projets d'amélioration, l'un concerne la sécurité :

  « Réduction du nombre d'accidents avec et sans arrêt du personnel Air Liquide et des entreprises intervenantes ».

1.7 Les avantages d'un système de management S.Q.E harmonisé

- Une seule Direction Sécurité-Qualité-Environnement, et un langage commun aux trois systèmes. Ceci a permis de déployer le système S.Q.E. d'une façon « harmonisée et homogène ».

  Dans le cas du département Grande Industrie Europe qui est composé de sept sites en Europe, le fait d'avoir un système homogène conforte les clients qui se fournissent aussi bien à Fos-sur-Mer au bord de la Méditerranée qu'à Anvers sur la Mer du Nord.
- Une amélioration significative des résultats qui se sont traduits au cours des cinq dernières années par :
  - une diminution très nette du nombre d'accidents (– 20 %)
  - une forte diminution du nombre d'incidents qualité et environnement (– 50 %).

2 Sécurité-qualité-environnement : facteur de succès pour l'entreprise

- Les trois systèmes sont parfaitement corrélés. Par expérience, on peut dire que si les indicateurs sont en vert, en jaune, ou en rouge dans un système, ils le sont aussi dans les deux autres, mais également dans d'autres domaines. Cela montre bien qu'il s'agit avant tout d'un problème de management.
- Si le management s'implique, s'investit, participe, il tirera vers l'excellence le système S.Q.E, mais aussi toute l'entreprise qui aura des clients et des actionnaires satisfaits et du personnel motivé.

BOUYGUES TRAVAUX PUBLICS

Prototypes et rigueur

Filiale de Bouygues Construction, Bouygues Travaux Publics développe son activité en France et à l'international dans le domaine des ouvrages d'art, des tunnels, des autoroutes, des infrastructures de transport public et des ports.

- **Les valeurs du Groupe Bouygues**

Depuis toujours l'entreprise s'est appropriée les valeurs du Groupe Bouygues dont l'une essentielle est la **Qualité**.

Cette valeur est un atout qui non seulement apporte à nos clients les réponses qu'ils attendent en terme de qualité technique des produits et services et de respect des engagements (délais et prix), mais aussi renforce notre attitude vis-à-vis des risques (sécurité au travail, durabilité des ouvrages, préservation de l'environnement).

- **Les plans qualité, sécurité et environnement**

Depuis plusieurs années, animé par les exigences conjointes de toutes les parties prenantes (clients, maîtres d'œuvre et société civile), chacun de nos projets fait l'objet d'un plan Qualité, un plan Santé, Sécurité au travail et un plan Environnement, lesquels formalisent les conditions de réalisation de l'ouvrage.

Ces plans sont l'application spécifique aux conditions du projet des manuels d'organisation d'entreprise de Bouygues Travaux Publics, certifiée ISO 9001 depuis 1996, VCA depuis 1999 et respectueuse des exigences des normes OHSAS 18001 et ISO 14001 pour l'activité France depuis juillet 2001.

Le plan Qualité formalise l'organisation du projet, les procédures particulières de management et les activités de suivi et de contrôle de la réalisation des études et des travaux.

Le plan Sécurité (en France, le PPSPS) apporte les éléments de réponse aux exigences dans le domaine de la formation, des procédures d'urgence, de la capacité à réagir et de l'évaluation des risques.

Le plan Environnement apporte les éléments de réponse aux exigences dans le domaine de la maîtrise environnementale et l'évaluation des impacts. Il est complété par toutes mesures et indicateurs nécessaires ou exigés.

- **L'approche qualité, sécurité, environnement**

L'approche conjointe Qualité, Sécurité, Environnement est devenue ainsi une pratique naturelle d'entreprise qui dote chaque directeur ou équipe de projet, des méthodes indispensables d'approche, d'analyse et de maîtrise des risques opérationnels d'exécution.

Depuis début 2001, afin d'accompagner notre développement en même temps que nous devons continuer à maîtriser tous nos risques d'entreprise, nous faisons converger nos actions dans les domaines Qualité, Sécurité, Environnement avec nos autres initiatives d'amélioration continue et avons créé la démarche et le vocable de **Qualité Globale**, point fort de notre certification ISO 9001-version 2000 acquise en décembre 2001.

Le Manuel Qualité s'apparente désormais à un manuel d'organisation générale et la Revue de Direction rassemble et synthétise les thèmes de progrès engagés par l'entreprise dont, de façon naturelle, ceux relatifs à la Sécurité et l'Environnement.

FAVI

Le simple et le complexe

FAVI, est une fonderie de 500 personnes, fonctionnant en réseau, sans structure ni hiérarchie, dans un système « complexe » dont les deux règles simples de base sont : **« l'homme est bon** » (Mac Gregor) et chacun doit en permanence chercher **« l'amour de son client** » (*cf.* matrice jointe).

La structure actuelle de l'entreprise compte en plus des opérateurs dédiés à la production, 30 techniciens et ingénieurs en études et développement, 25 qualiticiens, 12 commerciaux, 5 administratifs et zéro cadre en fabrication, zéro service du personnel, zéro achats, planning, ordonnancement, etc. 83 % de l'effectif est directement productif. FAVI est ISO 9001 (AFAQ) et QS 9 000 depuis le début des années 90 , Prix qualité régional du MFQ en son temps, 1ère fonderie d'Europe à être ISO 14 001 (AFAQ) en 97 ; seconde entreprise française à être OHSAS 18001 en 2000 (AFAQ).

- **Pourquoi le QSE chez FAVI ?**

D'abord,
Parce que nous croyons à la systémique de la démarche de progrès dans laquelle, à l'instar du couple où l'humour renforce l'affection, qui renforce les projets, qui renforcent le sexe, qui renforce l'amour parental, nous croyons que la démarche qualité renforce celle de l'amélioration du confort, du respect de l'environnement, de la sécurité du travail quotidien, qui renforce la cohésion sociale de l'entreprise ; et cela sans priorité ni limite entre les différents types d'action.

Ensuite,
Parce que dans notre système de fonctionnement où les opératrices et opérateurs, regroupés dans des entités autonomes appelées « mini usines »,

recherchent en permanence et par leur acte quotidien « l'amour » de **Leur** Client, il nous faut de façon transversale des points de passage obligés pour garder une cohérence au système.

Des valeurs morales et éthiques partagées servent certes cette cohérence, mais les points de passage obligés imposés par les différentes normes QSE la formalisent.
Nos vingt cellules autonomes ont toutes leur quête personnalisée de recherche de l'amour de **Leur** Client mais pour la gestion des projets, de l'énergie, le traitement des différents déchets, le respect des différentes réglementations dans tout domaine, l'analyse ergonomique des postes de travail, leur audit au sens large (qualité, sécurité et environnement); toutes les mini usines seront contraintes de parler le même langage, d'appliquer les mêmes usages, et de là naîtra une cohérence indispensable à la pérennité de l'entreprise.

Enfin, et seulement enfin,
Nous tenons toujours à être les premiers à faire quelque chose (première fonderie européenne à être 14 001, etc.) parce que lorsque **l'on a été le premier, on l'est à vie**. Chacun d'entre nous a oublié sa meilleure expérience mais aucun n'a oublié la première. Cet argument sert aussi bien en interne que pour l'image de l'entreprise à l'extérieur. Il est à noter que nous n'avons jamais passé une certification sous la contrainte d'un marché ou d'un client, mais toujours spontanément comme un challenge collectif.

- **Comment le QSE ?**

La volonté stratégique n'est rien s'il n'y a personne pour porter chaque projet. Il s'avère que notre système qui ne contraint personne dans des objectifs individuels, mais qui ouvre à chacun des espaces de liberté dans lesquelles il pourra réaliser ses « marottes », fait que régulièrement au bon endroit et au bon moment, un des auteurs de progrès de notre entreprise se passionne pour sa « marotte », son truc. Dans notre cas, c'est un cadre de la cinquantaine, qui, dans les années 95, s'est passionné pour l'environnement puis pour la santé et la sécurité au travail et qui, comme ça, tout seul dans son coin avec la complicité bienveillante de tous, a porté ces (*ses*) démarches à leur terme. Et comme il n'était pas qualiticien il n'a fait que le nécessaire et suffisant, en limitant, dans un souci d'efficacité, les procédures de 1er niveau à 12, et en faisant vivre l'ensemble sur l'intranet.

À noter que si l'intégration QSE est totale pour tous nos processus au quotidien, la structure documentaire support et la déclinaison des objectifs (et leurs suivis) demeurent distincts. Les différents éléments du système de management QSE sont ainsi régulièrement « vendus » à l'ensemble de l'entreprise et il appartient alors à chacun d'y mettre les muscles nécessaires aux bons endroits pour que ça marche. Autrement dit l'amélioration du système de management consiste, pour nous, à se nourrir des bases de notre ancien système qualité, tout en redéfinissant en continu un ensemble de règles toujours plus complet, plus simple et plus cohérent.

- **Les difficultés**

Honnêtement, n'ayant pas d'encadrement ni de hiérarchie, donc de pouvoirs en place, nous n'avons jamais rencontré de difficultés dans nos évolutions ni dans nos mini-révolutions. Et notre démarche commune vers le QSE se fait efficacement certes mais harmonieusement entre gens de **« bonne foi, bon sens, bonne volonté et bonne humeur ».**

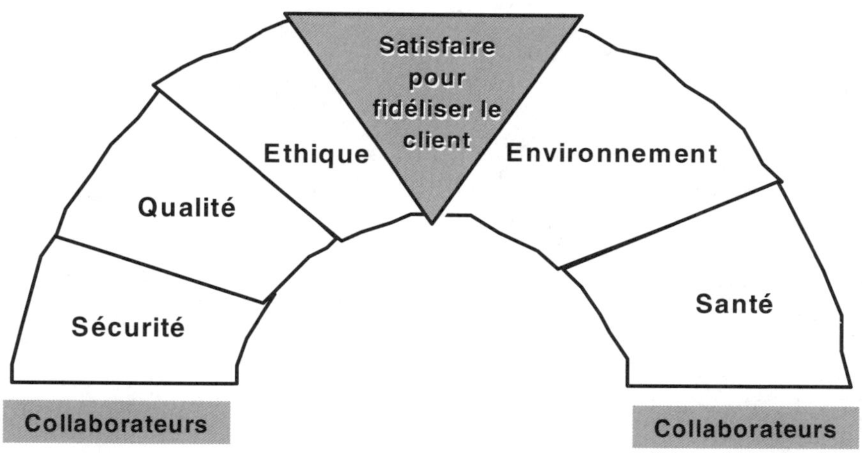

L'arche vertueuse selon FAVI.

L'arche vertueuse selon FAVI, comme symbolique de l'interdépendance des systèmes de management de la qualité, de la sécurité, de la santé, de l'éthique et de l'environnement.

LABSO CHIMIE FINE

De l'influence de l'organisation sur les choix d'intégration QSE

La société Labso Chimie Fine est une PME d'Aquitaine du secteur de la chimie de 60 personnes, filiale à 100 % du groupe pharmaceutique allemand Boehringer Ingelheim (25 000 personnes dans le monde). Son activité consiste à fabriquer, pour le compte du groupe Boehringer, des monomères biocompatibles et résorbables (de type matière première des fils de suture ou gélules à effet retard) et des sels organiques par atomisation.

La société est une des rares sociétés du groupe à œuvrer dans la chimie, les autres étant surtout centrées sur la pharmacie. Elle est également la seule du groupe à être certifiée à la fois qualité (ISO 9001), sécurité (OHSAS 18001) et environnement (ISO 14001).

- **L'historique de la démarche de management**

L'entreprise a d'abord été certifiée conjointement qualité et environnement (ISO 9002 : 1994 et ISO 14001 : 1996) en 1998, puis sécurité (OHSAS 18001 : 1999) en octobre 2000, puis conjointement ISO 9001 : 2000 et renouvellement de l'ISO 14001 : 1996 le 21 février 2001.

Dès 1984, une structure sécurité-environnement avait été créée et l'assurance de la qualité développée dès 1990, date à laquelle avait été créé un service qualité-sécurité-environnement rattaché à la direction générale avec un responsable sécurité-environnement et une responsable qualité, issue du laboratoire.

Compte tenu de difficultés économiques liées au plan de charges, l'organisation du service a dû être modifiée, et le service qualité et le service sécurité-environnement sont maintenant indépendants, la cohésion entre les trois domaines étant assurée par la direction générale.

- **La politique et l'engagement des directions**

Le directeur général de la société a écrit une lettre d'engagement de progrès, déclinaison française par l'UIC (Union des Industries Chimiques) du concept de « *Responsible Care* », le 6 juin 1990.

L' objectif de la société de certification QSE a été décidée, sans pression de la maison mère, plus pour viser l'amélioration continue qu'en terme d'amélioration de l'image commerciale ; cependant du fait des difficultés qu'a connues l'entreprise, qui a failli être rachetée, il s'est avéré que cette triple compétence, revendiquée et attestée, s'est révélée un atout important et sert maintenant de modèle pour les autres sites du groupe.

Au niveau de la rédaction des politiques, l'option retenue a été de rédiger trois politiques séparées mais dont la direction générale très impliquée assure l'harmonisation.

- **Le système documentaire**

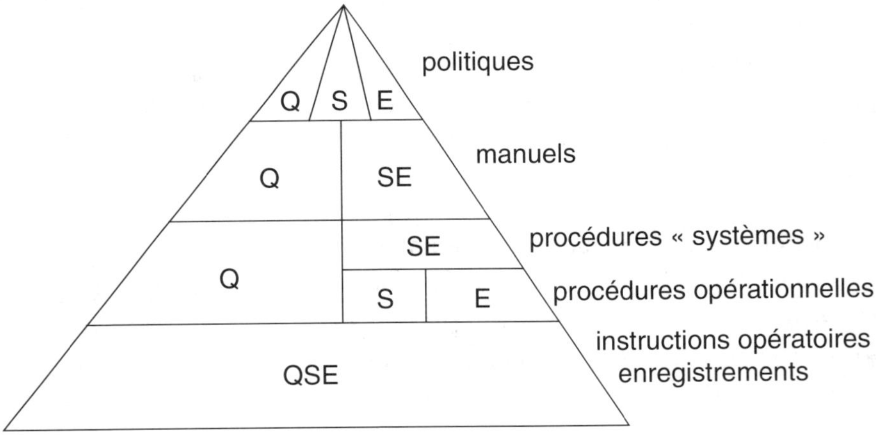

La pyramide du système documentaire Labso.

Le système documentaire comprend trois politiques Q, S, E, un manuel Q et un manuel SE, des procédures Q, S, E, SE et des instructions QSE.

Les animateurs Q et SE reconnaissent que l'organisation retenue conditionne pour une partie importante certaines options de séparation ou d'intégration QSE du système documentaire ; par exemple les règles liées à la formation ou d'approbation des procédures Q et SE sont distinctes.

Derrière ces différences, l'aspect fort des exigences légales en S et E – moins présentes en qualité – permet de comprendre des différences d'approche.

Par contre, la sécurité et l'environnement sont très étroitement intégrés ; par exemple, les non-conformités sécurité et environnement sont regroupées et séparées des non-conformité qualité.

- **Les audits internes**

Trois auditeurs S, quatre auditeurs E, six auditeurs Q ont été formés en interne, soit environ ¼ de l'effectif total. 23 thèmes sont audités régulièrement sur 2 ans ; cela représente 35 heures par an et par auditeur.

Cela peut paraître coûteux en temps, mais le retour d'informations sur les « gisements » de progrès est jugé suffisamment rentable pour mériter cet effort.

Les auditeurs internes en SE sont pour partie des membres de base du CHSCT, qui disent y trouver un intérêt individuel et pour le fonctionnement du CHSCT.

LEXMARK INTERNATIONAL

La qualité et l'environnement au cœur du projet d'entreprise

Lexmark International est une société multinationale qui développe, fabrique et commercialise des imprimantes personnelles et de réseaux, des machines à écrire et des consommables informatiques. Elle compte plus de 8 000 employés dans le monde pour un chiffre d'affaires supérieur à quatre milliards de dollars.

Son centre de support européen, situé à Orléans, assure des missions traditionnelles de production ainsi que des activités de soutien centralisé aux forces commerciales : distribution des produits sur l'ensemble de l'Europe après-vente et support technique, systèmes d'information, comptabilité, formation des clients et distributeurs. Le site compte environ 450 personnes sur une surface de 96 Ha (3 Ha bâtis) et il est soumis à la réglementation sur les installations classées (déclaration et autorisation). Il a été certifié ISO 9002 en 1993 pour ses activités de production, et ISO 14001 dès 1995 pour l'ensemble de ses activités. Il s'est vu décerner, en 1996, le trophée régional des entreprises au titre de l'environnement.

- **Le système de management : l'intégration par le « projet d'entreprise »**

Le « projet de l'entreprise », la « Vision Lexmark », constitue en lui-même un véritable **engagement de management total de la qualité** (TQM) : derrière le mot d'ordre général (mériter la fidélité des clients), les principes et valeurs de base de l'entreprise couvrent tous les aspects d'une telle politique, tels qu'on peut les trouver en particulier dans les référentiels des prix qualité EFQM (Europe) ou (Malcom Baldrige (États-Unis)). La protection de l'environnement et le concept plus large d'entreprise citoyenne figurent ainsi explicitement au coeur du projet, comme composantes indissociables de l'engagement qualité. C'est tout naturellement que les valeurs exprimées dans le projet se traduisent concrètement en **politiques** qualité et **environnement, hygiène et sécurité**, qui constituent elles-mêmes le **point d'entrée des manuels qualité**

et environnement. Ces politiques issues du « projet » sont déployées à travers le monde par les différentes fonctions de l'entreprise, en respectant les spécificités culturelles de chaque entité, qui les décline localement.

- **Qualité et environnement : les axes généraux**

Les traits communs aux grandes orientations définies en matière de qualité et d'environnement sont multiples : responsabilisation des acteurs, qui sont disséminés dans l'ensemble des fonctions de l'entreprise, orientation client au sens large (les cinq partenaires de l'entreprise), construction de la qualité des produits et de leurs vertus environnementales en phase de conception. Le déploiement de la politique environnementale se fait selon les trois R : « réduire, réutiliser, recycler », qui s'appliquent aux produits (imprimantes laser sans émission d'ozone), aux procédés de fabrication (recyclage des déchets de « *toner* » en matière première) et aux installations industrielles (intégration dans l'espace naturel, minimisation des nuisances).

- **La mise en oeuvre du système de management**

L'intégration au sommet que réalise le projet d'entreprise se retrouve en grande partie dans la **structure documentaire** (*cf.* Figure ci-dessous), même si deux manuels distincts ont été rédigés pour la qualité et l'environnement pour des raisons de commodité. Les grandes procédures générales des systèmes ne sont communes que pour quatre d'entre elles, mais l'écrasante majorité des documents de niveaux inférieurs (instructions et enregistrements) sont communs aux deux systèmes. Cela tient en particulier au fait que les dispositions de « maîtrise des processus », qui évitent la génération de produits non conformes, servent également à la maîtrise des activités environnementales en évitant la génération de pollutions.

Il est à noter que, chronologiquement, la mise en place d'un système structuré de management environnemental s'étant effectuée après la certification ISO 9002, le nombre de documents spécifiques émis pour formaliser ce système a été limité à 25, pour une base existante de plus de 2 000 documents. En l'absence de certification qualité préalable, l'effort documentaire aurait été autrement important.

Les revues de direction sont mensuelles dans les deux systèmes, l'objectif étant de leur donner un véritable rôle de pilotage. Elles sont **communes pour la qualité et l'environnement**, afin de leur assurer une plus grande efficacité : même directeur, même représentant de la direction, quelques participants communs.

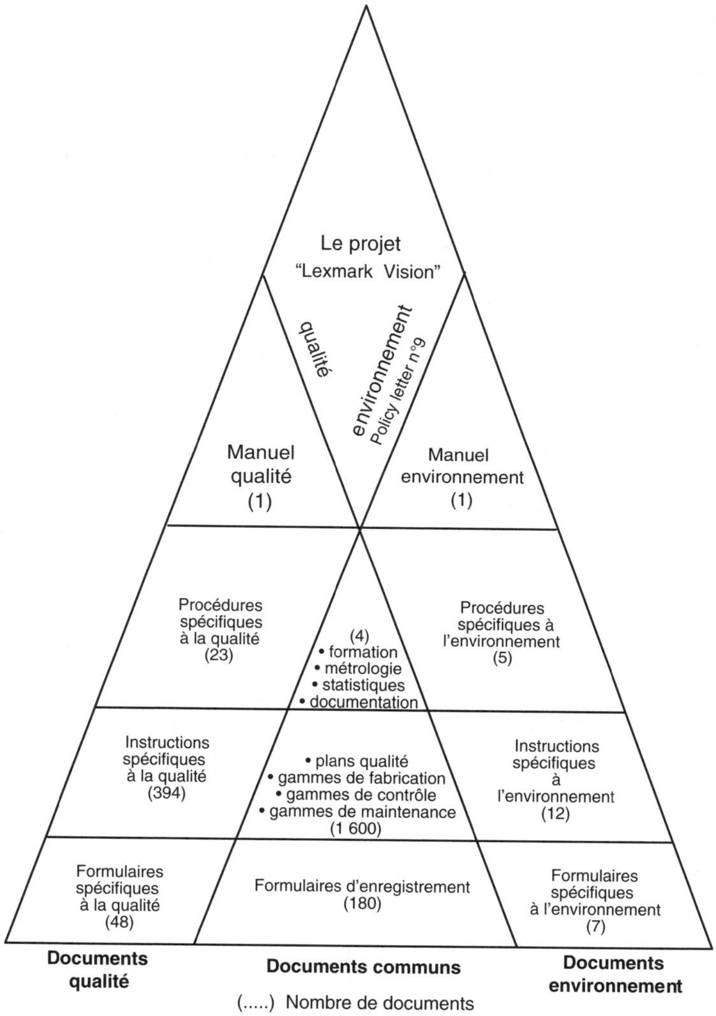

La structure documentaire de Lexmark International.
(Source : Lexmark International)

RICARD

L'intégration d'une société du secteur industriel agroalimentaire

La société Ricard appartenant au groupe Pernod-Ricard comprend 1300 personnes réparties entre le siège de Marseille et 3 sites de production : à Lille (59), Bessan (34) et Bordeaux (33). Son activité porte sur l'élaboration, le stockage, le chargement et les cessions internes de boissons spiritueuses.

L'entreprise a reçu pour tous ses sites le même jour, le 4 avril 2001, trois ans après le lancement de la démarche, les trois certifications : ISO 9002 : 1994, ISO 14001 : 1996, et BS 8800 : 1996 pour l'ensemble de la société (commerciaux exceptés).

• L'historique de la démarche de management

Comme fréquemment dans l'industrie agroalimentaire, la société a d'abord entrepris une démarche HACCP centrée sur la sécurité liée au produit et, par le biais du développement de l'autocontrôle, a commencé une réflexion en management de la qualité.

Très rapidement, elle a pris conscience du lien entre les domaines qualité, sécurité et environnement et a décidé de mener de front les trois démarches de management pour des raisons de cohérence et d'économies de moyens.

• La politique et l'engagement des directions

Le président directeur général de la société a écrit une lettre d'engagement personnel et de la société devant conduire à une certification qualité-sécurité-environnement décidée plus pour viser l'excellence qu'en terme d'image commerciale exploitable industriellement. Cette lettre a été relayée et déclinée plus précisément par le Directeur National Qualité Sécurité Environnement pour fixer des objectifs généraux aux directions de sites.

Ensuite, sur chacun des trois sites, chaque directeur d'établissement régional a écrit une politique QSE propre à son site, prenant en compte les spécificités et points forts et points faibles de son site pour définir des objectifs précis et mesurables pour l'établissement.

- **L'organisation mise en place**

Dans l'organigramme de la société Ricard, il est nommé auprès du PDG une fonction à la fois Direction industrielle et Directeur National Qualité Sécurité Environnement.

Il y a dans chaque établissement un « RAQSE » (Responsable Assurance QSE), généralement le directeur du site, qui a auprès de lui un coordonnateur QSE. L'un de ces coordonnateurs est devenu responsable production ce qui montre l'intérêt réel porté à la fonction QSE.

- **Le système documentaire**

Le système documentaire d'un établissement comprend une politique QSE, un manuel QSE, des procédures QSE et des instructions QSE.

Au siège de Marseille, il y a 23 procédures QSE et 39 instructions QSE

Pour l'établissement de Bordeaux, il y a 35 procédures QSE et 149 instructions QSE.

- **La démarche « processus »**

Avec l'aide d'un conseil extérieur, la démarche suivante a été retenue :

1 – définition et analyse du processus de production

2 – pour chaque étape et point critique du processus, description d'une fiche de poste incluant :

- Le personnel concerné ;
- Les machines et le matériel utilisé ;
- Les responsabilités du personnel au poste ;
- Les consignes QSE

Chaque consigne est référencée et appelle des instructions elles aussi référencées et gérées dans le système QSE.

SFCME – SCHNEIDER ELECTRIC

En marche vers un système de management intégré qualité-sécurité-environnement

SFCME est une unité de production de Schneider Electric. Elle est certifiée ISO 9002 depuis plus de 6 ans et la certification IS0 14001 a été obtenue en juin 1996.

- **Présentation de l'entreprise**

SFCME. est filiale à 100 % de Schneider Electric. La conception des produits, la commercialisation et les achats de constituants sont assurés par le groupe.

Elle produit de l'appareillage pour les réseaux moyenne tension.

L'Unité de Libourne est leader mondial sur ce type de produit.

Elle compte 215 personnes.

- **L'organisation qualité-sécurité-environnement**

L'organisation qualité est conforme à la norme ISO 9002 depuis l'année 1990. L'évolution de ces dernières années a porté sur le développement des action préventives et du suivi statistique.

En 1994, la mission du service qualité a été élargie avec l'intégration des fonctions sécurité et environnement. L'objectif est le développement de la gestion des risques par la prévention et l'optimisation des coûts de traitement des déchets (*cf.* Figure ci-après).

En 1995, un **manuel environnement** est rédigé dans le cadre de la certification ISO 14001.

En 1996, les deux manuels qualité et environnement sont fusionnés en un manuel unique : le **manuel de management**.

Depuis 1997, le travail se poursuit avec le développement des actions de prévention qualité-sécurité-environnement et la rédaction d'un **manuel de présentation sécurité**

- **La politique qualité-sécurité-environnement**

L'objectif de SFCME est entièrement orienté vers la satisfaction complète du client. La politique de l'Entreprise est l'anticipation des risques par une démarche de progrès permanent et l'implication du personnel.

Un **plan opérationnel** définit chaque année les orientations , objectifs et actions pour les trois années à venir. Ce plan traite l'ensemble des fonctions de l'entreprise et donne la cohérence à nos actions.

Chaque personne de SFCME est associée, à son niveau, à cette politique. La communication interne permet de démultiplier l'information et l'action. La direction prend sa part d'actions opérationnelles sur le terrain.

Le management des fonctions qualité, sécurité et environnement est intégré dans le système de management, d'animation et de progrès.

Chaque année l'unité réalise une auto-évaluation selon le modèle EFQM qui englobe l'ensemble des problématiques de l'entreprise.

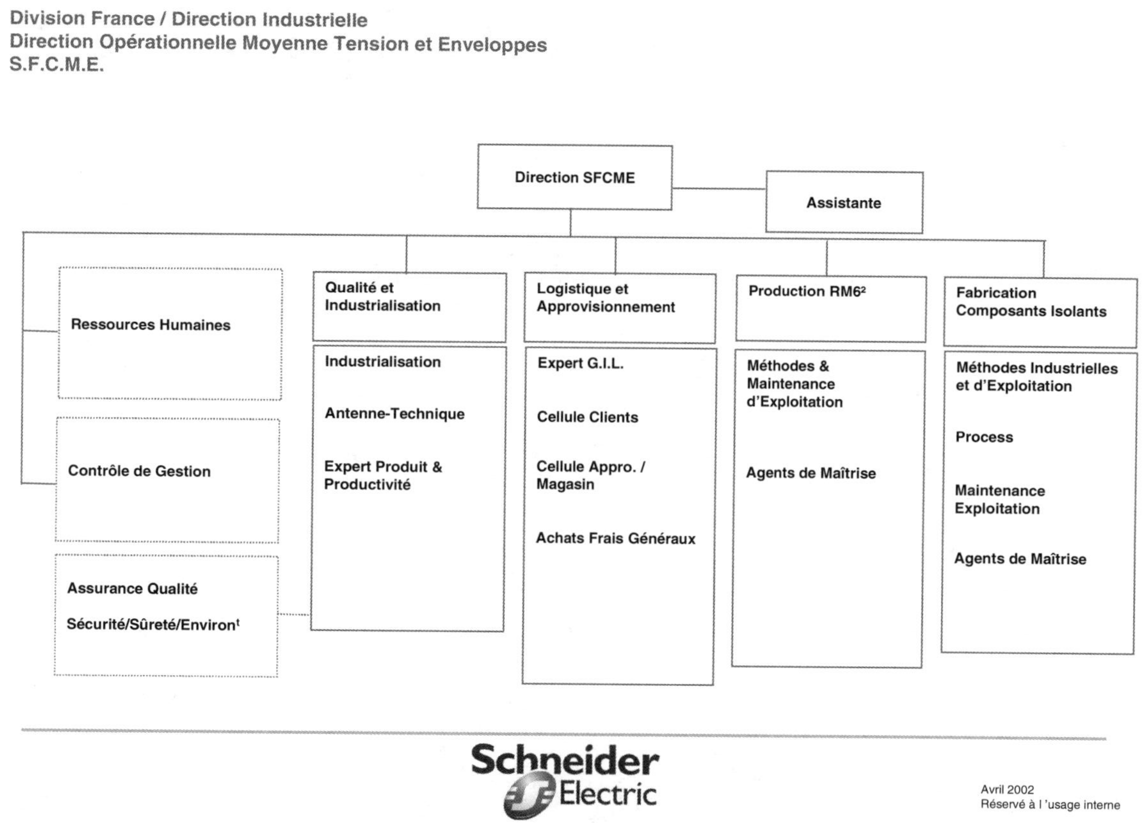

L'organigramme de SFCME – Schneider Electric.

(Source : Document reproduit avec l'aimable autorisation de SFCME)

SOLECTRON FRANCE

L'intégration des procédures environnementales dans le système qualité ISO 9001

Solectron France est une filiale de Solectron Corporation, fondée en 1977, en Californie, leader mondial dans la fourniture de services de production personnalisés et intégrés d'équipements électroniques (cartes, systèmes etc.). Son site de Canejan a été certifié ISO 9002 dès 1993 et le premier en France à être enregistré « Système Communautaire de Management Environnemental et d'Audit » (SMEA), au titre du règlement Éco-Audit. L'ensemble des sites français (Canéjan,Cestas, Longuenesse et Pont de Buis) sont maintenant certifiés ISO 9001 et ISO 14001. Le site de Canéjan a également la certification ISO OHSAS 18001.

- **La politique qualité et la politique environnementale**

Distinctes à l'origine, une politique Qualité Totale, s'appuyant sur 4 axes (satisfaction client, maîtrise des processus, efficience et rentabilité, adhésion et implication) intègre depuis 2001 les aspects qualité, environnement et sécurité. Chaque établissement et site développe ensuite son engagement et objectifs de performance chiffrés localement , afin de coller au mieux aux activités et marchés que ceux-ci ont en charge.

Cependant le **respect de l'environnement** a toujours été pour Solectron France un **objectif prioritaire** au même titre que la qualité ou la sécurité. Telle est l'introduction de l'engagement de la direction inscrit dans la déclaration environnementale, qui est largement diffusée sous forme de plaquette, ainsi que par l'intermédiaire des moyens « intranet » mis à disposition de tous.

Il est intéressant de noter que la mise en œuvre de cette politique est fondée sur des notions :

– de prévention, donc d'anticipation sur la survenue d'événements indésirables ;

- de procédures de surveillance, associées si possible à des mesures précises et à des actions correctives ;
- de partenariat avec les parties prenantes ;
- d'amélioration des processus.

Toute ces notions sont communes aux démarches qualité et environnement de Solectron France et s'inscrivent naturellement dans une démarche sécurité.

- **L'organisation des fonctions qualité, sécurité et environnement**

Un directeur qualité et environnement encadre à la fois les chefs de projets qualité et chefs de projet environnement. Le chef de projet sécurité reste encore encadré par le DRH, afin d'assurer des liens étroits avec les équipes « travaux neufs » et « exploitation », les partenaires sociaux et le CHSCT. Toutefois, l'ensemble de la conduite des programmes QEHS est sous contrôle du DQSE .Une évolution vers un regroupement de ces équipes est prévu d'ici 2003, avec le passage au référenciel ISO 9001 : 2000 et une approche processus mature.

- **Le système de management environnemental et d'audit (SMEA)**

La démarche visant à l'enregistrement SMEA du site de Canejan a consisté à mettre en place les éléments nécessaires à l'application de la politique environnementale : structure organisationnelle, responsabilités, procédures, procédés et ressources, veille juridique et technologique. En somme une démarche identique à celle de la qualité, notamment en ce qui concerne les principales étapes de mise en place de cette politique :

- diagnostic initial : il s'agit de l'analyse approfondie des impacts liés à la spécificité du site ;
- mise en place d'un programme : il définit les objectifs sur trois ans et comprend notamment l'établissement du système documentaire ;
- conduite périodique d'audits internes ;
- mise en place indicateurs spécifiques ramenés au millions de composants livré ainsi qu'à un certain nombre de consommations annuelles, suivis dans un tableau de bord mensuel.

Le programme des audits est à la fois commun QEHS et commun au niveau des sites français, avec croisement des auditeurs formés en interne. Ceci optimise les ressources et favorise les échanges et « *best-practices* » entre les acteurs.

- **Le système documentaire qualité et environnemental**

Bien que les manuels assurance qualité et environnement soient distincts, le premier souci de Solectron France dans la mise en place du SMEA a été d'éviter toute duplication de procédures déjà existantes dans le système qualité (formation, revue de direction, procédure d'audit, etc.). Il a fallu intégrer toutes les procédures environnementales dans le système qualité ISO 9001 du site. Elles possèdent toutes le même formalisme.

Mêmes distincts, les deux manuels présentent des analogies très nettes entre les sujets traités :

- mêmes rubriques introductives ;
- responsabilités de la direction ;
- organisation ;
- maîtrise de la documentation ;
- maîtrise des processus (ou des procédés) ;
- maîtrise des enregistrements ;
- maîtrise du produit non conforme (ou maîtrise des non-conformités) ;
- formation ;
- audits.

Le directeur qualité et environnement (DQE) est le seul responsable de la gestion documentaire des deux manuels et de toutes les procédures du site. Il en possède les originaux et en assure la diffusion interne. Le chef de projet environnement et sécurité, pour sa part, est chargé de la gestion des modifications qui le concernent.

- **Les dispositions et moyens de respect des engagements**

Pour garantir le respect des engagements pris, les moyens suivants ont été mis en place :

- **moyens de contrôles métrologiques** : analyse mensuelle des effluents, analyse des bruits et des niveaux sonores, contrôles d'atmosphère, etc. ;
- **moyens de contrôle et de prévention** : recyclage de plateaux plastiques servant en production, procédures d'urgence, etc. ;
- **moyens de formation, d'information et de communication** ;

- **moyens de recherche et développement** : dans une optique d'amélioration continue, l'entreprise recherche et développe en permanence des technologies respectueuses de l'environnement.
- **moyens de reprise d'activité en cas de crise** : assurant les clients de Solectron de la continuité de prestation quelque soit les évènements pouvant survenir en terme de risque (Disaster Response & Recovery Plan).

- **Les échanges et visites de « *benchmarking* »**

Unes des valeurs de Solectron est de partager son expérience et contribuer au progrès de la communauté à laquelle elle participe. À ce titre, des visites de sites avec confrères, voisins industriels, associations, représentants des collectivités locales et régionales sont organisées quasi mensuellement.

Le parrainage de PME engagées elles aussi dans ces démarches amène les partenaires de Solectron au même niveau de maîtrise et de prise en compte des exigences environnementales et assure ainsi une homogénéité des pratiques industrielles locales.

Index

B

C

L

M

R

S

T

V

W

Glossaire

ADEME : Agence de l'environnement et de la maitrise de l'énergie

ADQSE : Association pour le Développement du management Qualité-Sécurité-Environnement

AFAQ : Association Française pour le management et l'Amélioration de la Qualité (Ex : Association Française pour l'Assurance de la Qualité)

AFNOR : Association française de normalisation

AMDEC : Analyse des modes de défaillances et de leur criticité

APR : Analyse préliminaire des risques

AQS : Association Qualité Sécurité

ARESE : Agence de *rating* social et environnemental des entreprises

BARPI : Bureau d'analyse des risques et pollutions industrielles

BS : *British Standard*

CCP : *Critical control point*

CE : Communauté européenne

CEE : Communauté économique européenne

CFC : Chlorofluorocarbures

CHSCT : Comité d'hygiène, de sécurité et des conditions de travail

CNAMTS : Caisse nationale d'assurance maladie des travailleurs salariés

COFRAC : Comité français d'accréditation

CRAM : Caisse régionale d'assurance maladie

DDTE : Direction départementale pour le travail et l'emploi

DP : Délégués du personnel

DRIRE : Direction régionale pour l'industrie, la recherche et l'environnt

DRP : Direction des risques professionnels

EARA : *Environnemental auditors registration association*

EFQM : *European foundation for quality management*

FRAC : Fonds régionaux d'aide au conseil

GRI : *Global reporting initiative*

HACCP : *Hazard analysis critical control point*

IATF : *International automotive task force*

ICA : Institut de certification des auditeurs

ICAE : Institut de certification des auditeurs environnementaux

ICPE : Installations classées pour la protectionb de l'environnement

ILO : *International labour office* (*trad : OIT*)

INERIS : Institut national de l'environnement industriel et des risques

INRS : Institut national de recherche et de sécurité

IPP : Incapacité permanente partielle

IRCA : *International register of certification auditors*

ISDF : Institut de sûreté de fonctionnement

ISO/TC : *International Standards Organization / Technical Comitee*

MASE : Manuel d'assurance sécurité des entreprises

MOSAR : Méthode organisée systémique d'analyse des risques

MSP : Maîtrise statistique des procédés

MSS : *Management System Standard*

MTD : Meilleures techniques disponibles *(BIC : **Best in classs**)*

NF : Norme française

NRE : Nouvelle loi sur la régulation économique

OHSAS : *Occupational health and safety assessment series*

OIT : : Organisation internationale du travail

OMS : Organisation mondiale de la santé

ONG : Organisations non gouvernementales

ONU : Organisation des nations unies

OPPBTP : Organisme de prévention du batiment et travaux publics

PDCA : *Plan, Do, Check, Act*

PEE : Plan environnement d'entreprise

PIB : Produit intérieur brut

PME : Petites et moyennes entreprises

POI : Plan d'opération interne

PPI : Plan particulier d'intervention

QSE : Qualité Sécurité Environnement

R&D : Recherche et développement

S & ST : Santé et sécurité au travail

SAI : *Social accountability international*

SGS : Système de gestion de la sécurité (Seveso II)

SGS : Société Générale de Surveillance (organisme de contre et de certification)

SIES : Système international d'évaluation de la sécurité

SMEA : Système de management environnemental et d'audit

SMQ : Système de management de la qualité

SMS : Système de management de la sécurité

TPE : Très petites entreprises

TQC : *Total quality control*

TQM : Total Quality Management (*trad : Management total de la qualité*)

WBSD : *World business council for sustainable development*

Bibliographie

AQS/ADQSE, *Dictionnaire thématique de la sécurité de l'entreprise*, La Maison du Dictionnaire, Paris, 1997.

AQS/ADQSE, *Vademecum Qualité-Sécurité*, Paris, 1991.

B. Froman, *Mémento Qualité-Environnement-Sécurité*, Action Changement Entreprise, Paris, 1999 (*).

J.-M. Gey, *Le registre Sécurité TPE*, Action Changement Entreprise, Paris, 1999 (*).

Imai, *Kaisen*, Editions Eyrolles, Paris 1990.

M. Jonquières, *Le manuel de management environnemental*, Michel Jonquières, Société alpine de publicaions, 2000.

E Laville, *L'entreprise verte*, Éditions Village Mondial, Paris, 2002.

MFQ/IQM, *Développement durable*, Édition Vetter, Darentière, Paris, 2001.

J. Morvan, *Management de la sécurité des systèmes industriels de production*, Éditions Masson, 1991

---

* Action Changement Entreprise, 4 rue Cambon 75001, Paris

P. Nollet, *Principles for better environmental management*, Éditions Entreprises pour l'Environnement, Nanterre, 1994.

A. Villemeur, *Sûreté de fonctionnement des systèmes industriels : Fiabilité – Facteurs Humains – Informatisation*, Éditions Eyrolles, Paris, 1988.

Imprimé en France par Chirat - 42540 Saint-Just-la-Pendue
N° d'imprimeur : 5688
Dépôt légal - juillet 2002